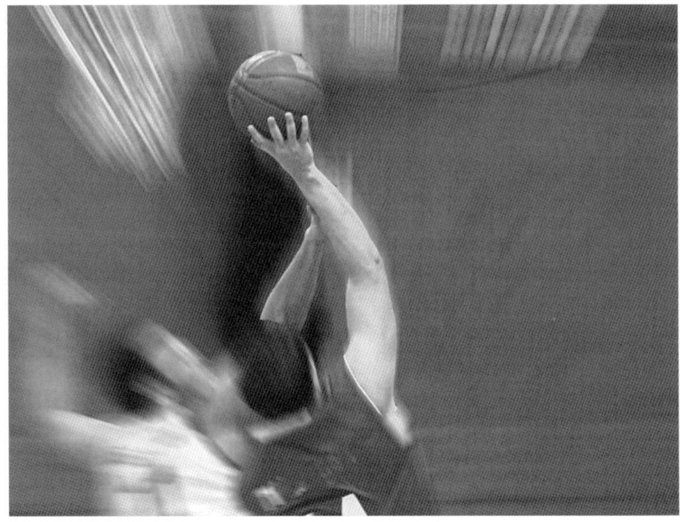

Christian Rosenberger

318 Spiel- und Übungsformen im Basketball

Bibliografische Information der Deutschen Nationalbibliothek
Die Deutsche Nationalbibliothek verzeichnet diese Publikation in der Deutschen Nationalbibliografie; detaillierte bibliografische Daten sind im Internet über http://dnb.d-nb.de abrufbar.

Bestellnummer 2271

www.hofmann-verlag.de

Titelbild: digitalstock.de
Fotos: Marcel Bassot, Ruedi Guldener, Alain Schwab, Christian Rosenberger
Zeichnungen: Caspar Schaudt

Druck und Bindung: Media-Print Informationstechnologie GmbH, 33100 Paderborn
Printed in Germany · ISBN 978-3-7780-2271-9

Inhaltsverzeichnis

Vorwort

Das vorliegende Buch ist der Nachfolger von „1006 Spiel- und Übungsformen im Basketball“ und erscheint als 1. Auflage neu. Der Inhalt wurde dem aktuellen Basketball technisch und taktisch angepasst, wobei sich das Buch hauptsächlich dem Einsteiger widmet.
Der Hauptunterschied zum Vorgänger liegt darin, dass sich der Inhalt auf basketballspezifische Spiel- und Übungsformen beschränkt. Deshalb wurden aus den 1006 nun 318 Spiel- und Übungsformen. Diese Reduzierung macht es für Lehrpersonen, die nicht aus dem Basketballsport kommen, einfacher. Sie verlieren sich nicht in unzähligen Übungen und behalten damit den Überblick.
Das Buch beschränkt sich auf wesentliche Aspekte des Basketballspiels mit einer bewussten Gewichtung. So ist z. B. das Dribbling viel weniger dominant als in der üblichen Fachliteratur. Das Werfen und das Passen und damit das Teamzusammenspiel rücken ins Zentrum.

Ferner bietet dieses Buch auch einen einfachen Einstieg für Lehrpersonen, welche nicht vom Basketball herkommen. Mit einem 7-Stufen-Programm nähert man sich spielerisch der Endform und versucht, die Freude und Begeisterung für diese Sportart zu entfachen. Nach einem ausführlichen Übungsteil finden sich Tipps und Tricks für die Vermittlung und schließlich ein 10-Lektionen-Programm, welches an den einfachen Einstieg anknüpfen kann.

Ich bedanke mich bei Peter Vary, meinem Dozenten im Sportstudium an der ETH Zürich, der mir im Bereich der Vermittlung mit dem „Nebeneinander-Miteinander-Gegeneinander“-Konzept den Blick geöffnet hat. Auch an diesem vorliegenden Buch ist er beteiligt und war jederzeit bereit, Inhalt und Aufbau mit mir zu besprechen.

Ein großer Dank gilt Caspar Schaudt, der die sehr treffenden Skizzen beigesteuert hat. Ebenfalls stark unterstützt hat mich Muriel Sutter, „Sportspielprofi“ und Dozentin für sportspielübergreifende Aspekte am Institut für Sportwissenschaften der Uni Basel. Sie hat viele Übungen für das Kapitel „Stark am Ball“ beigesteuert.

Die Kollegen Marcel Bassot und Ruedi Guldener haben mir bei den Fotos geholfen und waren auch immer wieder bereit, die Inhalte mit mir zu diskutieren.

Ein spezieller Dank gilt meinem persönlichen Lektor, Dr. Kurt Gross aus Zürich.

Möge dieses Buch möglichst viele Menschen mit dem Basketballvirus anstecken!

Kritik und Anregungen werden gerne entgegengenommen (E-Mail: cr@swisscoaches.ch) und bei der Überarbeitung der nächsten Auflage berücksichtigt.

Christian Rosenberger

Einleitung

Was ist entscheidend beim Vermitteln eines Sportspiels, egal ob man es 1 Stunde, 10 Stunden oder 100 Stunden unterrichtet?
Der Charakter des Spiels und die wesentlichen Merkmale sollten für die Teilnehmer möglichst schnell erkennbar sein.
Weiter soll ein Spiel Freude machen. Wann macht ein Spiel Freude? Wenn es gelingt. Wann gelingt Basketball? Wenn Körbe fallen.
Und damit Körbe fallen, sind vor allem die fünf folgenden Bereiche zu entwickeln:

1. **Der Wurf**
2. **Das Duell 1 gegen 1**
3. **Das Zusammenspiel im Angriff**
4. **Der schnelle Gegenangriff**
5. **Der Offensiv-Rebound**

Auf diese fünf Kernelemente beschränkt sich dieses Buch hauptsächlich. Dazu kommen **die Ballbehandlung** und **die Verteidigung,** denn sie ergänzen die Kernelemente. Sowohl Einsteiger wie auch Fortgeschrittene werden damit den wesentlichen Charakter dieses faszinierenden Spiels sofort erkennen und begreifen.

Gliederung

Im ersten Teil dieses Buches (Kapitel 3) befindet sich ein kleiner 7-Stufen-Plan. Er zeigt einen einfachen und praktischen Zugang auf.
Der Hauptteil besteht aus einer umfangreichen Sammlung von Spiel- und Übungsformen. Zu jedem technischen oder taktischen Element findet man einen kurzen Theorieteil, gefolgt von Übungen mit aufsteigendem Schwierigkeitsgrad (Stufen 1 bis 3).
Den dritten Teil (Kapitel 5) bilden methodische und didaktische Tipps und Tricks für einen abwechslungsreichen Unterricht.
Als Abschluss findet sich ein 10-Lektionen-Programm für Einsteiger, welche nach dem 7-Stufen-Plan „Lust auf mehr" bekommen haben.

Handhabung

Mit dem 7-Stufen-Plan kann man direkt einsteigen und erste Erfahrungen in der Basketball-Vermittlung sammeln. Wer Lektionen selber zusammenstellen möchte, kann dies mit Hilfe der Übungssammlung tun. Aus den meisten Übungen können natürlich auch Spielformen gestaltet werden und umgekehrt, was aber nicht jedes Mal speziell erwähnt wird.
Einige Übungen oder Spielformen kommen in mehreren Kapiteln vor. Der Grund dafür liegt darin, dass man in diesen Formen sowohl das eine als auch das andere Element trainieren kann.
Das 10-Lektionen-Programm zeigt eine Idee, wie in der Praxis einzelne Lektionen aussehen können. Es ist in Kombination mit den 7 Stufen oder als Fortsetzung davon angelegt.

Sprachregelung

Zur sprachlichen Vereinfachung wird die männliche Form verwendet.

1 Übersicht

I. Ein einfacher Einstieg in 7 Stufen

7 Schritte, um Basketball kennen zu lernen und „Lust auf mehr“ zu wecken.

II. Technisch-taktische Vertiefung

Übungssammlung mit 3 Stufen:

Bereiche:

1. Werfen
2. 1-gegen-1-Duell
3. Zusammenspiel
4. Gegenangriff
5. Rebound
6. Ballhandling
7. Verteidigung

Einsteiger
kennenlernen
Stufe 1

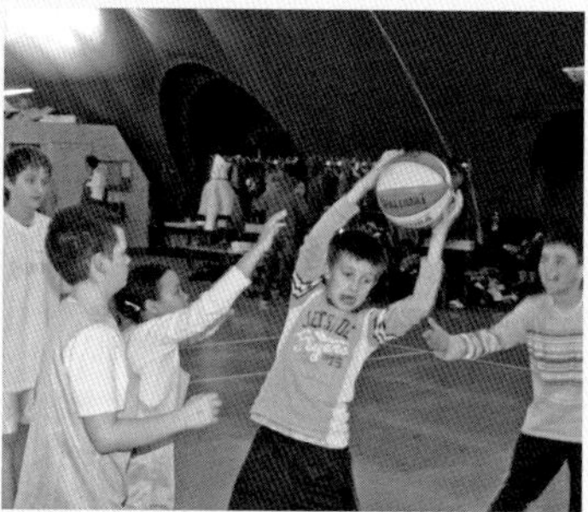

Fortgeschrittene
vertiefen
Stufe 2

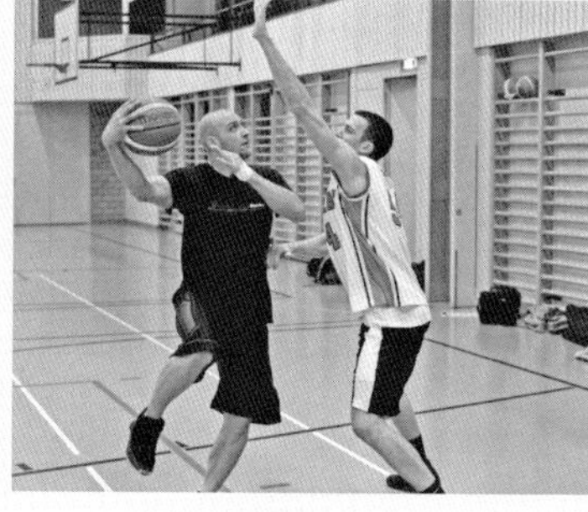

Könner
perfektionieren
Stufe 3

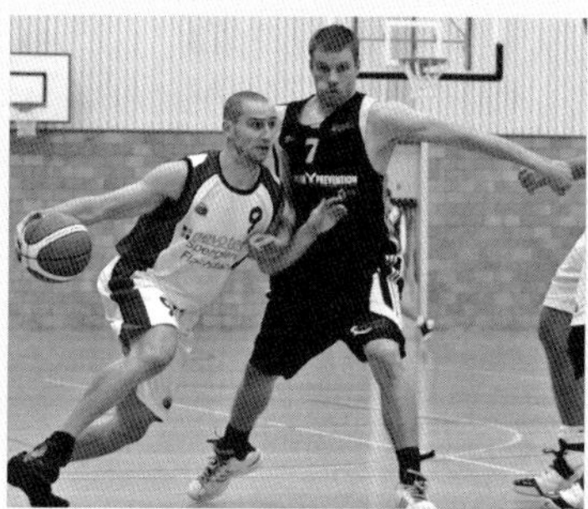

III. Tipps und Tricks für den Unterricht

1. Lektionsgestaltung
2. Nebeneinander-Miteinander-Gegeneinander
3. Spiel- und Übungs-Leitung
4. Spielnähe
5. Rollenspiel
6. Angriff versus Verteidigung
7. Organisationsformen

IV. Ein 10-Lektionen-Programm

10 Lektionen à 45 Minuten als Anschlussprogramm nach dem Einstieg in den 7 Stufen.

Zeichen	Bedeutung
A	Angreifer
A•	Angreifer mit Ball
	Verteidiger
	Laufweg
	Passweg
	Eigenpass
	Dribbling
	Abschluss (Wurf)
R	Rebound
	Malstab (Pfosten)
	Reifen
P	Passeur (Zuspieler) ohne Ball
P•	Passeur mit Ball
C	Coach (Trainer/Lehrer/Leiter)
RR	Rebound + Nachwerfen bis zum Treffer

Abschluss:	Wurf auf den Korb. Mögliche Techniken: Korbleger, Stand- oder Sprungwurf, Kraftstopp-Wurf (Powershot), Powermove oder Hakenwurf (Baby-Hook + Sky-Hook).
Aufposten:	Das sich Aufstellen des Innenspielers am Trapezrand. Oft „Post up“ genannt.
Außenspieler:	Der Spielmacher und die Flügelspieler (= die Angriffs-Spieler, welche eher mit dem Gesicht zum Korb spielen).
Backdoor:	Der Schnitt des Angreifers hinter seinem Verteidiger in Richtung Korb.
Ballhandling:	Koordinationsübungen mit dem Ball für mehr Ballgefühl und damit mehr Ballkontrolle.
Check:	Beim Spiel auf einen Korb gibt der Angreifer seinem Verteidiger den Ball. Wenn das verteidigende Team bereit ist, gibt der Verteidiger den Ball zurück, was Spielbeginn bedeutet.
Cut:	Schnitt zum Korb oder durch das Trapez zum Ball.
Defense:	Verteidigung.
Dribbeln:	Prellen des Balles.
Dropstep:	Großer Schritt des Innenspielers um den Verteidiger herum nach hinten zum Korb.
Durchbruch:	Ballträger dribbelt am Verteidiger vorbei zum Korb.
Fastbreak:	Schneller Gegenangriff oder Gegenstoß. Ziel ist eine Überzahlsituation.
Give and Go:	Doppelpass. Passen und Schnitt zum Korb.
Help Defense:	Aushelfen in der Verteidigung.
Innenspieler:	Die Angriffs-Spieler, welche am Trapez spielen (= eher mit dem Rücken zum Korb ausgerichtet). Der Center und Power-Forward.

Lay Up: Auch Korbleger oder 2-Takt genannt.

Looser's Ball: Nach einem Korb wechselt der Ballbesitz (beim Spiel auf einen Korb).

Mann-Mann-Defense: Individuelle Verteidigung. Jedem Verteidiger ist ein Angreifer fest zugeordnet.

Offense: Angriff.

Penetration: Mit dem Ball dribbelnd ins Trapez eindringen (auch Durchbruch genannt).

Pivotschritt: Sternschritte, welche die Innenspieler gerne einsetzen, um an den Verteidigern vorbei zu kommen.

Postpositionen: Positionen der Innenspieler am Trapez. Lowpost = 40° zum Brett am Trapez, Midpost = 55° zum Brett am Trapez, Highpost = Hohe Position an der Freiwurflinie.

Rebound: Vom Fehlwurf (vom Ring oder Brett) zurückspringender Ball.

Schrittfehler: Wird auch „Marché" (aus dem Französischen) oder „Travel" (aus dem Englischen) genannt. Regelverstoß.

Schrittstopp: Beim Anhalten (mit oder ohne Ball) landen die Füße zeitversetzt, meistens in der Vorschrittstellung.

Sprungstopp: Beim Anhalten (mit oder ohne Ball) landen die beiden Füße gleichzeitig.

Steal: Abgefangener Ball eines Verteidigers (somit Ballgewinn).

Step-Out: Schritt des Innenspielers vom Trapez weg mit der Ballannahme.

Sternschritt: Mehrmaliges Aufsetzen des Spielbeines ohne das Standbein abzuheben.

Turnover: Ballverlust.

Winner's Ball: Derjenige, der den Korb macht, bleibt im Ballbesitz (beim Spiel auf einen Korb).

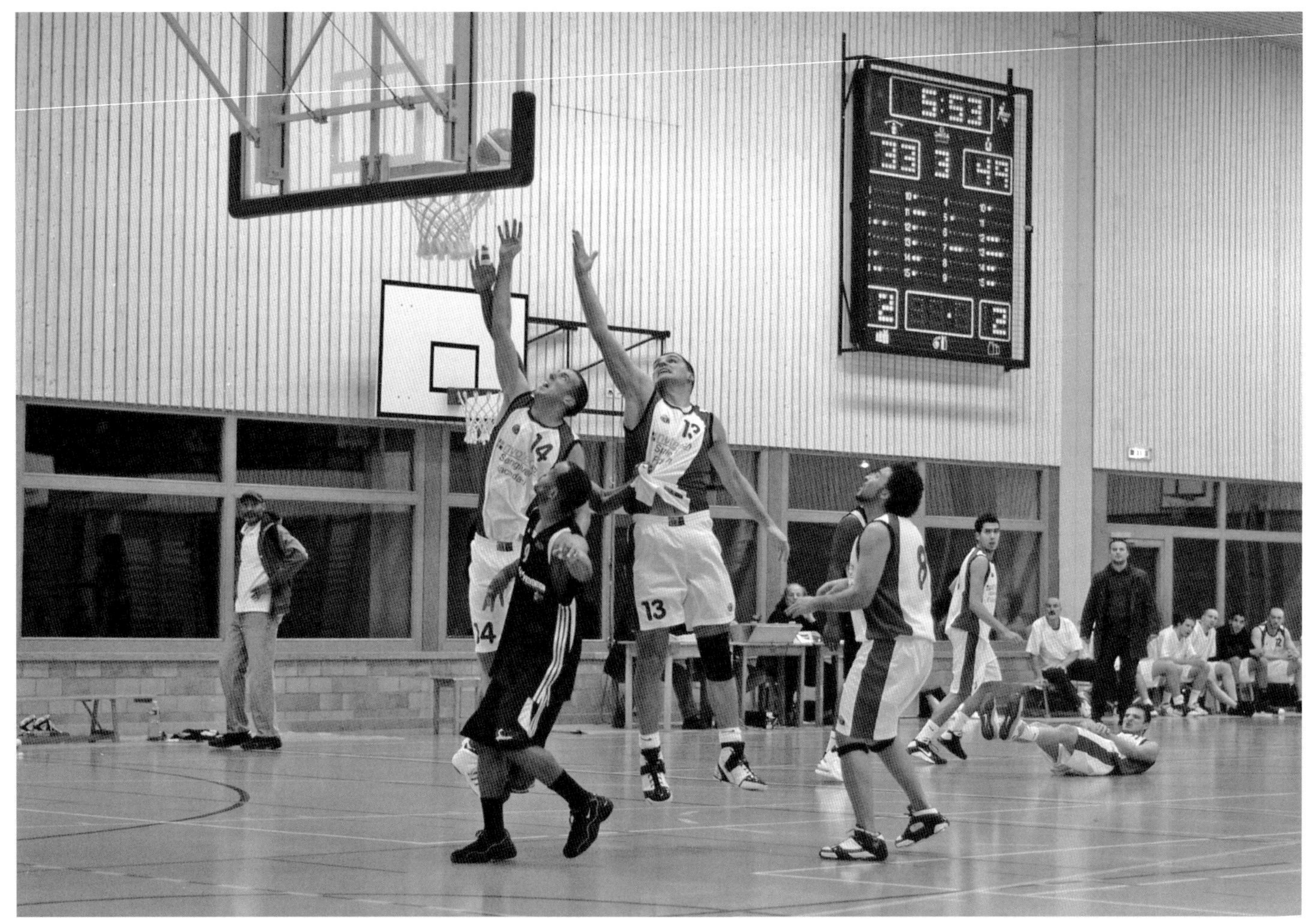
5:53
33
3
49

2 Ein einfacher Einstieg in 7 Stufen

In diesem Kapitel wird ein Einstieg in 7 Schritten präsentiert. Ziel ist es, Lust auf noch mehr Basketball zu wecken. Auch soll mit diesem Programm klar werden, dass spielerisch vermittelt werden kann und dass es beim Spiel nicht immer um Gewinnen und Verlieren gehen soll. Die ursprüngliche Idee beim Spielen ist die Spannung zwischen Gelingen und Nicht-Gelingen, was auch den Spaß am Spielen ausmacht. Zu oft bzw. zu früh geht es um Gewinnen und Verlieren, womit auch die destruktive Seite der Spielverhinderung oder gar Zerstörung zu stark gefördert wird. Auf der Anfängerstufe führt dieses Verhalten meist noch zum Sieg, weil die Angreifer das Spielgerät noch nicht gut kontrollieren können. Was dabei oft verloren geht ist nicht nur das Spiel, sondern vor allem die Spielfreude. Was uns zur Frage zurück bringt, wie anders an ein Spiel herangegangen werden kann. Bei Einsteigern (wie auch Fortgeschrittenen) ist das Hauptziel das Erwerben einer individuellen Spielkompetenz. Diese Fähigkeit braucht es, um in entsprechenden Situationen taktisch richtig reagieren zu können. Deshalb muss die Lehrperson Spielsituationen arrangieren bzw. bereitstellen, in denen diese Entscheidungen möglichst erfolgreich getroffen werden können, ohne zu überfordern. Im Gegeneinander gelingt dies kaum, weil der Anfänger noch nicht über die notwendigen technischen Voraussetzungen verfügt.

Besser geeignet ist das Üben und Spielen **nebeneinander,** das heißt ohne aktiven Gegner, aber mit der „Behinderung" von anderen Spielern auf dem Feld. Dadurch können die Einsteiger sich intensiv mit dem Ball und dem Zielobjekt auseinandersetzen, was als erste Herausforderung genügt. Im Spiel **miteinander** können sie schließlich versuchen, das Erlernte anzuwenden, wobei der Gegner in diesem Rollenspiel dosiert dagegen hält. Erst wenn diese beiden Stufen erfolgreich überwunden sind, kommt das „richtige" **Gegeneinander**.

Die 7 Stufen im Einzelnen:

1. Stufe
Sich alleine mit dem Korb und dem Ball auseinandersetzen:
Auf den Korb werfen und sich mit dem Ball fortbewegen, das heißt dribbeln.
Zuerst spielt jeder ungestört für sich und dann nebeneinander.
Verschiedene Wurf- und Dribblingsarten ausprobieren und üben.

2. Stufe
Nun kommen ein Mitspieler und das Passen dazu. Zu zweit, zu dritt und vielleicht sogar zu fünft wird in verschiedenen Räumen nebeneinander gepasst. Das sich Orientieren, der Sternschritt, die Passbereitschaft und die Passabsicht sind neue Elemente, die jetzt eingeführt werden. Der Blickkontakt und das Anzeigen sind zwei zentrala Punkte beim Passen, welche vor allem wichtig sind, wenn sich viele Spieler auf engem Raum bewegen.

3. Stufe
Das Zielobjekt (der Korb oder ein Korbersatz) wird miteinbezogen. Die Elemente werden kombiniert. Es wird zu dritt bei einem Korb gepasst, geworfen und gedribbelt. Neu kommt auch der Rebound dazu, denn nicht jeder Wurf ist auf Anhieb ein Treffer. Jede Gruppe spielt allein auf einen Korb, denn die Kombination der vier Elemente ist genug an Herausforderung.

4. Stufe
Jetzt wird in Teams nebeneinander geworfen, gepasst und gedribbelt, womit die Räume enger werden. Der Raum bis zur 3-Punkte-Linie oder gar das Trapez bieten sich an, die Orientierung zu erschweren. Mehrere Gruppen versuchen, nebeneinander darin zu spielen. Auch Pass- oder Wurfwettbewerbe sind als Steigerung denkbar.

5. Stufe
Eine erste naive Raumaufteilung und die Einführung der Spielpositionen führen zu einem Teamzusammenspiel. Wiederum im Nebeneinander kann dies auf kleinem Raum herausfordernd sein. Wettbewerbsformen sind auch hier eine schöne Steigerung.

6. Stufe
Erst jetzt folgt eine Heranführung ans Gegeneinander. Mit Spezialregeln wird der Angreifer bevorteilt oder der Verteidiger eingeschränkt. Beispiele sind: der Verteidiger hat seine Hände auf dem Rücken, der Ballträger wird nicht angegriffen oder die 3-Sekunden-Regel gilt für alle (Angreifer und Verteidiger). Das Spiel soll immer noch gelingen und der Widerstand wird dementsprechend gewählt. Gespielt wird hauptsächlich auf einen Korb.

7. Stufe
Nun wird gegeneinander gespielt, allerdings immer noch auf einen Korb, was den Raum sinnvoll einschränkt. Es wird in dieser Phase insbesondere an der Raumaufteilung und den taktischen Möglichkeiten gearbeitet.

Die beschriebenen 7 Stufen sind in der Dauer nicht festgelegt. Man geht weiter, wenn die Gruppe die Stufe gemeistert hat.
Es kann gut sein, dass man in einer Doppelstunde zwei bis drei Stufen meistern kann.
Die Übungen der einzelnen Stufen sind zum großen Teil im Kapitel der technisch-taktischen Vertiefung wieder zu finden. Weiterführend sei hier auch das Buch 137 Basisspiel- und Basisübungsformen von Peter Vary empfohlen (siehe Literaturverzeichnis).

Das Programm soll ein Hilfsmittel sein, um rasch und direkt einzusteigen und erste Erfahrungen mit dem Basketballsport zu machen, sei es als Teilnehmer oder als Lehrperson. Es ist vor allem auch für Lehrpersonen gedacht, die nicht auf Ballsportarten und erst recht nicht auf Basketball spezialisiert sind.

Auf den folgenden Seiten sind mehrere Übungen und Spielformen zu jeder Stufe zu finden, die direkt für den Unterricht übernommen werden können.

Nr.	Name Ziele/Akzente	Idee/Beschreibung	Hinweise/Organisation
1	**Werfen – Jeder für sich an die Wand** Wurftechnik üben	Jeder hat einen Ball und alle stehen nebeneinander 3 Meter von einer Wand entfernt. Jeder wirft mit der vorgezeigten Grund-Wurftechnik (Standwurf) an die Wand und fängt den Ball im Sprung wieder. • An der Wand Ziele bestimmen oder markieren. • Auch mit Korbleger-Technik werfen. • Sich den Ball vorlegen, stoppen und werfen.	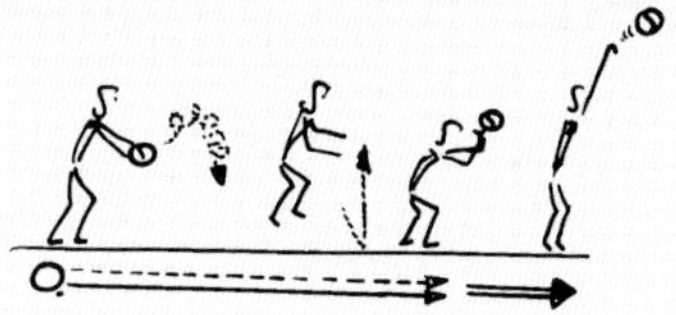
2	**Werfen – Treffen und bleiben** Wurftechnik üben	Jeder hat einen Ball und steht bei einem Korb. Er legt sich den Ball vor und wirft. Wenn er trifft, bleibt er bei diesem Korb und kann erneut werfen. Wenn er nicht trifft, begibt er sich dribbelnd zu einem anderen Korb und versucht es dort erneut. • Immer nach einem Fehlwurf über die Mitte auf einen anderen Korb wechseln.	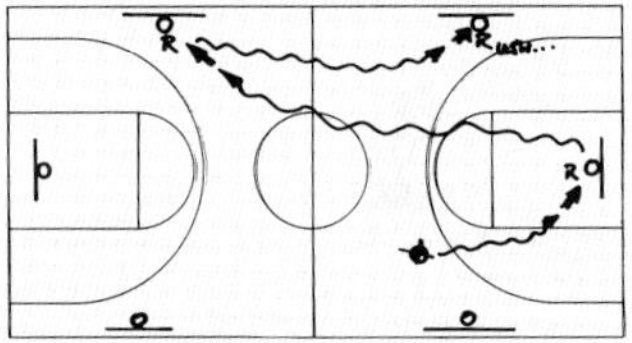
3	**Werfen auf einen Korb nebeneinander** Wurftechnik mit Behinderungen anwenden	Drei bis vier Spieler prellen außerhalb des Trapezes bei einem Korb. Sie dringen in einer festgelegten Reihenfolge ins Trapez ein und schließen ab. Dann holen sie den Ball ab und dribbeln wieder aus dem Trapez. Erst wenn das Trapez frei ist, darf der nächste Spieler hineindribbeln. • Zusätzliche fixe Hindernisse im Trapez (Malstäbe, Kasten). • Die Reihenfolge ist frei, aber nur einer darf jeweils im Trapez sein.	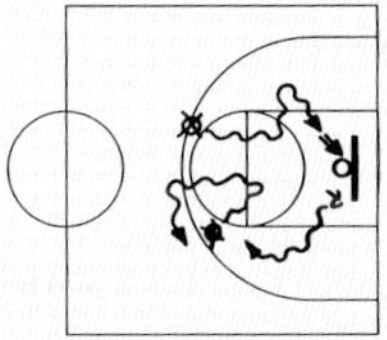
4	**Up and Down solo** Werfen aus dem Dribbling unter Zeitdruck und sorgfältig werfen	Jeder hat einen Ball und sucht Abschlüsse aus dem Dribbling, wobei man pro Korb nur einen Wurfversuch hat. Danach muss ein neuer Korb gesucht werden, welcher aber auf der anderen Hallenhälfte liegen muss. • Aus dem Eigenpass abschließen, nur zwischen den Körben dribbeln. • Es muss der nächstgelegene freie Korb angespielt werden.	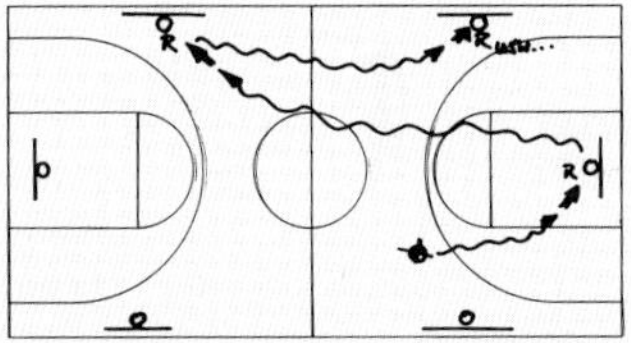
5	**Rundlauf solo** Werfen unter Zeitdruck aus flachen Winkeln	Im Uhrzeigersinn jeden Korb ansteuern und aus dem Dribbling abschließen, wieder nur ein Wurfversuch, dann zum nächsten Korb. • Sich beim Überqueren der Hallenmitte durch den Mittelkreis bewegen, damit verbessert sich der Winkel auf den nächsten Korb. • Nach jedem Wurf in den Mittelkreis dribbeln.	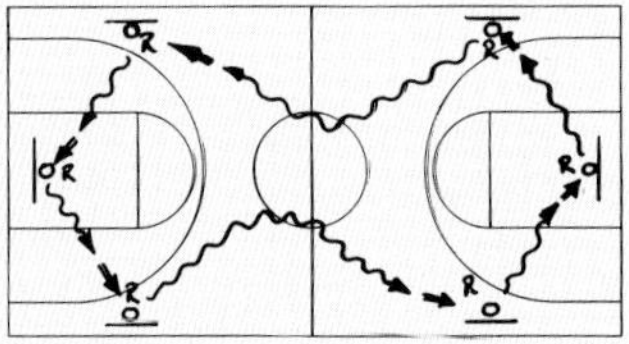

Nr.	Name Ziele/Akzente	Idee/Beschreibung	Hinweise/Organisation
6	**Unterwegs alleine** Passen, Dribbeln, Starten-Stoppen und Sternschritt	Jeder hat einen Ball und ist dribbelnd in der Halle unterwegs. In der Nähe einer Wand mit Sprungstopp anhalten, den Ball an die Wand passen und mit einem Sprungstopp den Ball wieder annehmen. Dann mehrere Sternschritte ausführen und weiterdribbeln. • Schrittstopp statt Sprungstopp. • Mit Würfen auf den Korb kombinieren.	Sprungstopp
7	**Zu zweit unterwegs** Passen, Dribbeln, Starten-Stoppen und Sternschritt	Zu zweit in der Halle mit einem Ball unterwegs. Dribbelnd und passend den Raum durchqueren. Vor dem Pass mit Sprungstopp anhalten, ein bis zwei Sternschritte ausführen und dann passen, sofern Blickkontakt vorhanden ist und der Mitspieler mit der Hand anzeigt, dass er den Ball möchte. Bei Ballerhalt ebenfalls mehrere Sternschritte ausführen und dann dribbeln oder nochmals passen. • In verschiedenen Räumen unterwegs mit anderen Zweierteams.	
8	**Zusammen unterwegs** Passen, Dribbeln, Starten-Stoppen und Sternschritt in Teams von 3–5 Spielern	Zu dritt, zu viert oder zu fünft mit einem Ball in der Halle unterwegs sein. Dribbelnd und passend den Raum durchqueren. Vor dem Pass mit Sprungstopp anhalten, ein bis zwei Sternschritte ausführen und dann passen, sofern Blickkontakt vorhanden ist und der Mitspieler mit der Hand anzeigt, dass er den Ball möchte. Bei Ballerhalt ebenfalls mehrere Sternschritte ausführen und dann dribbeln oder nochmals passen. Den Ball laufen lassen, aber den anderen Teams unterwegs ausweichen können. • In großen und kleinen Räumen unterwegs sein. • Zu fünft mit zwei Bällen.	

Nr.	Name Ziele/Akzente	Idee/Beschreibung	Hinweise/Organisation
9	**Zu dritt auf einen Korb** Passen, Dribbeln, Werfen und Rebounden im Team	Zu dritt mit einem Ball bei einem Korb. Passend und dribbelnd spielt das Team bei einem Korb, um dann in das Trapez einzudringen und abzuschließen. Bei jedem Wurf versuchen die freien Spieler sich den Ball wie folgt zu sichern: Bei einem Korb, um möglichst schnell wieder einzuwerfen. Bei einem nicht erfolgreichen Korb, um den Abpraller möglichst nah am Korb zu bekommen. In diesem Fall wird nachgeworfen bis zum Treffer. Die Teams, welche keinen Korb finden, lösen in der Hallenmitte Zusatzaufgaben mit Passen und Dribbeln. • Mit Sternschritten kombinieren.	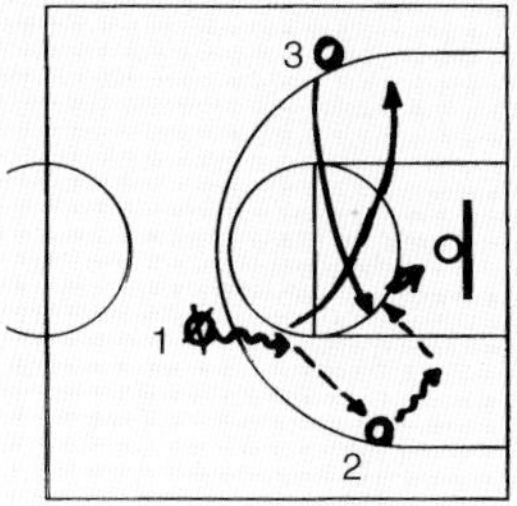 3 1 2
10	**Zusammen auf einen Korb** Passen, Dribbeln, Werfen und Rebounden im Team	Zu viert (oder auch zu fünft) bei einem Korb. Passend und dribbelnd spielt das Team um den Korb, um dann in das Trapez einzudringen und abzuschließen, wobei nur maximal zwei Spieler gleichzeitig ins Trapez hinein sollten. Bei jedem Wurf versuchen die freien Spieler (die sich nun auch im Trapez aufhalten können), sich den Ball zu sichern. Bei einem Korb, um möglichst schnell wieder einzuwerfen. Bei einem nicht erfolgreichen Korb, um den Abpraller möglichst nah am Korb zu bekommen. In diesem Fall wird nachgeworfen bis zum Treffer. Der Sternschritt kann immer wieder eingesetzt werden, um das Spiel etwas zu beruhigen. Die Teams, welche keinen Korb finden, lösen in der Hallenmitte Zusatzaufgaben mit Passen und Dribbeln.	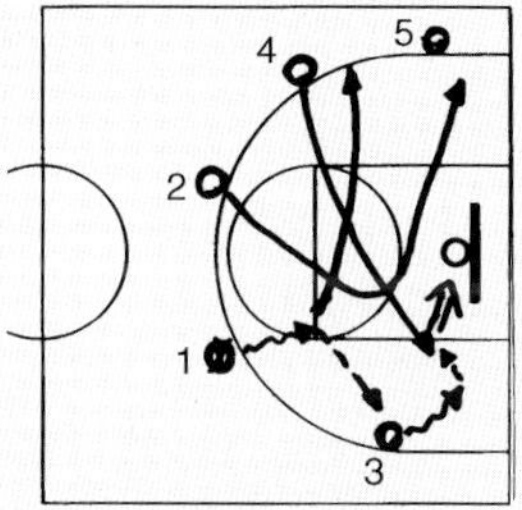 4 5 2 1 3
11	**Zu fünft auf einen Korb** Passen, Dribbeln, Werfen und Rebounden im Team	Zu fünft bei einem Korb. Dribbeln, passen und abschließen inklusive Rebounds wie oben. Nun kann auch mit zwei Bällen gleichzeitig gespielt werden. Weiter darf nach jedem erfolgreichen direkten Korb erneut angegriffen werden. Ist das Team nur im Rebound erfolgreich, muss es den Korb verlassen und wechselt mit einem Team im Warteraum der Hallenmitte oder wartet bis ein anderer Korb frei wird.	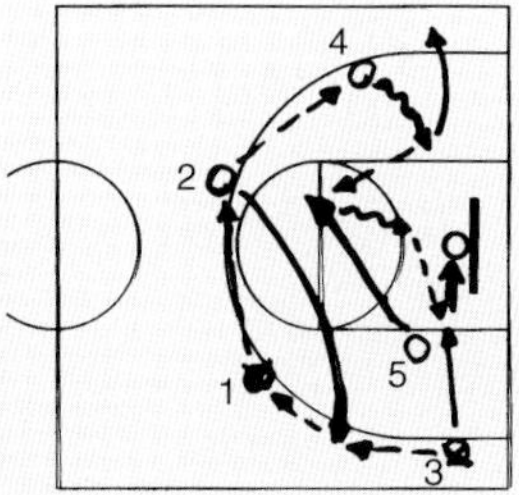 4 2 1 5 3

Nr.	Name Ziele/Akzente	Idee/Beschreibung	Hinweise/Organisation
12	**2 mal 3 auf einen Korb** Kooperation nebeneinander	Zwei 3er-Teams spielen nebeneinander auf einen Korb. Sie spielen um das Trapez herum und betreten es nur bei einem Durchbruch zum Korb oder beim Rebound. Auf freie Passwege achten. Auch als Wettbewerb: Welche beiden Teams (pro Korb) haben zusammen zuerst 20 Körbe erzielt? • Nur mit Pässen arbeiten (Sternschritt vermehrt anwenden). • Bei jedem Ballerhalt werden drei Sternschritte ausgeführt. • Vor jedem Dribbling wird eine Täuschung gemacht.	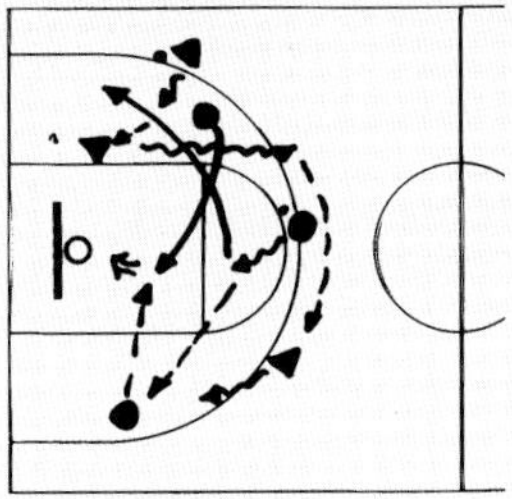
13	**4 mal 3 auf einen Korb** Kooperation nebeneinander	Vier 3er-Teams spielen auf einen Korb. Sie spielen um das Trapez herum und betreten es nur bei einem Durchbruch oder für den Rebound. Ist ein Team im Trapez, müssen die anderen warten bis das Trapez wieder frei ist. • Das Team, welches den Korb erzielt hat, passt danach außerhalb der 3-Punkte-Linie herum, bis das nächste Team erfolgreich ist. • Als Wettbewerb: Bei welchem Korb werden zuerst 20 Treffer gemacht? • Es dürfen zwei Teams gleichzeitig ins Trapez eindringen. • Nur mit Pässen arbeiten, dafür mehr Sternschritte. • Bei jedem Ballerhalt werden drei Sternschritte ausgeführt.	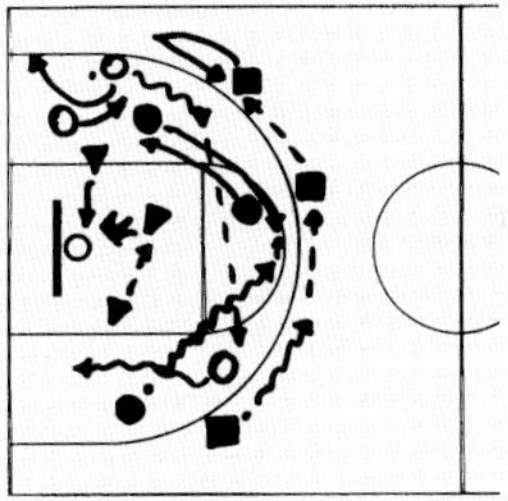
14	**2 mal 5 auf einen Korb** Kooperation nebeneinander	Zwei 5er-Teams spielen nebeneinander auf einen Korb. Sie spielen um das Trapez herum und betreten es nur bei einem Durchbruch zum Korb oder beim Rebound. Auf freie Passwege achten. Auch als Wettbewerb: Welche beiden Teams (pro Korb) haben zusammen zuerst 20 Körbe erzielt? • Bei jedem Ballerhalt werden drei Sternschritte ausgeführt. Das Team, welches den Korb gemacht hat, passt danach außerhalb der 3-Punkte-Linie herum, bis das andere Team einen Korb erzielt hat. • Nur mit Pässen arbeiten (Sternschritt vermehrt anwenden). • Bei jedem Ballerhalt werden drei Sternschritte ausgeführt. • Vor jedem Dribbling wird eine Täuschung gemacht.	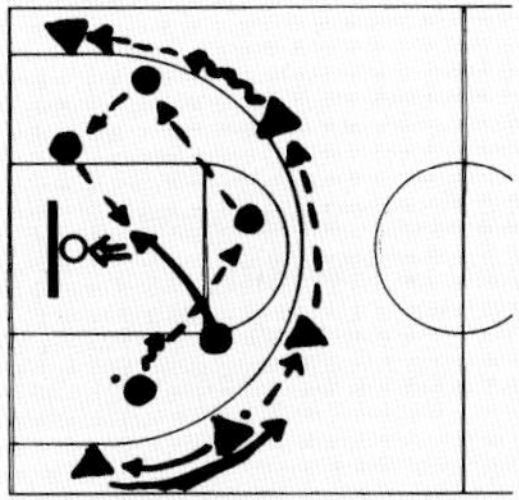

Nr.	Name Ziele/Akzente	Idee/Beschreibung	Hinweise/Organisation
15	**2 mal 4 auf einen Korb** Zusammenspiel zu viert mit den Spielpositionen	Zwei 4er-Teams spielen auf einen Korb. Während das eine Team innerhalb der 3-Punkte-Linie passt, dribbelt und abschließt, spielt das andere Team außerhalb der 3er-Linie und wartet bis die Positionen frei sind. Die Spielpositionen sind mit Markierungen gekennzeichnet. Gedribbelt wird vor allem, wenn man zum Korb durchbricht oder auf eine andere Position möchte. Bei jedem Ballerhalt zuerst in Richtung Korb ausrichten und 1–2 Sternschritte machen. • Nur mit Pässen arbeiten. • Nur mit Give and Go (= Doppelpass) zum Korb. • Nur mit dem Pass ins Trapez abschließen.	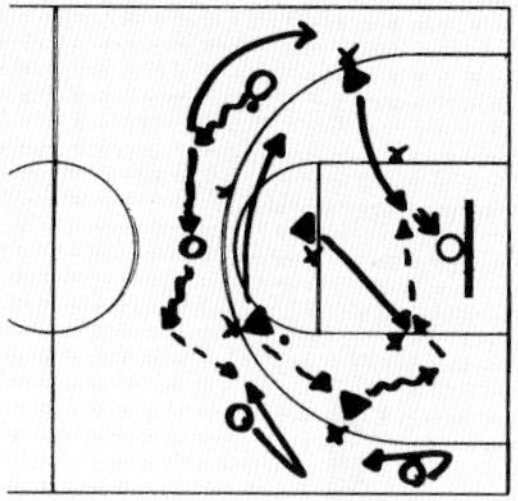
16	**4 und 4 nebeneinander auf einen Korb** Zusammenspiel zu viert mit den Spielpositionen	Zwei 4er-Teams spielen auf einen Korb. Beide Teams spielen innerhalb der 3-Punkte-Linie, betreten das Trapez aber nur, wenn sie abschließen oder in den Rebound gehen. Wenn ein Team am Abschließen ist, wartet das andere außerhalb der Zone. Die Spielpositionen sind mit Markierungen gekennzeichnet. Gedribbelt wird vor allem, wenn man zum Korb durchbricht oder auf eine andere Position möchte. Bei jedem Ballerhalt zuerst in Richtung Korb ausrichten und 1–2 Sternschritte machen. • Nur mit Pässen arbeiten. • Nur mit Give and Go (= Doppelpass) zum Korb. • Nur mit dem Pass ins Trapez abschließen. • Beide Teams können auch gleichzeitig abschließen.	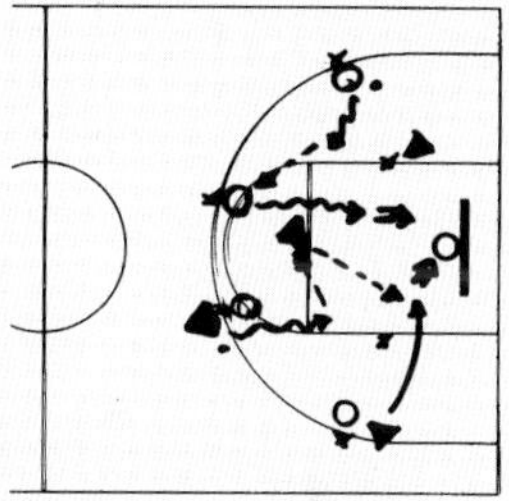
17	**4 und 4 nebeneinander mit der Aufstellung 3–1** Zusammenspiel zu viert mit den Spielpositionen	Dasselbe Spiel, aber nun spielt ein Spieler mit dem Rücken zum Korb am Trapez und drei Spieler auf den Außenpositionen. Der Ball ist zu Beginn des Angriffs immer auf der Spielmacherposition. Gedribbelt wird vor allem, wenn zum Korb gegangen wird. Bei Ballerhalt 1–2 Sternschritte ausführen. Doppelpässe mit dem Innenspieler versuchen. Die Innenspieler wechseln bei jedem Angriff. • Zuerst abwechslungsweise angreifen, dann auch zusammen. • Nur mit Pässen arbeiten.	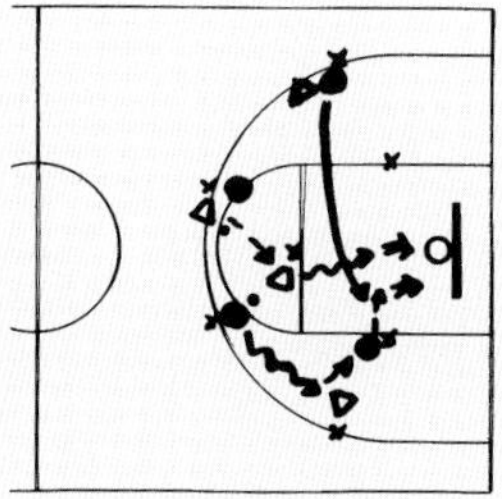

Nr.	Name Bezeichnung	Idee/Beschreibung	Hinweise/Organisation/Foto
18	**4 gegen 4 auf einen Korb** Gegeneinander mit Spezialregeln	Zwei 4er-Teams spielen gegeneinander auf einen Korb. Das eine Team greift 5-mal hintereinander an. Die Verteidiger halten sich wie folgt zurück: Der Ballträger wird nicht unter Druck gesetzt, die Verteidiger haben die Hände hinter dem Rücken und verhindern so die Pässe nicht. • Die Verteidiger haben nur eine Hand hinter dem Rücken. • Solange die Angreifer den Korb machen, bleiben sie im Angriff.	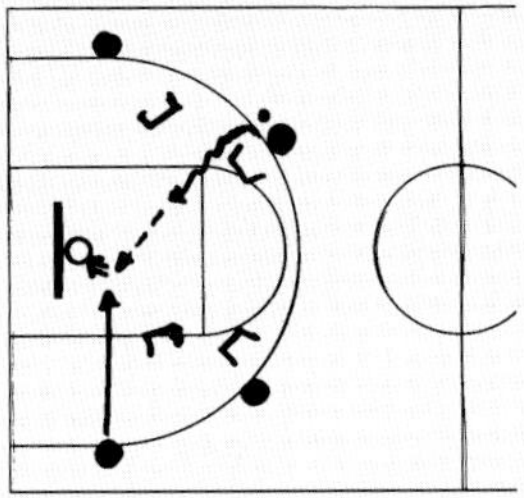
19	**4 gegen 4 mit 3-Sek.-Regel für alle** Gegeneinander mit Spezialregeln	Zwei 4er-Teams spielen gegeneinander auf einen Korb. Das eine Team greift 5-mal hintereinander an. Die Verteidiger halten sich wie folgt zurück: Der Ballträger wird nicht unter Druck gesetzt, die Verteidiger haben die Hände hinter dem Rücken und verhindern so die Pässe nicht. Dazu gilt die 3-Sekunden-Regel für alle Spieler. Wenn die Verteidiger länger im Trapez sind, gibt es einen Punkt für die Angreifer. • Die Verteidiger haben nur eine Hand hinter dem Rücken. • Nur dribbeln, wenn man zum Korb durchbricht.	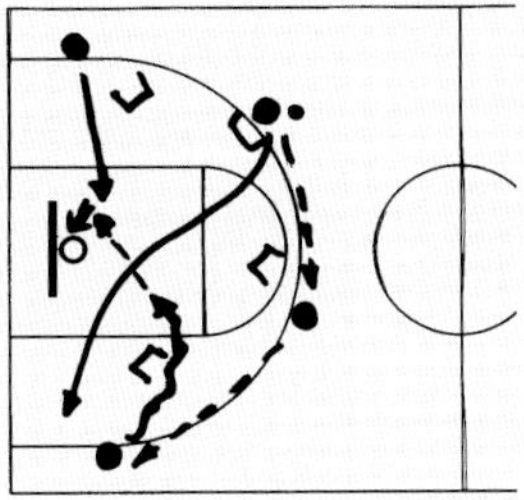
20	**4 gegen 4 mit Joker** Gegeneinander mit Extraspieler	Zwei 4er-Teams spielen gegeneinander auf einen Korb, wobei die Angreifer einen Extraspieler haben. Dadurch kommt mehr Ruhe ins Spiel. Dieser Spieler selbst darf nicht abschließen. Die Verteidiger halten sich immer noch zurück: Es gilt die 3-Sekunden-Regel für alle Spieler. Wenn die Verteidiger länger im Trapez sind, gibt es einen Punkt für die Angreifer. • Der Extraspieler darf auch dribbeln und sich verschieben.	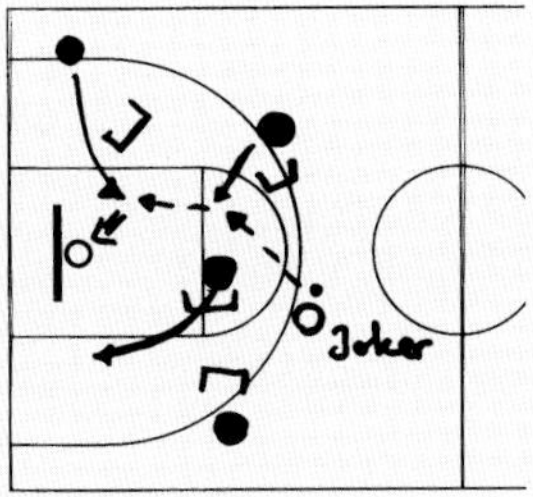 Joker

Nr.	Name Ziele/Akzente	Idee/Beschreibung	Hinweise/Organisation
21	**4 gegen 4 spezial** Spiel auf einen Korb	Zwei 4er-Teams spielen gegeneinander auf einen Korb. Die 3-Sekunden-Regel gilt immer noch für beide Teams. Nun sollten die Angreifer mehr auf die Spielpositionen (markiert) achten. Drei Außenspieler und ein Innenspieler ist die Aufstellung. Die Teams haben jeweils 5 Angriffe, dann wird gewechselt. • Solange die Angreifer treffen, bleiben sie im Angriff.	
22	**4 gegen 4 Streetball spezial** Spiel auf einen Korb mit 3-Sekunden-Regel für alle	Zwei 4er-Teams spielen gegeneinander auf einen Korb. Die 3-Sekunden-Regel gilt immer noch für beide Teams. Nun sollten die Angreifer mehr auf die Spielpositionen (markiert) achten. Drei Außenspieler und ein Innenspieler ist die Aufstellung. Bei jedem Korb wechselt der Ballbesitz. • Jeder Pass auf den Innenspieler gibt einen Zusatzpunkt. • Einen Jokerspieler für die Angreifer, wenn das Spiel nicht gelingt. • Jeder Korb zählt einen Punkt, die 3-Punkte-Würfe zählen 2 Punkte.	• Fair spielen • Streetball-Regeln miteinander vereinbaren • Fouls + Spielstände selber regeln
23	**4 gegen 4 Streetball** Spiel auf einen Korb ohne Zusatzregeln	Zwei 4er-Teams spielen gegeneinander auf einen Korb. Freies Spiel, beginnend auf der Spielmacherposition. Die Spielpositionen sollten berücksichtigt werden und sind immer noch markiert. Es soll vor allem auf die Fouls geachtet werden. Insbesondere der Ballträger soll durch Berührungen nicht behindert werden. Bei jedem Korb erfolgt ein Ballbesitzwechsel. Die Verteidiger haben einen fest zugeordneten Angreifer. • Streetball-Time zeigen. • Bei jedem Ballbesitzwechsel muss der Ball über die 3-Punkte-Linie hinausgespielt werden, bevor wieder angegriffen werden darf.	• Fouls + Spielstände selber regeln • Regeln miteinander bestimmen

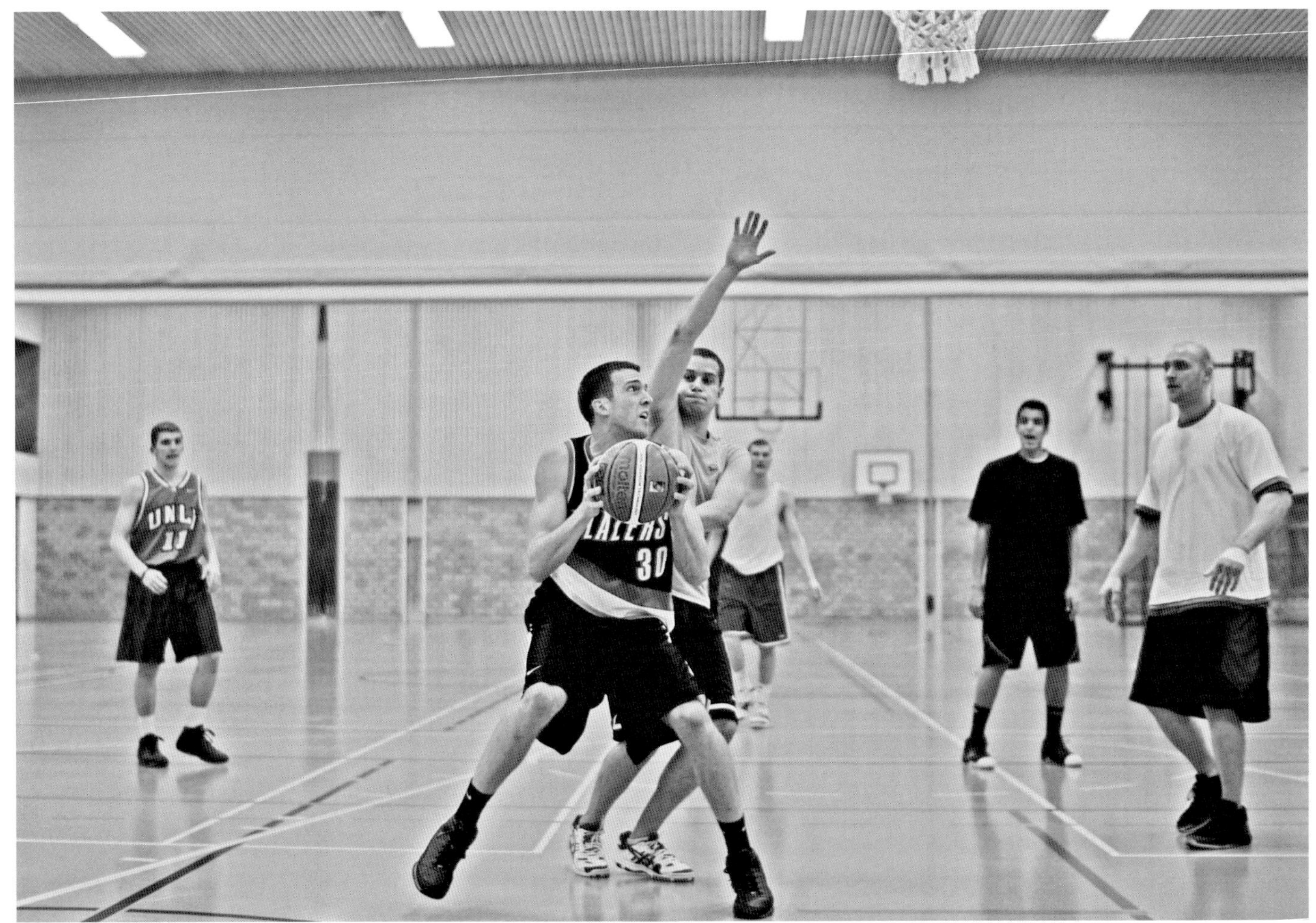
30

3 Technisch-taktische Vertiefung; Eine Sammlung von Spiel- und Übungsformen

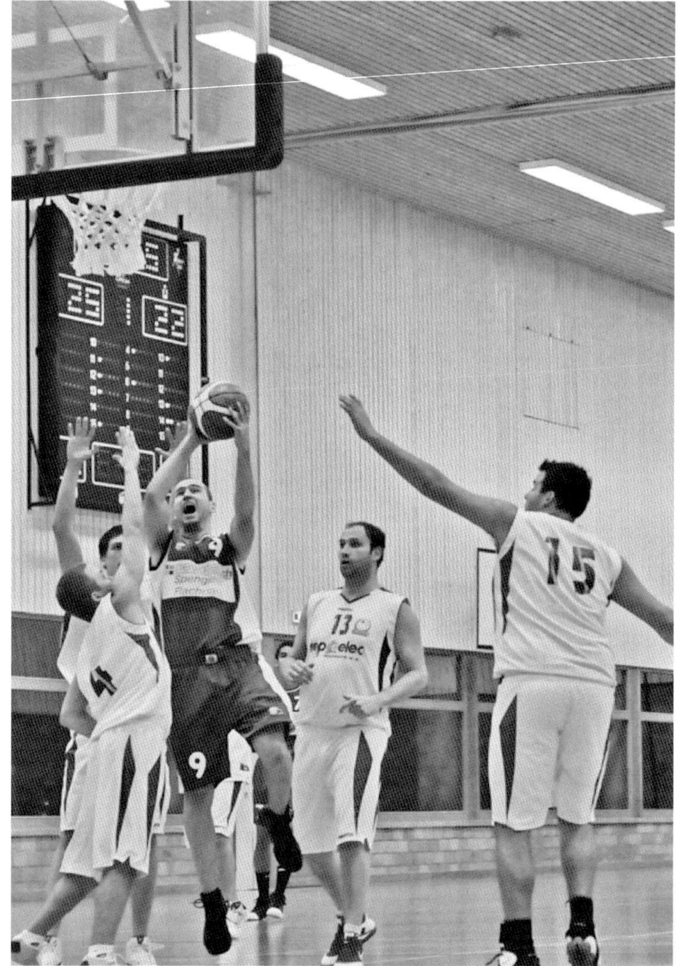

Dieser Teil ist das Kernstück des Buches.

Zu Beginn jedes Kapitels folgen die technischen Beschreibungen des Elementes mit den Korrekturpunkten.

Dann folgen Übungen und Spielformen für die Stufen 1–3.
Es kann auch vorkommen, dass eine Übung sich in zwei Kapiteln findet. Allerdings wird sie dann zwei verschiedene Aspekte verfolgen, entsprechend den Kapiteln.

Die Spiel- und Übungsformen haben (nebst den Nummern) wenn immer möglich Namen. Beim Unterrichten sind solche Namen als Eselsbrücke hilfreich, weil damit die Erklärungszeit deutlich reduziert werden kann.

Wenn mit Einsteigern gearbeitet wird, reichen oft 3–5 Übungen pro Kapitel, um eine gute Basis zu legen. Der Leiter sollte sich nicht in den vielen Formen verlieren, sondern sich auf diejenigen konzentrieren, bei denen er sich bei der Vermittlung wohl und sicher fühlt.

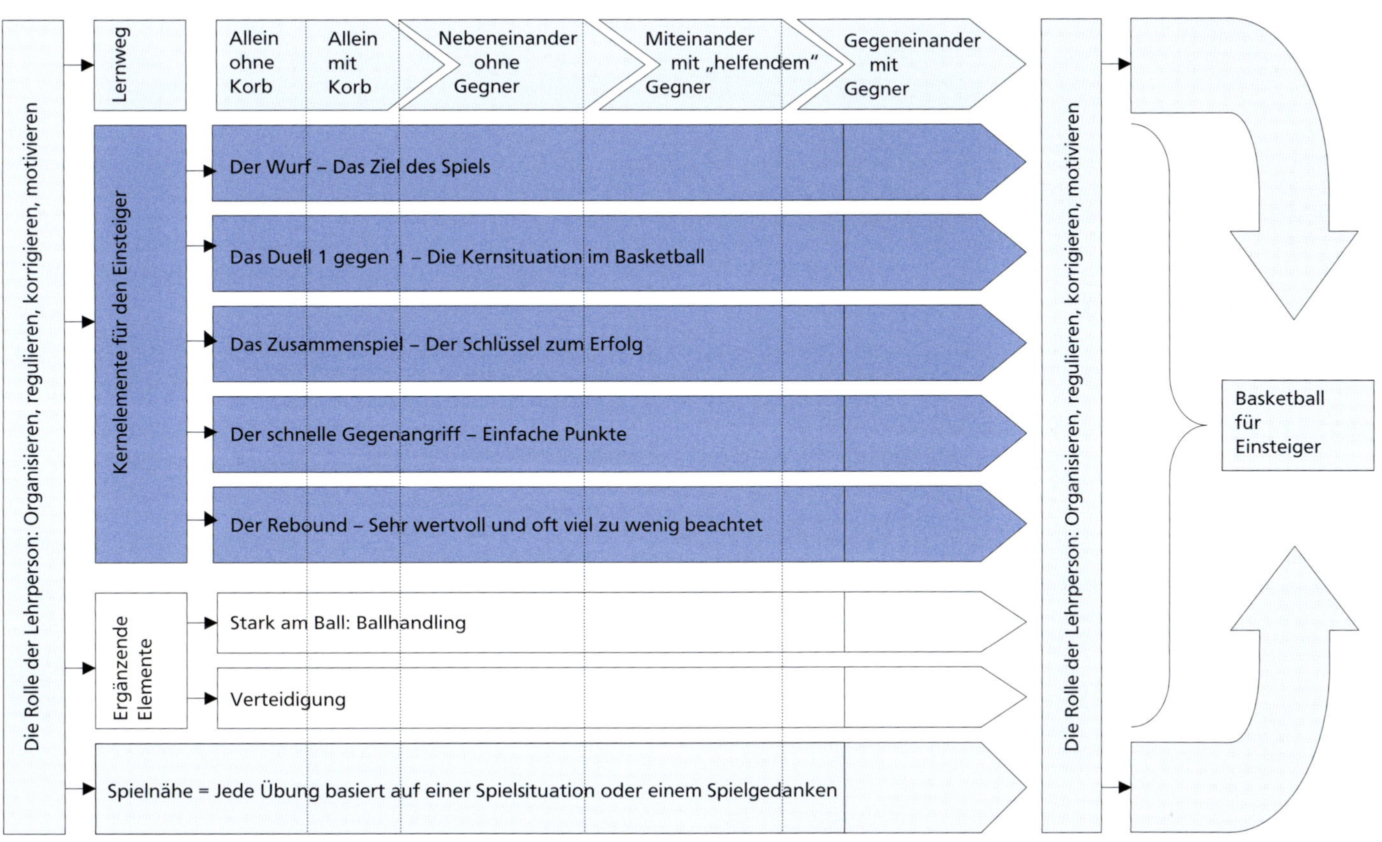
Die Rolle der Lehrperson: Organisieren, regulieren, korrigieren, motivieren
Lernweg
Allein ohne Korb
Allein mit Korb
Nebeneinander ohne Gegner
Miteinander mit „helfendem" Gegner
Gegeneinander mit Gegner
Kernelemente für den Einsteiger
Der Wurf – Das Ziel des Spiels
Das Duell 1 gegen 1 – Die Kernsituation im Basketball
Das Zusammenspiel – Der Schlüssel zum Erfolg
Der schnelle Gegenangriff – Einfache Punkte
Der Rebound – Sehr wertvoll und oft viel zu wenig beachtet
Ergänzende Elemente
Stark am Ball: Ballhandling
Verteidigung
Spielnähe = Jede Übung basiert auf einer Spielsituation oder einem Spielgedanken
Die Rolle der Lehrperson: Organisieren, regulieren, korrigieren, motivieren
Basketball für Einsteiger

3

3.1 Abschlüsse, Werfen: Wer trifft, hat Spaß

In ein paar wenigen Spielsportarten ist das Zielobjekt selbst nicht direkt verteidigt (im Sinne eines Torhüters). Daher sind die Abschlüsse eines, wenn nicht das zentrale Element im Basketball. Nicht zuletzt aus diesem Grund ist das Üben dieser Abschlüsse auch allein sehr unterhaltsam; es braucht wirklich nur einen Korb und einen Ball, was sich durch die vielen Körbe an den Garagentoren, Gärten und Hinterhöfen dieser Welt unschwer erkennen lässt.

Dem Perfektionieren der verschiedenen Abschlusstechniken kommt eine große Bedeutung zu, was dies auch zu einem äußerst attraktiven Element im Unterricht macht. Im Gegensatz zu anderen Lehrbüchern beginnt dieses mit den zweibeinigen Abschlüssen. Grund dafür ist die Tatsache, dass diese Art des Abschlusses häufiger im Spiel (vor allem bei Einsteigern) vorkommt (Spielnähe!). Auch ist es der stabilere Wurf (Gleichgewicht!), welcher auch noch kurz vor der Ausführung abgebrochen werden kann. Oft wird im Anfängerunterricht zu viel Zeit für das Erlernen des Korblegers verwendet, weil diese 2-Takt-Bewegung koordinativ nicht einfach ist. Der Einsteiger wird mit dem zweibeinigen Abschluss schneller Erfolgserlebnisse sammeln können. Deshalb wird diese Reihenfolge gewählt.

Ob Stand- oder Sprungwurf hängt vor allem von den athletischen und koordinativen Fähigkeiten ab. Der Sprungwurf wird den Einsteiger meist überfordern, eignet sich aber sehr gut als Differenzierungs-Instrument bei großen Leistungsunterschieden.

Fast alle Übungen und Spielformen können mit verschiedenen Wurftechniken ausgeführt werden, was aber nicht immer speziell erwähnt wird. Behandelt wird der Stand- und Sprungwurf, der obere und untere Korbleger, der Kraftstoppwurf (= Powershot), der Powermove und der kleine Hakenwurf (= Babyhook).

Zu Beginn jedes Kapitels wird kurz die Technik erklärt, gefolgt von speziellen Übungen und Spielformen der verschiedenen Wurfarten. Abschließend werden Formen präsentiert, die für (fast) alle Wurftechniken geeignet sind (Kapitel 3.1.5, Abschlüsse gemischt).
Zu beachten ist, dass aus den meisten Übungen Spielformen und aus den Spielformen auch Übungen gemacht werden können.
Als Steigerung kann bei den meisten Übungsformen auch noch ein Verteidiger hinzugefügt werden, welcher den Abschluss erschwert. Dies wird nicht immer speziell erwähnt, ist aber ein wertvoller Zwischenschritt vor den meisten Spielformen mit voller Verteidigung.

Die Grundtechnik ist der Standwurf. Wenn diese Form gemeistert wurde, hängt es vor allem von der Athletik ab, ob man aus oder mit diesem Wurf auch springen kann. Falls genügend Gleichgewicht vorhanden ist, kann der Sprungwurf eine schöne Steigerung darstellen. Die Technik beim Sprungwurf ist die gleiche wie beim Standwurf, außer, dass man dabei abspringt und im höchsten Punkt wirft.

Schauen wir uns aber zuerst die Technik des Wurfes an: Der Wurf beginnt schon mit dem aktiven Fangen des Balles. Dazu ist es nötig, dass man mit der Wurfhand anzeigt, dass und wohin man den Ball bekommen möchte.

1. Phase: „Anzeigen"

Anzeigen mit der Wurfhand (offen) auf Schulterhöhe und mit der zweiten Hand bereit zum aktiven Fangen des Balles.

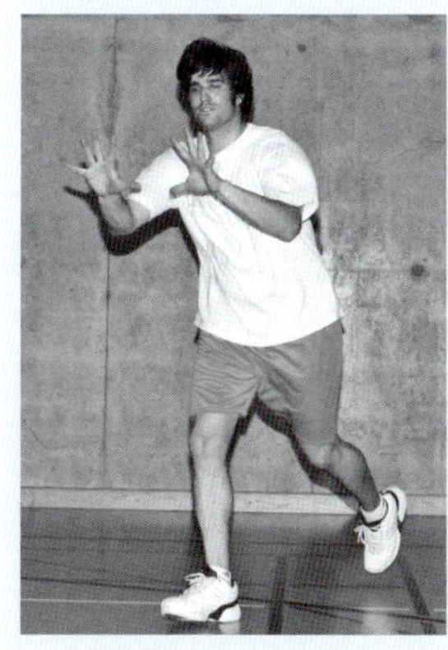

2. Phase: „Fangen"

Aktives Greifen des Balles und Positionieren des Balles auf die Wurfarmseite (falls nötig Seitenwechsel oben oder unten, aber nie vor dem Bauch durch), etwa Schulterhöhe.
Die Schulterachse ist 90° zur Wurfrichtung.
Die Füße sind wenn möglich parallel (evtl. der „Wurffuß etwas (max. 10 cm) weiter vorne).
Die Knie sind 90° gebeugt, das Gewicht ist im Vorfuß.

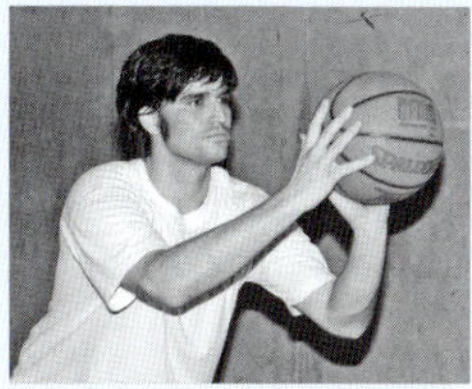

3. Phase: „Wurfauslage"

Der Ball liegt aktiv auf den Fingern (etwas „Licht" sehen) und berührt die Handballenfläche, jedoch nicht die Handwurzel.
Hochführen des Balles in die Wurfauslage, so dass der Ball neben dem Kopf, aber vor der Stirnebene bleibt.
Die Wurfhand ist unter dem Ball, der Ellbogen des Wurfarmes ist höher als die Schulter und zeigt zum Korb.
Wir schauen unter dem Ball auf den Korb.

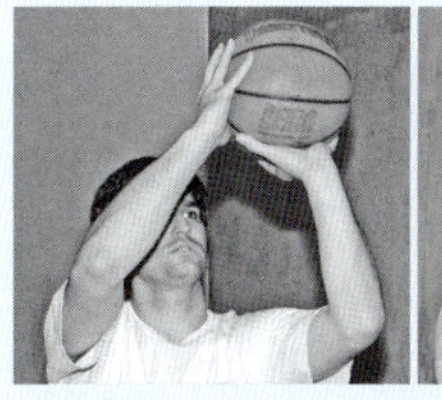

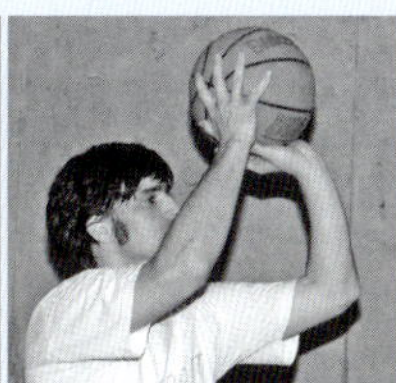

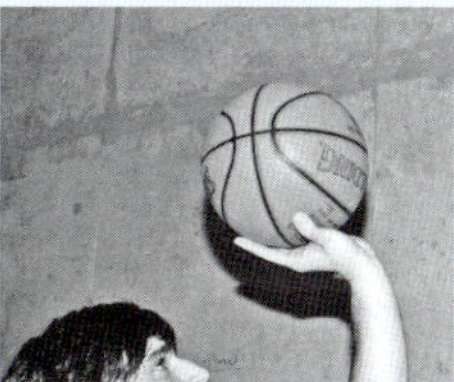

Achte auf eine gerade Linie:
Ball-Handgelenk-Ellbogen-Schulter-Hüfte-Knie-Fuß.

4. Phase: „Strecken"	5. Phase: „Bleiben"
Abwurf des Balles durch eine aktive Streckung der Beine und des Ellbogens. Als drittes wird das Handgelenk explosiv eingesetzt, was zu einem „Abklappen" dessen führt. Das lockere Nachfedern des Handgelenkes zeigt das Auflösen der Spannung („Feder spannen und loslassen"). Die Wurfflugbahn des Balles ist hoch und der Blick bleibt immer eng fokussiert auf das Ziel (Korbzentrum oder obere Ecke des Vierecks am Brett). 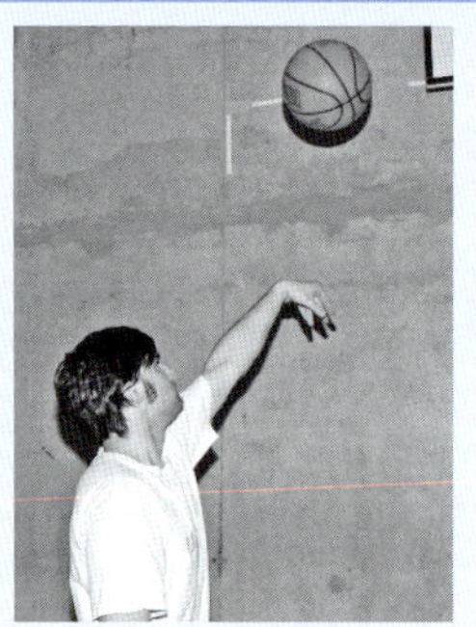	Der Wurfarm bleibt gestreckt und zeigt genau Richtung Korb, das Handgelenk federt abgeklappt nach. Der Blick bleibt auf dem Ziel. Der Körper bleibt im Gleichgewicht und landet (beim Sprungwurf) dort, wo er abgesprungen ist. Der Oberkörper bleibt während des ganzen Wurfes aufrecht und stabil. 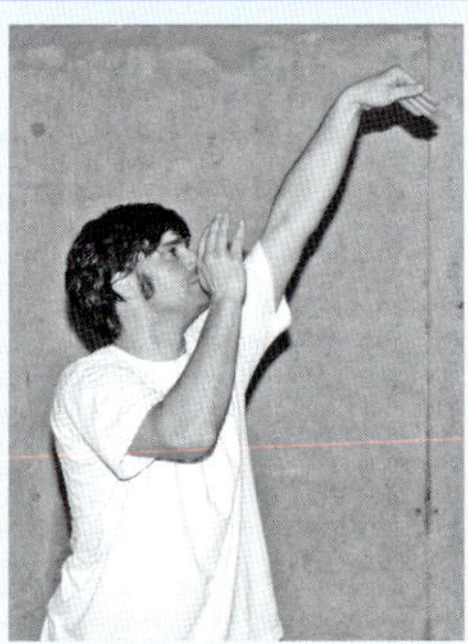

Auf einen Blick:

Phase 1	Phase 2	Phase 3	Phase 4	Phase 5

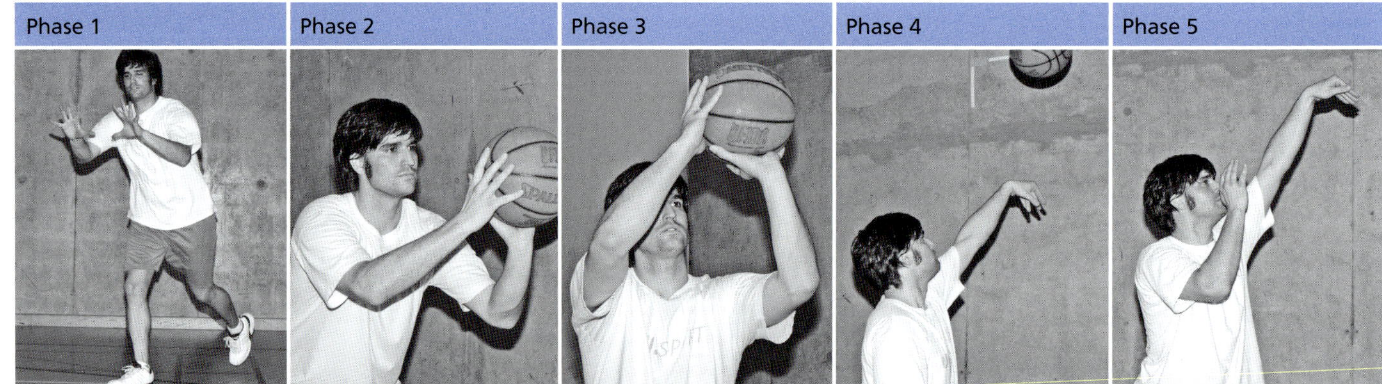

Nr.	Name Ziele/Akzente	Idee/Beschreibung	Hinweise/Organisation
24	**Standwurf zu zweit gegenüber** Wurftechnik erlernen	Es stehen sich zwei Spieler gegenüber (Abstand etwa 4 Meter) und arbeiten an ihrer Wurftechnik. Mit einer Gruppe am besten in zwei Reihen üben lassen. Die Hauptkonzentration liegt auf der Wurftechnik: – Füße in Richtung Korb, – Beine gebeugt, – Ellenbogen höher als Schulter und in Richtung Korb, – Unter dem Ball auf den Korb schauen, – Ball auf den Fingern, –„Welle“ (Füße stoßen – Beine strecken – Ellenbogen strecken – Handgelenk abklappen), – „Finger in den Korb werfen“, – hohe Flugbahn, – Gleichgewicht behalten.	
25	**Wurf mit Dribbling zu zweit gegenüber** Wurftechnik aus dem Dribbling erlernen	Wie Übung 24, aber mit größerem Abstand (Hallenbreite), damit der Werfer aus dem Dribbling stoppen (Sprung- oder Schrittstopp) kann, um dann den Wurf auszuführen. Wichtig ist auch ein bewusster Start beim Dribbling (auf den ersten Schritt nach vorne dribbeln) und ein flacher, schneller Stopp. Beim Dribbeln soll der Blick vom Ball gelöst werden (Spieler gegenüber anschauen).	
26	**5er-Werfen alleine nach Sprungstopp** Wurftechnik üben	Der Spieler wählt einen sinnvollen Wurf-Winkel zum Korb (45° oder 90° zum Brett), richtet sich frontal zum Korb aus, wirft sich den Ball mit einem Eigenpass etwa 1,5 Meter vor und fängt ihn mit einem beidbeinigen Sprungstopp. Dann führt er einen Wurf aus, wobei er immer einen Technik-Punkt fokussiert (siehe Technik Wurf). Nach dem Wurf holt er sich den Rebound und wirft nach bis er trifft. Immer mindestens 5 Würfe pro Technik-Punkt vom selben Ort. Der Wurfpunkt sollte immer einer Spielposition entsprechen (mindestens auf den Winkel bezogen) mit einer Wurfdistanz zwischen 1,5–4,5 Meter. • Nach den Würfen wieder an die Ausgangsposition zurückdribbeln. • Nach 5 Würfen den Korb dribbelnd wechseln.	

Nr.	Name Ziele/Akzente	Idee/Beschreibung	Hinweise/Organisation
27	**Wurfgeste Trocken** Wurfbewegung ohne die Ablenkung des Balles wahrnehmen, vor allem die aktive Ellbogenstreckung	Spieler in einer Reihe aufstellen lassen und „Würfe" ohne Ball ausführen lassen. Im Hauptfokus stehen die drei Kernpunkte des Werfens: Beine, Ellbogen und Handgelenk. Mehrere bewusste Wiederholungen, zuerst langsam, dann schneller. Körperspannung aufbauen und mit dem Wurf explosiv lösen, so dass das Handgelenk nachfedert. Wichtig: Ellbogen zeigen nach vorne und sind höher als die Schultern. Dann die Arme explosiv nach vorne strecken und die Handgelenke abklappen. 5–10 bewusste Bewegungen, dann wieder lockern.	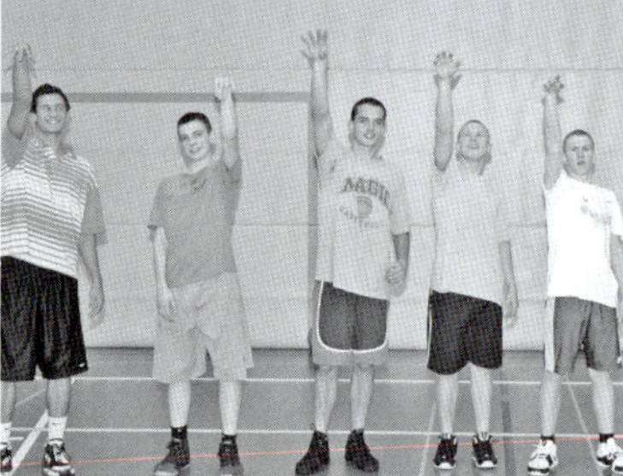
28	**Ball in die Hand zu zweit** Ellbogenstreckung und Handgelenk abklappen üben	Der eine Spieler spielt nur aus der Wurfauslage, während der andere jeweils den Ball holt und ihn wieder in die Hand des Werfers legt, welcher nach dem Wurf den Wurfarm gleich wieder in die Wurfauslage nimmt. Nach 5, 10 Würfen wechseln. Damit sind die Armstreckung und das Abklappen des Handgelenks im Zentrum. Beineinsatz weglassen, aber nicht verbieten. Sehr geeignet auch fürs Aufwärmen.	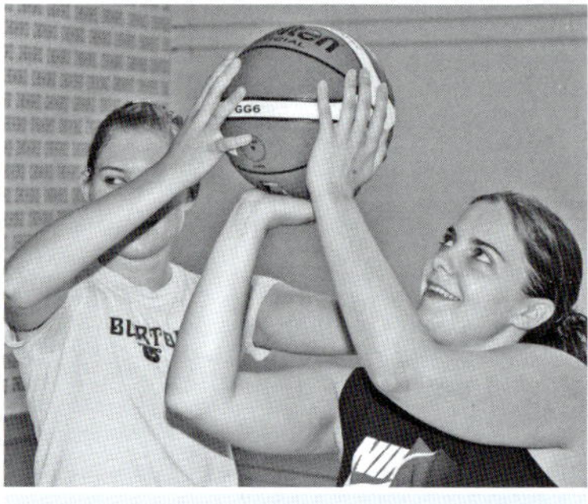
29	**Keine Berührung** Hohe Flugkurve beim Werfen üben	Zu zweit. Einer wirft ungefähr aus 2 Meter direkt auf den Korb und versucht, mit einer hohen Flugbahn einen Treffer ohne Berührung des Ringes zu erzielen. Höhere Flugbahnen vergrößern diese Chance, weil dadurch der Ball beim Korb eine maximale Angriffsfläche vorfindet. Immer mindestens 5–10 Würfe machen bevor man wechselt, damit auch ein Wurfgefühl aufgebaut werden kann. Vor allem 90° zum Brett (von vorne) ist dies gut zu üben. Die Wurftechnik aber beibehalten. Den Ball nicht stoßen und vor allem nie dem Ball nachschauen. Die Augen bleiben immer auf dem Ziel. • Von größerer Distanz wie Trapezrand üben.	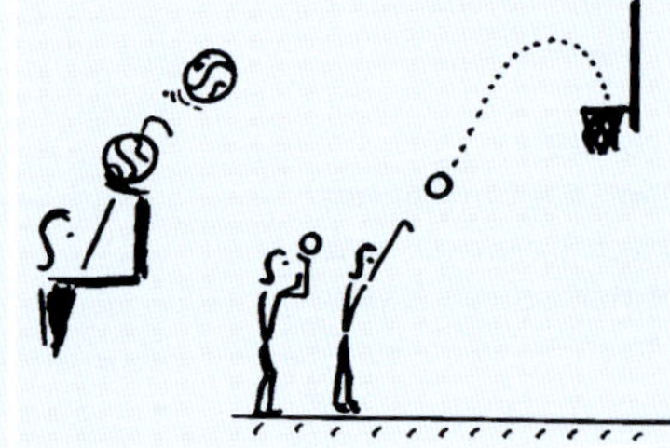

Nr.	Name Ziele/Akzente	Idee/Beschreibung	Hinweise/Organisation
30	**Einhändig** Die Wurftechnik ohne Hilfehand üben	Diese Wurfübung kann (wie viele andere) allein oder zu zweit ausgeführt werden. Mit Partner kann sich der Werfer besser auf die Würfe konzentrieren, was für den Einsteiger von Vorteil ist. Der Werfer versucht, von zwei bis drei Metern einhändig auf den Korb zu werfen. Der Partner holt den Ball und legt ihn wieder in die Wurfhand vom Werfer. Diese Übung ist sehr hilfreich für Spieler, welche ihren zweihändigen Wurf nicht korrigieren können. Nach 10 Wiederholungen wechseln, damit man nicht verkrampft.	
31	**Handgelenk** Den Handgelenkeinsatz ohne Hilfehand üben	Bei dieser Übung liegt der Fokus darauf, wie der Ball auf der Hand liegt. Er soll auf den Fingern liegen, aber nicht auf der ganzen Handfläche. Vor allem soll er nicht auf der Handwurzel liegen. Die Fingerkuppen sollten den Ball spüren und auch den letzten Druck darauf ausüben können. Um diesen Handgelenkeinsatz zu üben, steht der Spieler 1,5 Meter vom Korb weg und wirft den Ball wie bei der vorherigen Übung einhändig. Diesmal aber nur mit dem Einsatz des Handgelenkes. Die Beine und der Wurf bleiben dabei größtmöglich gestreckt. Ein Partner kann den Ball jeweils wieder holen und ihn dem Werfer in die Hand geben. Auch bei dieser Übung wird wenn möglich einhändig gearbeitet. Nach 10 Wiederholungen Rollenwechsel.	
32	**Rotation** Durch einen bewussten Handgelenkeinsatz die Rotation des Balles üben	Wieder zu zweit und hier konzentriert sich der Werfer auf die Handgelenkbewegung beim Wurf. Der Ball soll immer noch auf den Fingern liegen, das Handgelenk horizontal nach hinten geklappt. Durch einen explosiven Einsatz des Handgelenkes erhält der Ball auch seine typische Rückwärtsrotation. Um diese wahrzunehmen, soll am und um das Trapez geworfen werden. Auch soll versucht werden, eine hohe Flugkurve zu erreichen. Dann hilft die Rotation am meisten, dass kritische Würfe noch in den Korb fallen können. Auch hier nach 10 Wiederholungen Rollenwechsel. Der Passeur kann ausnahmsweise unter dem Korb stehen, damit die Wurffrequenz hoch bleibt.	

Nr.	Name Ziele/Akzente	Idee/Beschreibung	Hinweise/Organisation
33	**3-Phasen-Wurf zu zweit nach Pass** die Knotenpunkte des Wurfes wahrnehmen	Der Passeur steht (ausnahmsweise) unter dem Korb und spielt den Ball auf den (ausnahmsweise) stehenden Werfer. Wichtig dabei ist, dass der Werfer die Hände früh auf Schulterhöhe hochnimmt und anzeigt, wo er den Ball erhalten möchte. Mit Ballerhalt folgt ein kleiner, flacher Sprung nach vorne und ein sauberer Sprungstopp, Ball seitwärts auf Schulterhöhe behalten und Kniebeugung 90° (Phase 1). Danach folgt Phase 2 (die Wurfauslage) und Phase 3 (Sprung, Streckung des Armes und Handgelenkeinsatz). Der Passeur kann die Phasen auch stimmlich begleiten. Er holt den Rebound und der Werfer bereitet sich auf den nächsten Pass vor. Nach maximal 10 Würfen wechseln. Pro Technikpunkt mindestens 10 Würfe arbeiten und immer nur 1–2 Punkte in den Focus nehmen.	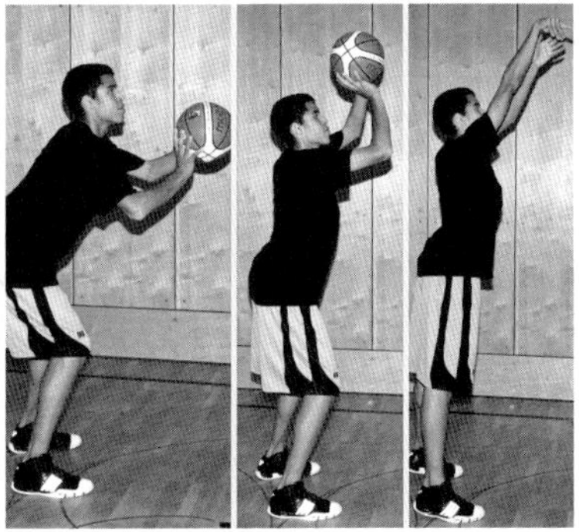
34	**Spot Shooting** Wurftechnik mit Freilaufen von einem bestimmten Punkt üben	Der Passeur steht auf einer Spielposition. Der Werfer läuft sich auf eine andere Spielposition frei, bekommt den Ball und wirft. Er geht sofort in den Rebound und wirft nach, bis er trifft. Dann nimmt er den Ball, passt zum Passeur und läuft auf die gleiche Position, um erneut zu werfen. Nach 5 Würfen werden die Rollen getauscht. Korrigiert werden kann das Freilaufen und die Ballannahme, sowie das Passtiming und natürlich die Wurf- und Reboundtechnik. • nicht direkt werfen, sondern zum Korb durchbrechen oder nur ein Dribbling und werfen. • Das Ganze als Teamwettbewerb (in den 2er-Teams) machen.	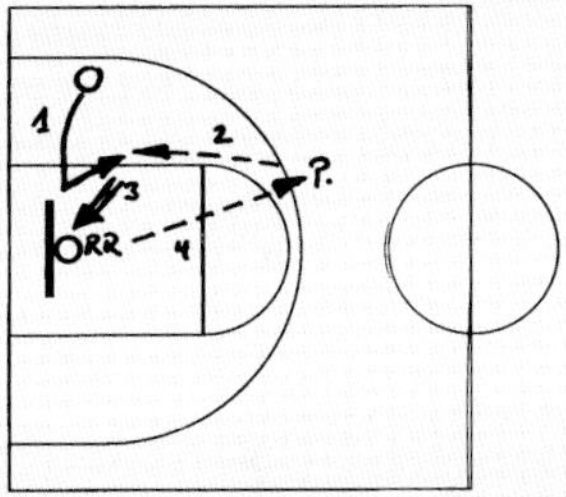
35	**Wurf alleine nach Sprungstopp aus 90°** Wurftechnik aus der Drehung und Ausrichtung zum Korb üben	Jeder Spieler hat einen Ball und legt sich den Ball für einen Wurf vor, aber diesmal mit einem Eigenpass aus 90°, um das Freilaufen annähernd zu simulieren. Wichtig dabei ist, dass der Spieler immer eine Laufrichtung wählt, die dem Freilaufen nahe kommt (= nicht den Ball in Richtung Ecke werfen). Weiter ist auf das Gleichgewicht zu achten. Als Erschwerung kann die Ausführungs-Geschwindigkeit erhöht werden.	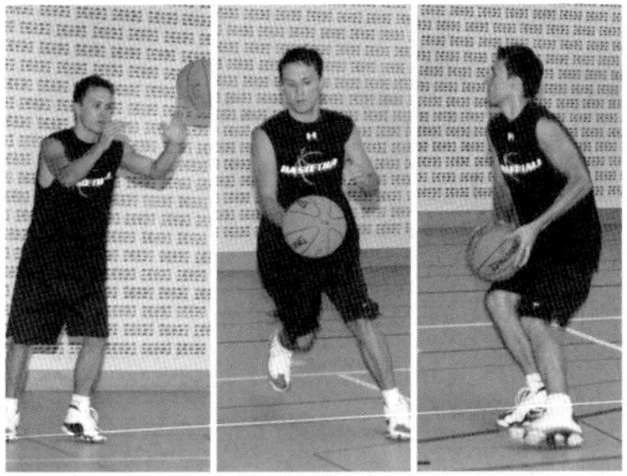

Nr.	Name Ziele/Akzente	Idee/Beschreibung	Hinweise/Organisation
36	**11er Spiel** Werfen und Rebounden	2 bis 4 Spieler pro Korb werfen von festgelegten Orten auf den Korb. Die Reihenfolge der Werfer wird festgelegt. Der erste Spieler wirft solange vom ersten Punkt bis er verwirft. Dann geht der zweite Spieler in den Rebound und muss von dort werfen, wo er den Ball fangen konnte. Trifft er, kann er den nächsten Wurf vom festgelegten ersten Punkt machen und wieder so lange werfen, bis er verwirft und der nächste Spieler sich den Rebound holt. Pro Treffer gibt es einen Punkt und man spielt auf 11 Punkte. Ranglistenpunkte verteilen und man geht zum nächsten festgelegten Punkt.	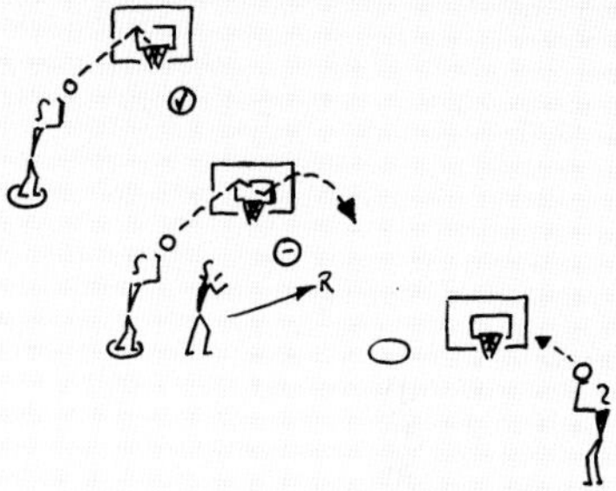
37	**Triangle shooting** Werfen unter Zeitdruck aus Eigenpass	Pro Korb 3 (evtl. bis 6) Spieler. Jeder hat einen Ball und zählt für sich die Treffer. Alle werfen aus dem Eigenpass von 45° links, 90° und 45° rechts und festgelegten Distanzen (Markierungen). Wer trifft, geht im Uhrzeigersinn auf die nächste Position. Wer nicht trifft, wirft noch mal von der gleichen Position bis er trifft. Wer zuerst 10 Treffer hat, gewinnt. • Pro Korb als Team agieren und nach jedem Wurf laut das Total der Treffer rufen bis ein Team 10 Treffer hat. • Mit Rebounds, die 1 Punkt bei Treffer und Minus 1 bei Fehlwurf wert sind (= +/– Punkte).	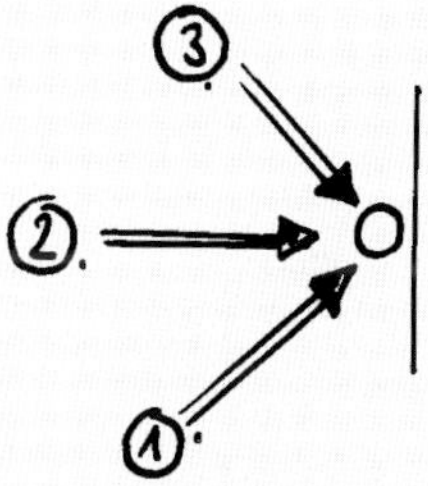
38	**Up and down zu dritt** Werfen unter Zeitdruck aus dem Dribbling	Zu dritt zwei Bälle, welche die Passeure dem Werfer zuspielen und nach Wurf wieder holen. Der eine Passeur ist beim einen Korb, der andere beim gegenüberliegenden Korb. Der Werfer läuft hin und her, macht 5 bis maximal 10 Würfe und zählt seine Treffer. Wenn alle drei geworfen haben, den Sieger ermitteln und die Position auf dem Feld wechseln (anderer Winkel). Es sind gut fünf Gruppen pro Feld möglich. • Die Passeure können mit dem Rebound-Treffer auch (+/–) punkten. • Liga-Spiel Variante: der Sieger steigt auf, der Schwächste steigt ab. • Als Team-Wettkampf, bei dem das Total des Trios zählt. Auch hier evtl. mit (+/–)Rebounds (= Treffer + 1 Punkt, Fehlwurf –1 Punkt).	

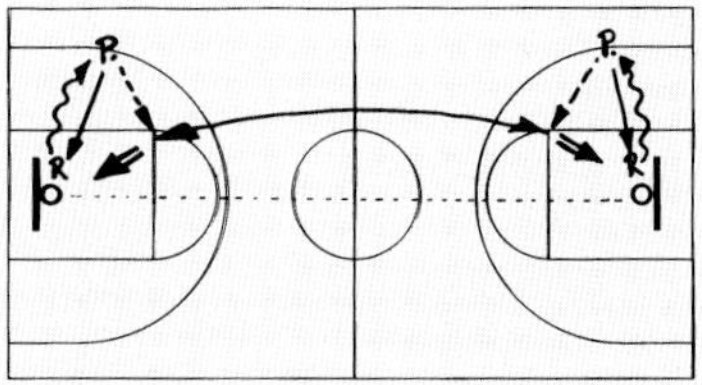

Nr.	Name Ziele/Akzente	Idee/Beschreibung	Hinweise/Organisation
39	**Turn around Shots** Mit dem Rücken zum Korb stehen, drehen und werfen	Bis zu sechs Spieler unter einem Korb, zwei bis vier Bälle. Maximal drei Spieler starten mit je einem Ball unter dem Korb und legen sich mit einem Eigenpass den Ball ans Trapez vor, 45° oder 90° Winkel. Sie nehmen den Ball mit einem Sprungstopp auf und stehen nun mit dem Rücken zum Korb, den Ball auf Schulterhöhe (mit beiden Händen gut festhaltend). Nun drehen sie sich mit einem schnellen Schritt (auf dem Vorfuß) um 180° und richten sich frontal zum Korb aus, um mit einem Wurf abzuschließen (Stand- oder Sprungwurf). Wer nicht trifft, wirft einmal nach. Die nächsten Spieler sichern sich die Bälle und machen dasselbe. Auf beide Seiten drehen und erst werfen, wenn man im Gleichgewicht ist. Der Wurf erfolgt innerhalb von 4 Meter immer über das Brett. • Verschiedene Distanzen (auch kürzere) bis maximal ein Meter außerhalb des Trapezes trainieren. • Auch ungünstigere Winkel trainieren.	
40	**Turn around and Drive** Drehen und zum Korb durchbrechen üben	Dieselbe Anordnung wie in Übung 39, aber nach der Drehung zum Korb starten die Spieler mit einem Kreuzschritt zum Korb und schließen nach maximal zwei Dribblings mit einem Stand- oder Sprungwurf ab. Darauf achten, dass die Spieler genug Platz dafür haben. Lieber nur zwei Spieler aufs Mal starten lassen. Wieder in den Rebound gehen und nachwerfen.	
41	**Dropstep, close in and shoot** Mit dem Rücken zum Korb spielen und Abschluss daraus üben	Dieselbe Anordnung wie in Übung 40. Aber nun drehen sich die Spieler nicht um 180°, sondern machen mit einem starken und tiefen Dribbling einen großen Schritt 90° nach hinten, um dann mit einem kleinen Sprung ganz zu drehen und wieder frontal zum Korb zu landen. Sie sind nun deutlich näher beim Korb und sind damit an einem allfälligen Verteidiger vorbeigezogen. Nun folgt wieder ein Wurf mit anschließendem Rebound und Nachwurf.	

Nr.	Name Ziele/Akzente	Idee/Beschreibung	Hinweise/Organisation
42	**Wurf alleine nach Sprungstopp aus 180°** Wurf aus Eigenpass, der das Freilaufen simuliert	Gleiche Übung wie 35, aber mit einem Eigenpass aus 180°, um das reale Freilaufen möglichst exakt zu simulieren. Auch hier gilt es, langsam zu beginnen, um das Gleichgewicht aufrecht halten zu können. Zu langsam wird aber schwieriger, da der Sprungstopp nur mit einem ordentlichen Minimaltempo funktionieren kann (weil er immer noch möglichst flach bleiben sollte!).	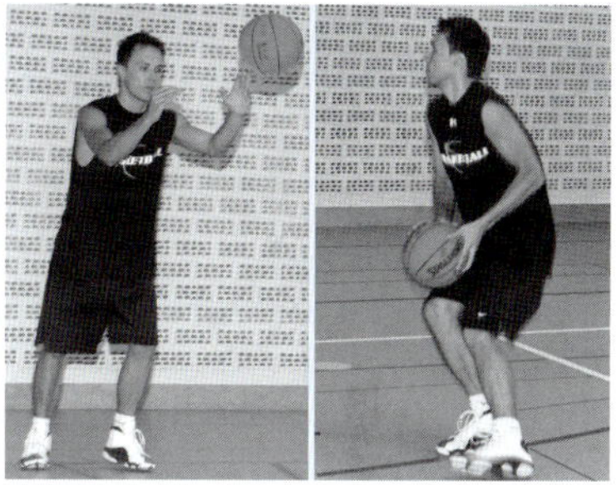
43	**One line shooting** Wurftechnik mit Freilaufen	Eine Kolonne steht auf der Spielmacherposition in der Mitte. Der erste Spieler hat keinen Ball (die nächsten vier Spieler schon), läuft ins Trapez und hinaus auf eine Flügelposition frei. Dort bekommt er den Ball vom zweiten Spieler in der Kolonne. Er wirft, holt den eigenen Rebound und nimmt den Ball wieder mit in die Kolonne. Dort gibt er den Ball nach vorne und schließt hinten an. • Als Teamwettkampf gegen andere Teams auf anderen Körben. • Die Pässe aus dem Dribbeln spielen.	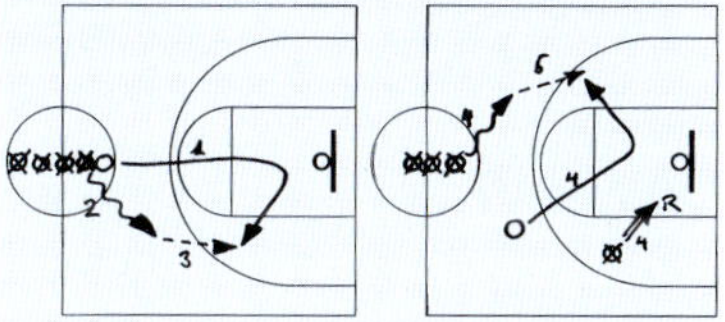
44	**Füttere den Werfer** Viele Würfe in kurzer Zeit und Reboundverhalten und genaues Passen üben	Zu dritt mit zwei Bällen. Spieler 1 passt von der Spielmacherposition links zum Spieler 2, welcher sich korrekt auf die Flügelposition freigelaufen hat. Spieler 3 ist für die Rebounds verantwortlich und hat den zweiten Ball bei sich. Sobald der Ball geworfen wird, passt der Spieler 3 seinen Ball zu Spieler 1 und sichert sich den anderen Ball. Spieler 2 läuft sich nach seinem Wurf sofort wieder frei und bekommt den nächsten Pass von Spieler 1. So werden Serien à 5 bis 10 Würfen absolviert. Dann folgt der Rollenwechsel der Reihe nach. Das Tempo soll so gewählt werden, dass mit einer guten Technik geworfen werden kann. Qualität vor Tempo. • Kann gut auch als Teamwettbewerb gemacht werden. • Auch Trefferquoten sind in dieser Form interessant.	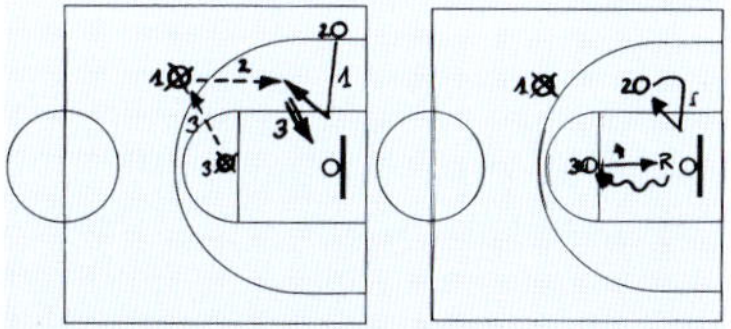

Nr.	Name Ziele/Akzente	Idee/Beschreibung	Hinweise/Organisation
45	**Zwei-Kolonnen-Werfen – Turn around Shots** Innenspielerwürfe am Trapez mit Pass üben	Zwei Kolonnen auf den Flügelpositionen mit je drei Bällen. Der erste Spieler einer Kolonne hat keinen Ball und schneidet mit mindestens einer Richtungsänderung durch das Trapez und stellt sich auf die Midpost-Position. Er zeigt an, wo er den Ball bekommen möchte und erhält den Pass von der anderen Kolonne. Dann dreht er sich auf einem Fuß 180° und richtet sich zum Korb aus. Er wirft, holt den eigenen Rebound und nimmt den Ball in die andere Kolonne mit. Mit der Organisationsform Reißverschluss geht die Übung weiter. Alle vier Möglichkeiten der Drehung üben, besser aber vorwärts drehen. Den Ball schon vor der Drehung in die Wurfauslage hochnehmen und oben lassen, um noch schneller werfen zu können.	Pass-Technik: Überkopf- oder seitliche Kurvenpässe 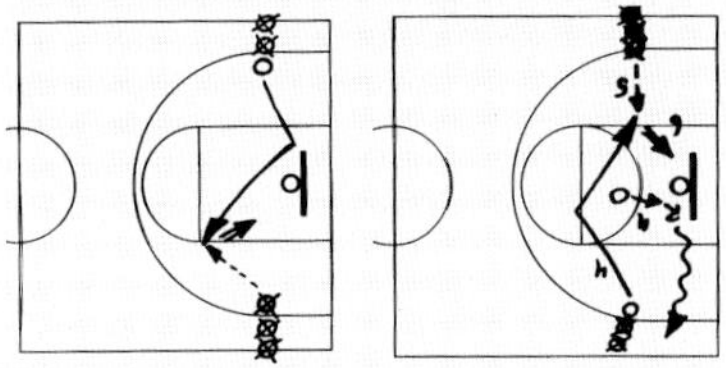
46	**Zwei-Kolonnen-Werfen: Turn and Drive** Innenspielerabschlüsse mit Pass ans Trapez üben	Dieselbe Anordnung wie in Übung 45, aber nach der Drehung zum Korb starten die Spieler mit einem Kreuzschritt zum Korb und schließen mit einem Dribbling mit einem Stand- oder Sprungwurf ab. Wieder in den Rebound gehen, den Ball abholen und in die andere Kolonne mitnehmen. • Als Abschlüsse Powermove- und Baby-Hook-Würfe. • Eine Wurftäuschung vor dem Durchbruch zum Korb machen.	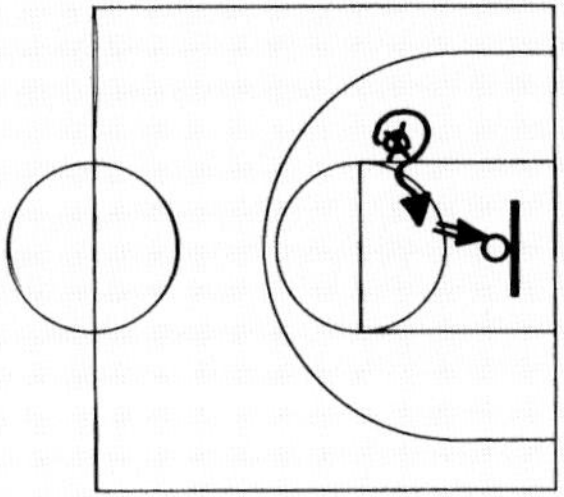
47	**Zwei-Kolonnen-Werfen: Dropstep and shoot** Innenspielerabschlüsse aus Pass ans Trapez üben	Dieselbe Anordnung wie bei Übung 46, aber jetzt machen die Spieler mit einem Dribbling einen Schritt nach hinten zum Korb (= Dropstep), orientieren sich mit einem Sprung zum Korb und schließen mit einem Stand- oder Sprungwurf ab. Sie holen den eigenen Rebound und bringen den Ball in die andere Kolonne mit. Beide Seiten üben. • Mit Powermove und Baby-Hook abschließen.	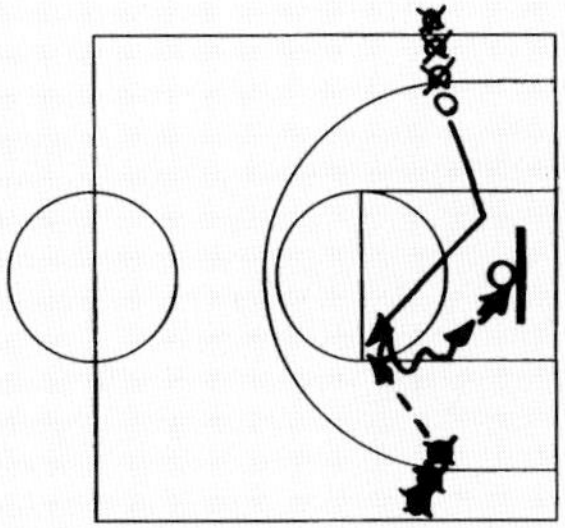

Wir haben mit dem Stand- und Sprungwurf begonnen, möchten jetzt aber den Korbleger nicht unerwähnt lassen. Er ist eine der typischen Basketballbewegungen und soll deshalb bei den Abschlüssen nicht fehlen.

Oberer Korbleger	Unterer Korbleger
Beim oberen Korbleger ist die Wurftechnik die gleiche wie beim Stand- oder Sprungwurf. Der einzige Unterschied ist, dass man nicht auf zwei Beinen abspringt, sondern auf einem. Man darf nach dem letzten Dribbling noch zwei Schritte machen und diese Schritte bilden den basketball-typischen 2-Takt, welcher Teil des Korblegers ist. Weil man dadurch schon eine Vorwärtsbewegung bekommt, muss man die Ellbogenstreckung und den Handgelenkeinsatz anpassen bzw. dosieren, je nach Abstand zum Korb. Mit dieser Wurftechnik wird meist nah beim Korb abgeschlossen. Mit der erwähnten Vorwärtsbewegung muss der Ball meist nur noch ans Brett gelegt werden, damit man trifft.	Beim unteren Korbleger wird der Ball quasi auf der Hand zum Korb „serviert“. Dank dem Tempo, das man mit den letzten beiden (und den vorherigen) Schritten aufgenommen hat, lässt man den Ball nur noch über die Finger in den Korb rollen, unterstützt mit einer Aufwärtsbewegung der Hand und des Armes. Diese Technik eignet sich vor allem dann, wenn man mit einem hohen Tempo auf den Korf läuft. Auch hier muss der Ball nur noch ans Brett gelegt werden.

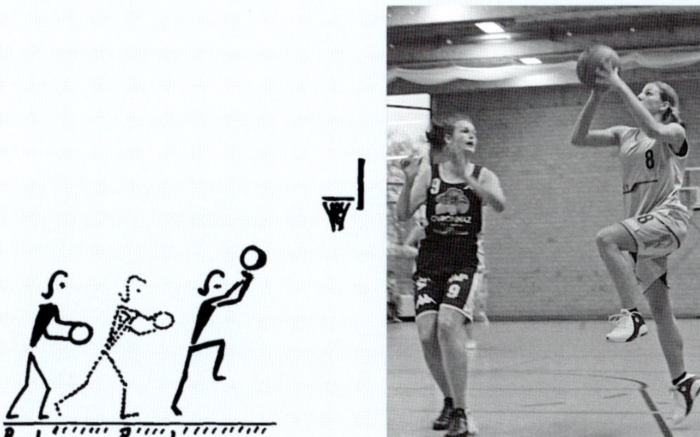

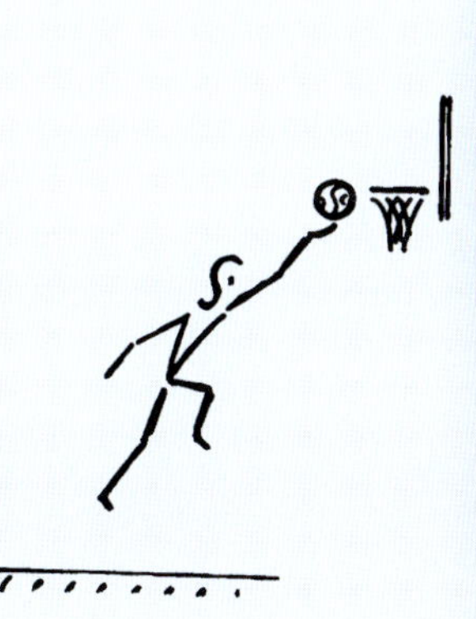

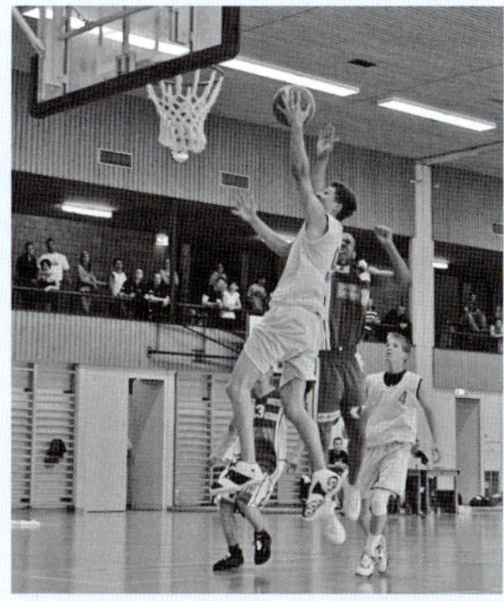

Nr.	Name Ziele/Akzente	Idee/Beschreibung	Hinweise/Organisation
48	**Einschritt-Korbleger** Vorübung zum Korbleger	Der Spieler steht etwa 1,5 m seitlich rechts vom Korb in rechter Vorschrittstellung. Er fasst den Ball beidhändig, führt ihn mit beiden angewinkelten Armen von unten nach oben, wobei er einen Schritt mit dem linken Fuß ausführt und das rechte Bein nach oben schwingt. Dann wirft er mit der rechten Hand („normale" Wurftechnik) über die rechte obere schwarze Ecke des Bretts auf den Korb.	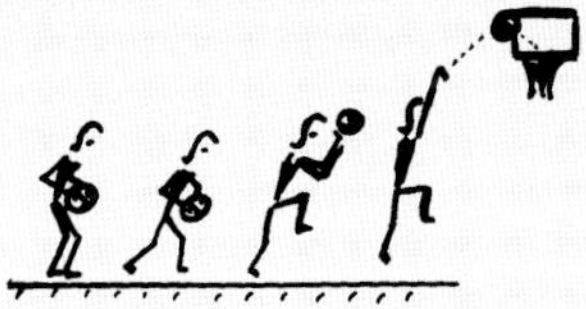
49	**Zweischritt-Korbleger** 2er-Rhythmus erlernen	Der Spieler steht etwa 4 m seitlich schräg vom Korb entfernt in rechter Vorschrittstellung. Nun führt er einen 2er-Rhythmus (links-rechts) aus und wirft mit oberem Korbleger auf den Korb. • Die Distanz zum Korb vergrößern.	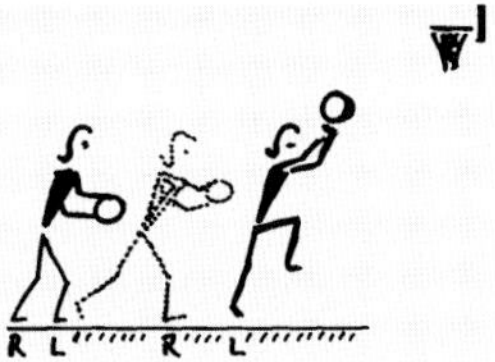 R L R L
50	**Ein-Dribbling-Korbleger** Ein letztes Dribbling mit einem Schritt und den 2-Takt aneinanderhängen	Der Spieler steht im 50° Winkel zum Brett auf der Höhe der Freiwurflinie und dribbelt mit der rechten Hand einmal auf einen Schritt mit dem linken Fuß, um anschließend mit zwei Schritten den oberen Korbleger auszuführen. Korrekturen: • den Ball nicht seitwärts schwingen, sondern außen behalten, • genügend Abstand zum Korb beim Wurf, damit auch die richtige Technik angewendet werden kann.	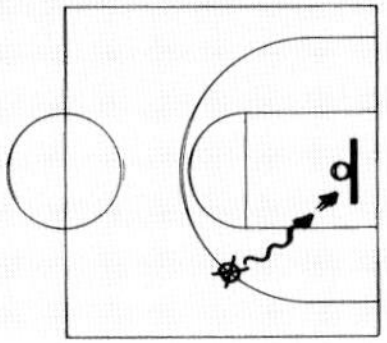
51	**Korbleger aus Dribbling an Ort** Betonung des letzten Dribblings vor dem Korbleger	Wie Übung 50, aber nun dribbelt der Spieler 3- bis 5-mal am Ort und führt dann den Korbleger aus, wobei er das letzte Dribbling immer auf einen Schritt mit dem linken Fuß machen soll. Mit etwas mehr Tempo kann nun auch der untere Korbleger trainiert werden. • Während des Dribblings auf den Korb schauen (und nicht auf den Ball)	Tipp: Das letzte Dribbling soll kräftig und nach vorne (mit dem Schritt) ausgeführt werden
52	**Korbleger nebeneinander** Üben mit Hindernissen	2–3 Spieler dribbeln frei bei einem Korb und werfen zwischendurch mit Korbleger (unterer und oberer Korbleger) auf den Korb. Nach jedem Wurfversuch wird wieder aus dem Trapez hinaus gedribbelt. Korrekturen: von rechts mit Rechts werfen, von links mit der linken Hand.	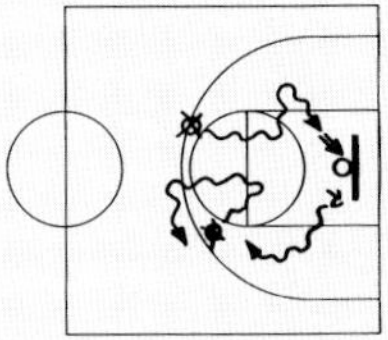

Nr.	Name Ziele/Akzente	Idee/Beschreibung	Hinweise/Organisation
53	**Speed-Korbleger** Korbleger aus hohem Tempo üben	Zwei Kolonnen an der Mittellinie, je drei Bälle. Der erste Spieler der einen Kolonne dribbelt los, um die Markierung herum und schließt mit einem Korbleger aus vollem Tempo ab. Sobald der erste an der Markierung ist, startet der erste Spieler der anderen Kolonne. Nach den Würfen sofort seinen Ball sichern und die Kolonne wechseln. Bei hohem Tempo eignet sich der untere Korbleger besser. • Bei der Markierung einen Handwechsel und über die Mitte frontal auf den Korb abschließen. • Korbleger von der linken Seite mit der linken Hand, von der rechten Seite mit der rechten Hand. • Auch unter dem Korb durchtauchen und Ball über das Brett in den Korb legen.	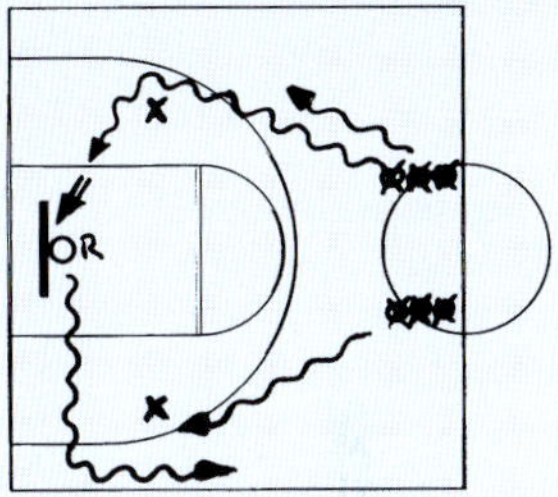
54	**Doppelpass – Speed-Korbleger** Korbleger aus hohem Tempo mit Doppelpass üben	Gleiche Anordnung wie bei Speed-Korblegern, aber mit einer dritten Kolonne in der Mitte, welche Doppelpässe mit den beiden Kolonnen spielt und die Rebounds holt. Der erste Spieler der mittleren Kolonne geht mit dem ersten Spieler der einen Kolonne, der zweite mit dem ersten der anderen Kolonne und so weiter. Danach Kolonnen wechseln. Der Doppelpass muss schnell gespielt werden, damit noch ein, zwei Dribblings genommen werden können, bevor man abschließt. • Wenn die Übung mit Dribblings beherrscht wird, versuchen, direkt aus dem Pass abzuschließen.	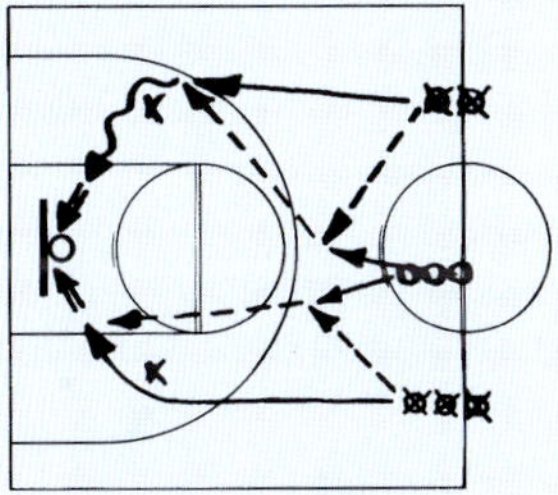
55	**Doppelpass – Direkt-Korbleger** Korbleger direkt aus dem Doppelpass üben	Gleiche Anordnung wie bei Speed-Korblegern, aber nun sind zwei Passeure in den beiden Ecken des Spielfeldes, was den Winkel für den Doppelpass etwas einfacher macht. Wenn möglich kein Dribbling nehmen, sondern mit einem scharfen Überkopfpass den Passeur anspielen und loslaufen. Früh die Hände hochnehmen und den Ball verlangen. Der Passeur sucht das Timing, damit der andere Spieler ohne Dribbling direkt abschließen kann. Passeure nach 15 Pässen wechseln.	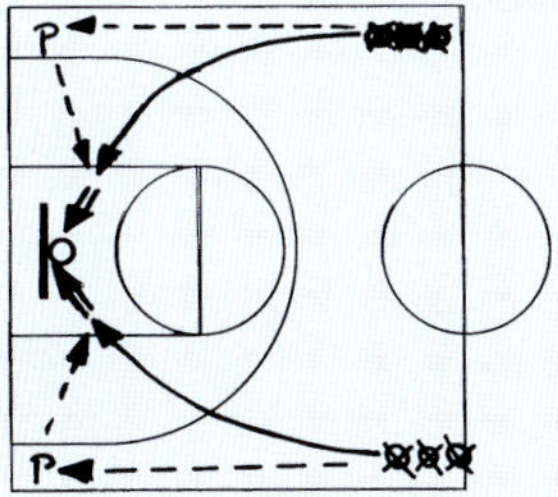

Nr.	Name Ziele/Akzente	Idee/Beschreibung	Hinweise/Organisation
56	**Lay-ups vom High-Post** Korblegerabschlüsse von der Highpost-Position üben	Bis zu sechs Spieler unter einem Korb, zwei bis vier Bälle. Zwei Spieler starten mit je einem Ball unter dem Korb und legen sich mit einem Eigenpass den Ball auf die beiden oberen Ecken des Trapezes auf die Highpost-Position vor. Sie nehmen den Ball mit einem Sprungstopp auf und stehen nun mit dem Rücken zum Korb, den Ball auf Schulterhöhe (mit beiden Händen gut festhaltend). Nun machen beide mit dem äußeren Fuß einen Schritt nach hinten zum Korb und schließen mit einem Dribbling per Korbleger mit der äußeren Hand ab. Sie holen den eigenen Ball, geben ihn weiter und schließen wieder hinten an. Nach 5 Wiederholungen werden die Seiten gewechselt. • Als Team-Wurfwettbewerb.	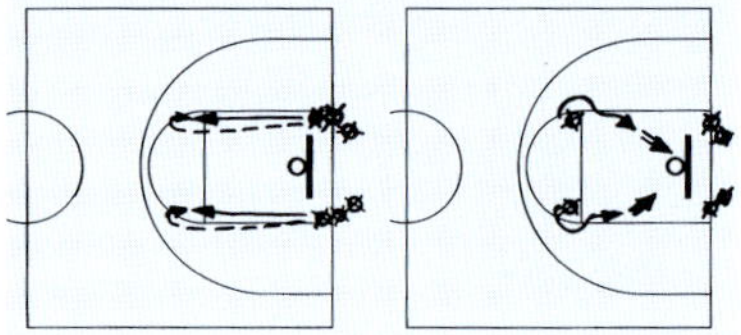
57	**Lay-ups under vom High-Post** Korbleger unter dem Korb durch von der Highpost-Position üben	Wie Übung 56, aber die Spieler gehen nacheinander übers Kreuz unter dem Korb durch und schließen per Korbleger ab. Hier sind eher zwei Dribblings nötig und die Wurfhand wird gewechselt. Nach dem Wurf den Rebound sichern, den Ball den Nächsten geben und hinten anschließen. Nach 5 Wiederholungen werden die Seiten gewechselt. • Es kann auch mit der Außenhand geworfen werden.	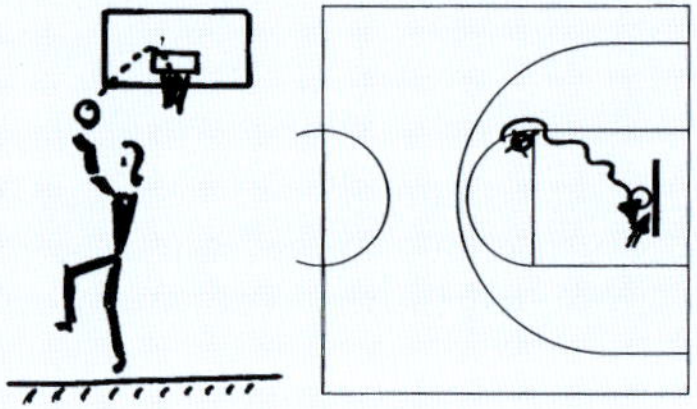
58	**Lay-ups vom High-Post aus dem Pass** Korbleger mit Zuspiel üben	Wie Übung 57, aber zusätzlich mit zwei Zuspieler-Kolonnen, welche auf den Spielmacherpositionen stehen und je drei Bälle haben. Die Werfer starten von der Grundlinie und laufen auf die beiden oberen Trapezecken. Dort zeigen sie an, wo sie die Pässe erhalten möchten. Nach den Abschlüssen nehmen sie die Bälle in die Zuspieler-Kolonnen mit und die Zuspieler gehen an die Grundlinie, um sich den beiden Kolonnen dort anzuschließen. • Die Zuspieler auf Höhe Freiwurflinie aufstellen und den Pass in den Lauf zum Korb spielen.	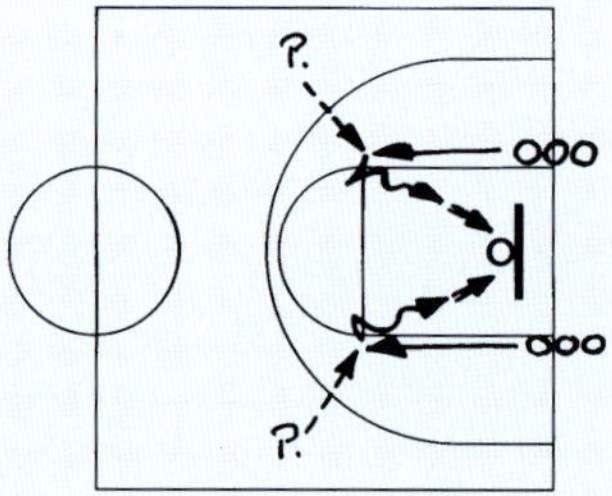

Nr.	Name Ziele/Akzente	Idee/Beschreibung	Hinweise/Organisation
59	**Korbleger „Under"** Anspruchsvolle Korblegervariation lernen	Zwei Kolonnen in der Feldmitte an den Seitenlinien. Die eine Kolonne mit Bällen, die andere ohne. Der vorderste Spieler mit Ball dribbelt zum Korb, um mit einem Dribbling mehr unter dem Korb durchzutauchen und den Ball über das Brett zurück in den Korb zu werfen. Der erste Spieler der anderen Kolonne holt den Rebound und nimmt den Ball in die neue Kolonne mit. Der Werfer wechselt ebenfalls die Kolonne. • Der Wurf kann auch mit der anderen Hand ausgeführt werden. • Beide Seiten üben. • Mit passivem Verteidiger.	
60	**Korbleger „Fingerroll"** Neue Korbleger-variation lernen	In der gleichen Anordnung wie bei Nr. 59 führt der Ballträger einen Handwechsel an der 3-Punkte-Linie aus und geht über die Mitte zum Korb. Dort lässt er den Ball aber über die korbnähere Hand rollen. Der Wurf ist ein Unterhandkorbleger, aber mit der anderen Hand als üblich. • Beide Seiten üben. • Mit passivem Verteidiger unter dem Korb.	
61	**Korbleger mit Störung** Korbleger gegen Störung üben	In derselben Anordnung wie bei Nr. 60, spielt die Kolonne ohne Ball aber eine andere Rolle. Sobald der Spieler mit Ball gestartet ist, startet auch der Spieler ohne Ball und versucht, den Ballträger beim Abschluss zu stören. Vielleicht gelingt es ihm sogar, sich in den Weg zu stellen, so dass der Ballträger vom Korb abgedrängt werden kann. Es gilt allerdings, die Foulregel einzuhalten. Doch darf versucht werden, den Ball wegzuspielen. Diese Störung zwingt den Spieler mit Ball, volles Tempo zu gehen.	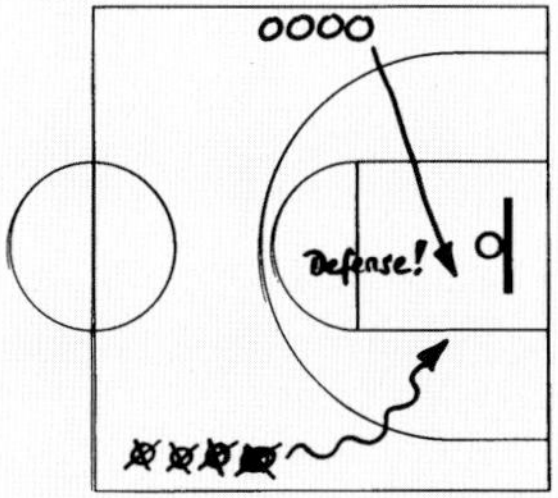 Defense!

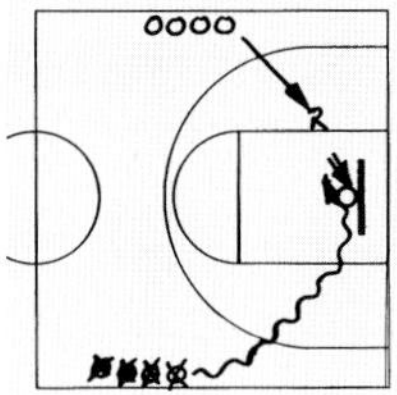

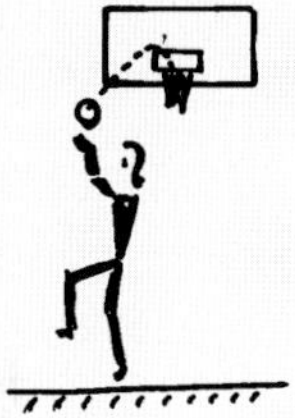

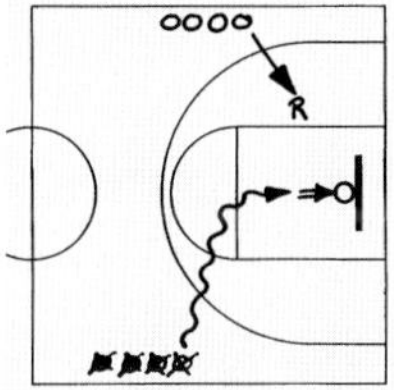

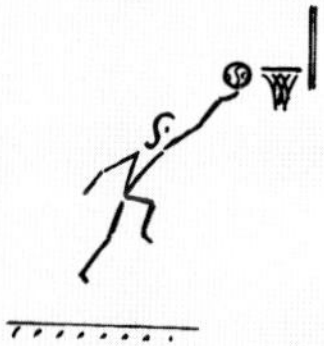

Diese Wurftechnik vereint eigentlich die Vorteile von Korbleger und Sprungwurf in sich. Er kann mit einer hohen Geschwindigkeit ausgeführt werden und ist für den Einsteiger eine gute Alternative zum Korbleger, vor allem aus flachen Wurfwinkeln oder gegen größere Gegner.
Der große Vorteil dieser Technik besteht in der Körperkontrolle. Dies ist vor allem dann wichtig, wenn viel Verkehr im Trapez herrscht, das heißt, wenn sich viele Spieler darin aufhalten. Dann findet öfters ein Körperkontakt statt und es ist heikel, mit einem Bein (wie beim Korbleger) abzuspringen. Zu leicht verliert man das Gleichgewicht und riskiert eine Verletzung oder einen Fehlwurf.

Die wichtigsten technischen Merkmale sind:

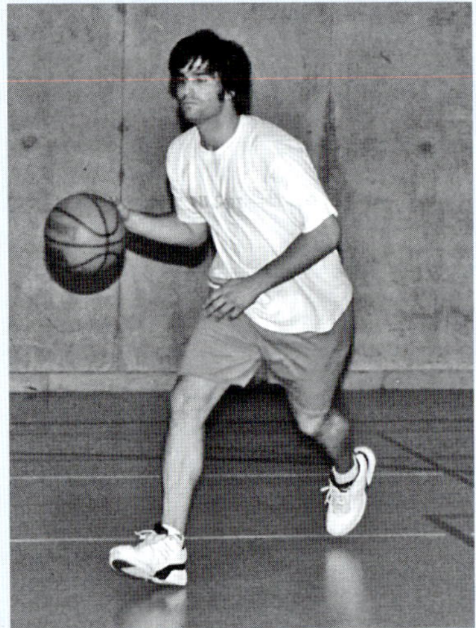

- Starker Schritt- oder Sprungstopp aus einem starken letzten Dribbling seitwärts ins Trapez
- Schultern parallel zum Brett

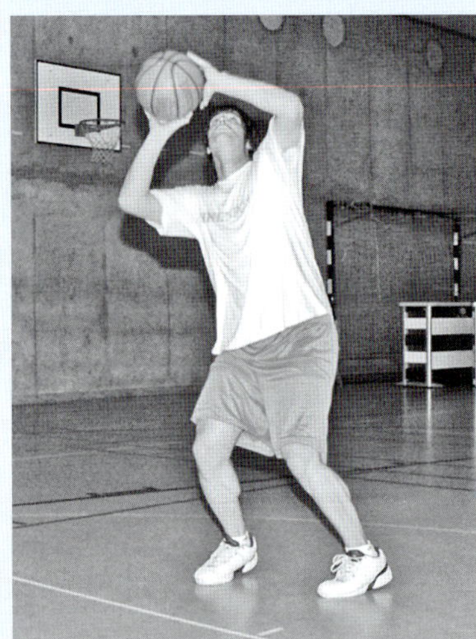

- Ball mit beiden Händen hochführen
- Mit beiden Füßen kontrolliert und gerade abspringen

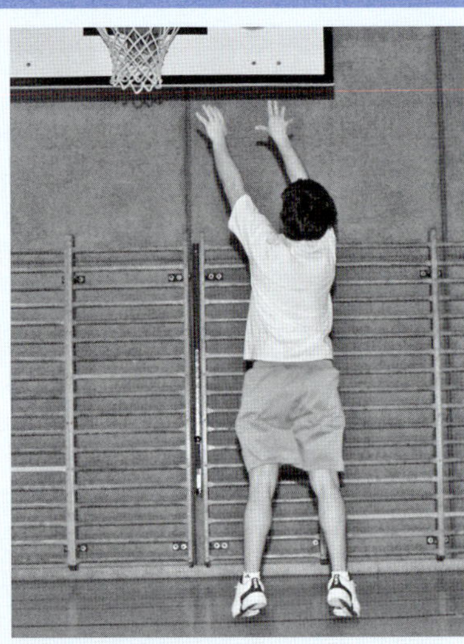

- Mit der Außenhand aus dem Handgelenk werfen
- Wurf mit dem anderen Arm schützen
- An der Stelle im Gleichgewicht landen, wo man abgesprungen ist

Nr.	Name Ziele/Akzente	Idee/Beschreibung	Hinweise/Organisation
62	**Powershot-Technik alleine von einer Seite** Ein Gefühl für diese neue Wurftechnik entwickeln	Jeder steht mit einem Ball auf einer Seite des Korbes. Die Schulterachse ist parallel zum Brett mit einem Abstand von 1 Meter. Der Abstand zum Korb ist etwa 1,5 Meter. Aus dem Stand im Gleichgewicht gerade hochspringen und den Ball hochnehmen. Mit der Außenhand seitwärts aus dem Handgelenk über das Brett werfen. Der Ball soll wie beim normalen Wurf übers Brett an die nähere obere schwarze Ecke geworfen werden. Landen, wo man abgesprungen ist. Wichtig ist es, die Schulterachse parallel zum Brett zu lassen und nicht zu öffnen. Somit schützt der Körper den Wurf und man kann auf diese Weise auch gegen größere Spieler erfolgreich werfen.	
63	**Powershot-Technik alleine von beiden Seiten** Beidseitigkeit mit der neuen Wurftechnik trainieren	Die gleiche Übung wie bei Nr. 62, aber nachdem ein Wurfgefühl für diese neue Wurftechnik mit der besseren Hand aufgebaut wurde, wechselt man die Korbseite. Nachdem auch mit der schwächeren Hand ein Wurfgefühl vorhanden ist, kann man abwechselnd von rechts und links werfen. Nicht mehr als 20 Wiederholungen am Stück, da sich der Nacken vom ständigen nach oben Schauen verspannen kann.	• Als Wettbewerb: Wer hat zuerst 10 Treffer von links und 10 Treffer von rechts? • Als Wettbewerb auf Zeit: Wie lange braucht man für 10 Treffer von links und 10 Treffer von rechts?
64	**Powershots aus dem Dribbling** Neue Wurftechnik aus dem Dribbling üben	Jeder dribbelt mit einem Ball in der Halle und wirft im Kreisverkehr auf alle Körbe Powershots aus flachen Winkeln. Mit immer mehr Dribblings und Tempo Schwierigkeitsgrad steigern. • Als Wurfwettbewerb: Jeder zählt für sich. • Mit Rebounds und nachwerfen.	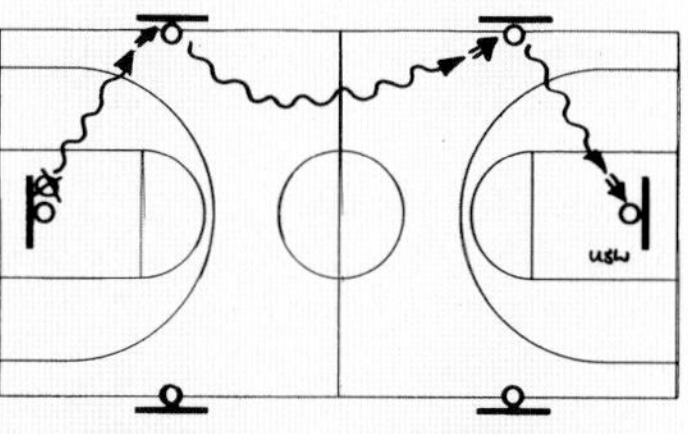

Nr.	Name Ziele/Akzente	Idee/Beschreibung	Hinweise/Organisation
65	**Kurze Powershots** Power-Shot-Wurftechnik anwenden	Jeder hat einen Ball, zu viert an einem Korb. Ein Paar positioniert sich links und rechts vom Korb. Beide werfen mit der korrekten Powershot-Technik auf den Korb. Solange der Ball nach dem Treffer wieder gefangen werden kann, ohne dass der Ball auf den Boden fällt, darf man weiter werfen, aber maximal 5 Würfe. Dann kommen die wartenden Spieler an die Reihe. Bei der nächsten Sequenz wechselt man die Seite. • Als Wettbewerb: Wer hat zuerst 20 Treffer? • Als Team-Wettbewerb: Welcher Korb hat zuerst 50 Treffer?	
66	**Powershot mit einem Dribbling** Wurftechnik aus dem kraftvollen und raumgreifenden Dribbling üben	Zu viert an einem Korb mit zwei Bällen, welche auf Korbhöhe 1 Meter außerhalb des Trapezes auf dem Boden platziert werden. Ein Spieler nimmt den Ball auf, macht mit einem Dribbling einen Kreuzschritt und schließt per Powershot ab. Dann geht er zum anderen Ball und macht dasselbe bis er je fünf Würfe auf jeder Seite hat. Die anderen Spieler holen die Bälle und platzieren sie wieder korrekt. Sie beobachten den Spieler auch und geben ihm Rückmeldungen betreffend der Technikpunkte und der Schrittregel. Dann durchwechseln. • Bei Fehlwürfen eigene Rebounds holen und nachwerfen bis zum Korberfolg (Technik frei). • Als Wettbewerb: Wer hat die beste Trefferquote oder zuerst 20? • Als Team-Wettbewerb: Welcher Korb hat die beste Quote bei 40 Würfen oder welcher Korb hat zuerst 50 Treffer?	
67	**Powershot aus dem Dribbeln** Mit vollem Tempo mit der neuen Technik abschließen	Zwei Kolonnen an der Mittellinie, je zwei Bälle. Der erste dribbelt los, um die Markierung herum und schließt mit einem Powershot ab. Sobald der erste an der Markierung ist, startet der erste Spieler der anderen Kolonne. Wichtig: Starkes letztes Dribbling und langer letzter Schritt ins Trapez, Schultern parallel zum Brett und mit der Außenhand werfen.	

Nr.	Name Ziele/Akzente	Idee/Beschreibung	Hinweise/Organisation
68	**Powershots mit Wurftäuschung** Spezielle Wurftechnik aus dem Dribbling üben	Zwei Kolonnen an der Mittellinie, je zwei Bälle. Die ersten beiden Spieler jeder Kolonne dribbeln los, um die Markierung herum und zum Korb. Nach einem kraftvollen Stopp folgt ein Blick auf die andere Seite des Korbes und anschließend eine Wurftäuschung. Nach der Täuschung erfolgt der Wurf. Die Wurfverzögerung ermöglicht den Spielern, ihr Gleichgewicht nach dem Stopp besser zu erlangen, was die Qualität der Wurfbewegung erhöht. Sobald die ersten an der Markierung sind, starten die nächsten Spieler in den Kolonnen. Wichtig: Starkes letztes Dribbling und langer letzter Schritt seitlich ins Trapez hinein, Schultern parallel zum Brett. Geworfen wird immer mit der Außenhand.	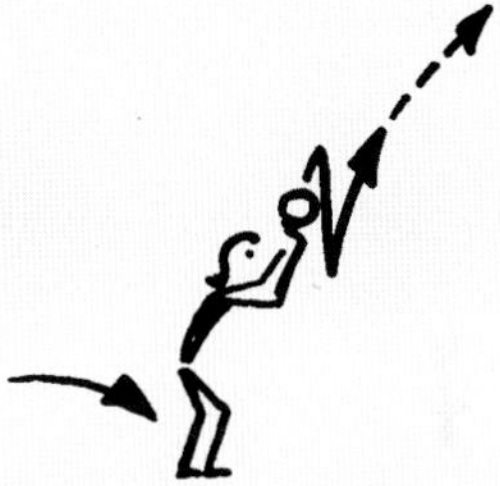
69	**Powershots aus dem Rückzugsdribbling** Rückzugstechnik mit neuer Wurftechnik kombinieren	Die gleiche Übungsanordnung wie bei Nr. 68, aber am Trapezrand dribbelnd stoppen und rückwärts wieder hinter die Markierung dribbeln. Sich kurz etwas aufrichten, um dann erneut den Korb zu attackieren und mit einem Powershot abzuschließen. Die nächstfolgenden in den Kolonnen starten erst, wenn der Spieler vor ihnen zum zweiten Mal ins Trapez eindringt. Den Ball mit dem anderen Arm schützen beim Rückzug. Den Ball neben dem Körper dribbeln. Eng an der Markierung vorbei.	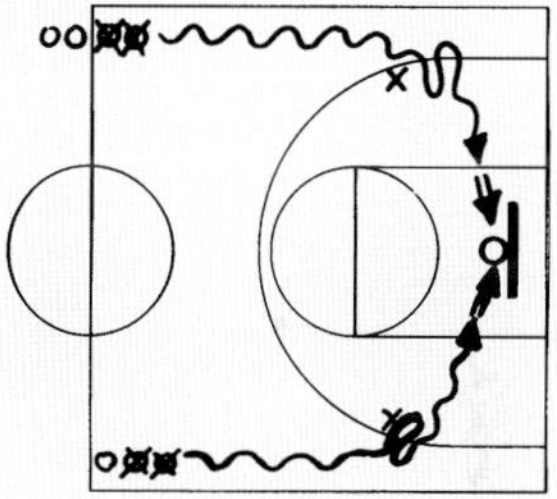
70	**Powershots mit Störungen** Neue Wurftechnik gegen Verteidigung üben	Zwei Kolonnen an der Mittellinie, aber die eine Kolonne hat nun keine Bälle und werden Verteidiger. Sobald der erste Spieler mit Ball gestartet ist, läuft auch der Verteidiger los, um die Markierung herum und versucht, den Abschluss des Ballträgers von der Seite kommend zu stören. Die Störung erfolgt je nach Niveau des Angreifers (Rollenspiel).	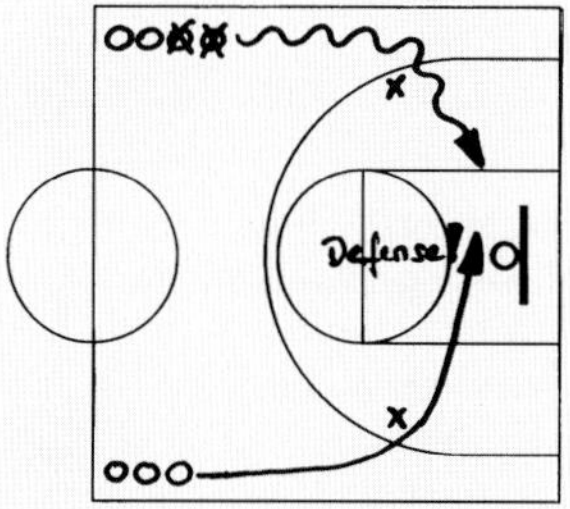 Defense

Diese beiden Wurftechniken finden ihre Anwendung vor allem, wenn man den Ball im oder am Trapez erhält. Oft steht man dann mit dem Rücken zum Korb, was eine ganz andere Ausgangslage ist, als wenn man zum Korb schaut.
Wann erhält man den Ball auf diese Art? Dies geschieht wohl auf dem Einsteigerniveau als erstes, wenn die Angreifer sich den Rebound sichern können. Sehr oft ist der Spieler dann im Trapez, wo sich allerdings auch viele andere („Freund und Feind") aufhalten. Oder der Angreifer schneidet durch das Trapez zum Ball, kann seinen Verteidiger abschütteln und bekommt dann den Ball, auch meist mit dem Rücken zum Korb. Was es in diesen Situationen braucht, sind schnelle, aber stabile, kraftvolle und sichere Abschlüsse.
In diesem Kapitel liegt der Akzent auf zwei Wurftechniken, welche diesen Anforderungen entsprechen: der Powermove und der Baby-Hook-shot.

Powermove			
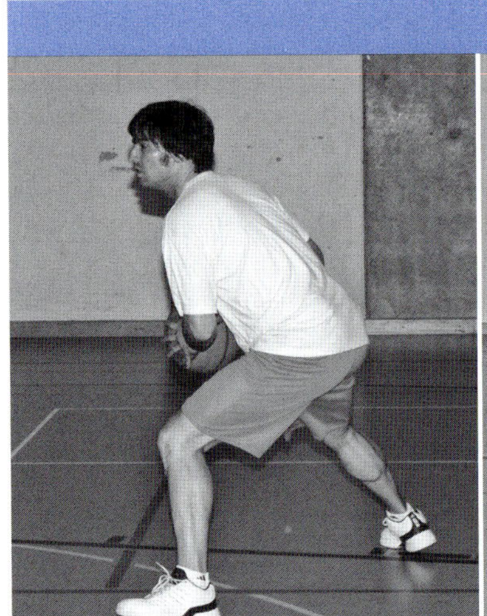	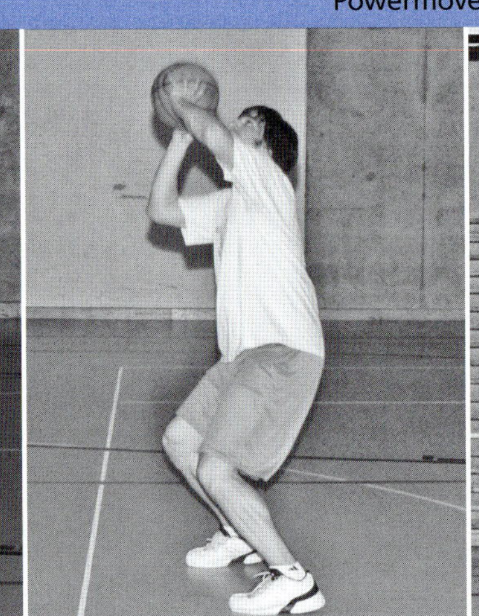		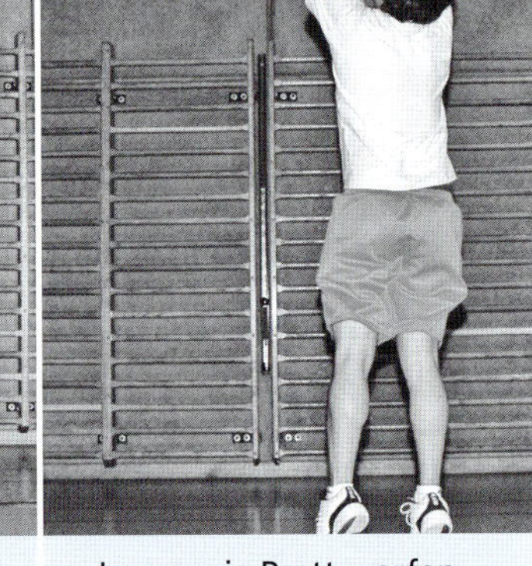
• Dropstep (Schritt nach hinten) in Richtung Grundlinie mit einem kräftigen, tiefen Dribbling zwischen den Beinen	• Kraftvoller beidbeiniger Sprungstopp, auch Schrittstopp möglich • Schultern parallel zum Brett • Der Ball wird kraftvoll mit beiden Händen hochgenommen 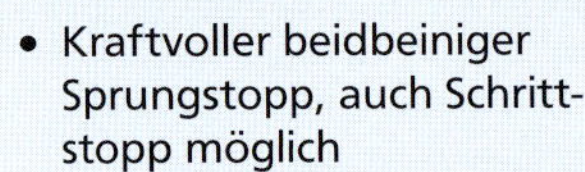	• Kraftvolles gerades Abspringen im Gleichgewicht • Geworfen wird mit der Außenhand, um auch über größere Verteidiger werfen zu können	• Immer via Brett werfen • Im Gleichgewicht landen, wo man abgesprungen ist

Baby-Hook

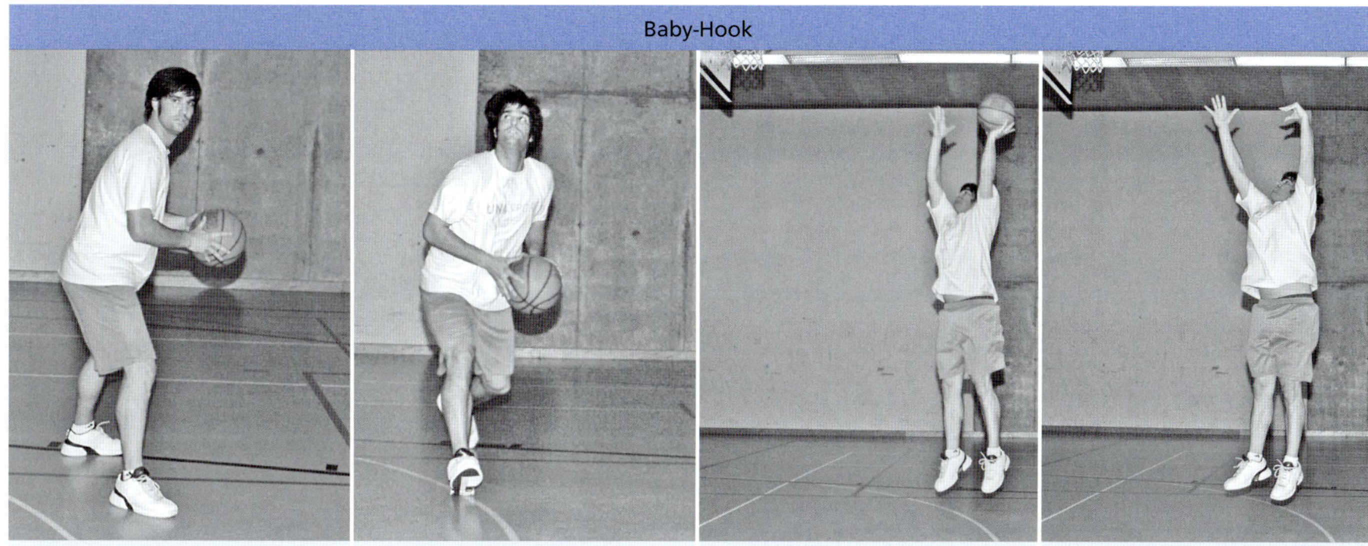

• Gleiche Technik wie der Powermove	• In Richtung Freiwurflinie und mit dem Sprungstopp dreht sich der Spieler so, dass er 90° zum Brett steht	• Der Wurf erfolgt wieder mit der korbentfernteren Hand direkt oder via Brett	• Im Unterschied zum normalen Hakenwurf springt man mit beiden Beinen ab

Nr.	Name Ziele/Akzente	Idee/Beschreibung	Hinweise/Organisation
71	**Powermove – Wurftechnik alleine von einer Seite** Vorübung zur Wurftechnik vom Powermove üben (gleiche Technik wie Powershot)	Jeder steht mit einem Ball auf einer Seite des Korbes. Die Schulterachse ist parallel zum Brett mit einem Abstand von 1 Meter. Der Abstand zum Korb ist etwa 1,5 Meter. Aus dem Stand im Gleichgewicht gerade hochspringen und den Ball hochnehmen. Mit der Außenhand seitwärts aus dem Handgelenk über das Brett werfen, d. h. der Ball soll wie beim normalen Wurf übers Brett an die nähere obere schwarze Ecke geworfen werden. Landen, wo man abgesprungen ist. Wichtig ist es, die Schulterachse parallel zum Brett zu lassen und nicht zu öffnen. Somit schützt der Körper den Wurf und man kann auf diese Weise auch gegen größere Spieler erfolgreich werfen.	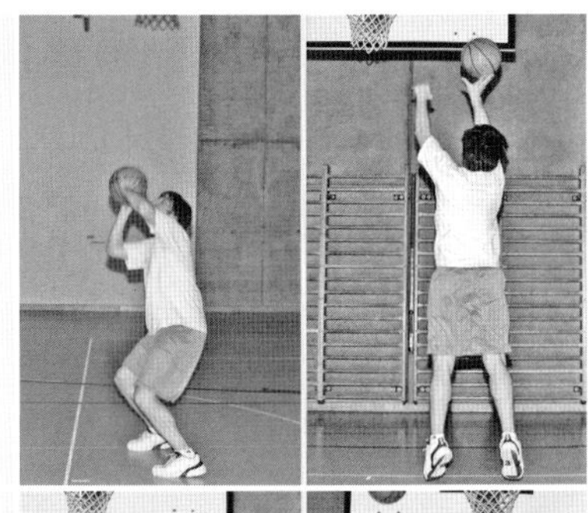
72	**Powermove – Wurftechnik alleine von beiden Seiten** Vorübung zur Wurftechnik vom Powermove üben (gleiche Technik wie Powershot)	Die gleiche Übung wie bei Nr. 71, aber nachdem ein Wurfgefühl für diese neue Wurftechnik mit der besseren Hand aufgebaut wurde, wechselt man die Korbseite. Nachdem auch mit der schwächeren Hand ein Wurfgefühl vorhanden ist, kann man abwechselnd von rechts und links werfen. Nicht mehr als 20 Wiederholungen am Stück, da sich der Nacken vom ständigen nach oben Schauen verspannen kann. • Als Wettbewerb: Wer hat zuerst 10 Treffer von links und 10 Treffer von rechts? • Als Wettbewerb auf Zeit: Wie lange braucht man für 10 Treffer von links und 10 Treffer von rechts?	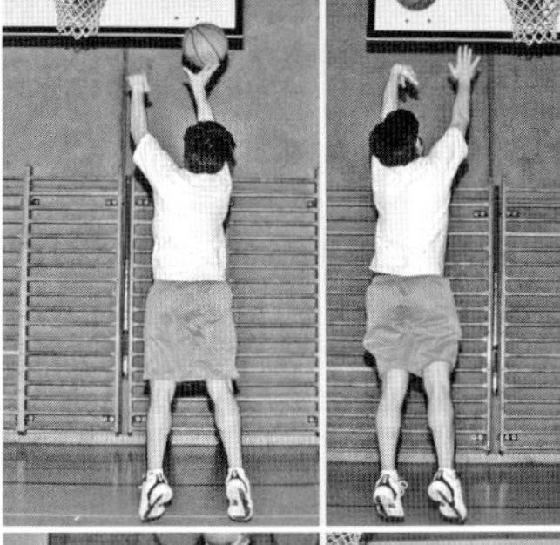
73	**Baby-Hook – Wurftechnik alleine beide Seiten** Wurftechnik des kleinen Hakenwurfes (= Babyhook) erlernen	Die gleiche Übung wie bei Nr. 72, aber nun in der Mitte vor dem Korb, die Schulterachse 90° zum Brett. Mit der Außenhand aus dem Handgelenk direkt auf den Korb werfen. Der Abstand ist mit ca. einem Meter kürzer als im normalen Wurftraining. Nachdem ein Wurfgefühl für diese neue Wurftechnik mit der besseren Hand aufgebaut wurde, dreht man sich um 180° und übt mit der schwächeren Hand. Nicht mehr als 20 Wiederholungen am Stück, da sich der Nacken vom ständigen nach oben Schauen verspannen kann. • Als Wettbewerb: Wer hat zuerst 10 Treffer von links und 10 Treffer von rechts?	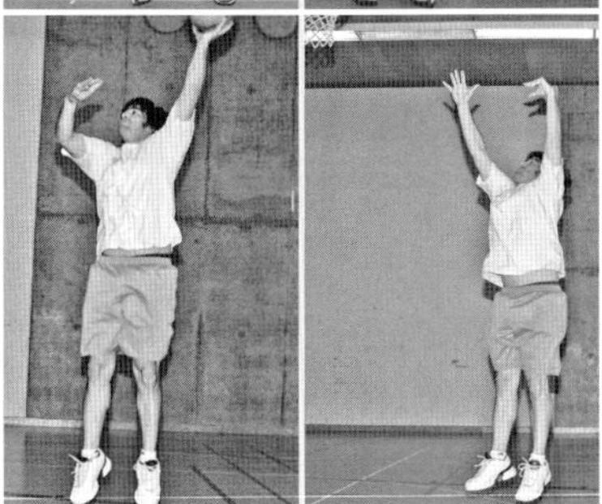

Nr.	Name Ziele/Akzente	Idee/Beschreibung	Hinweise/Organisation
74	**Powermove aus dem Eigenpass** Powermove-Technik erlernen	2–4 Spieler bei einem Korb, jeder einen Ball. Der erste Spieler wirft sich den Ball von unter dem Korb in einem 45° Winkel hinaus an den Trapezrand, um ihn dort mit einem Sprungstopp wieder aufzunehmen. Er steht mit Rücken zum Korb und macht nun mit dem unteren Fuß (der näher zur Grundlinie ist) einen großen Schritt nach hinten und ein kräftiges Dribbling zwischen den Beinen. Nun springt er mit beiden Beinen ab, um parallel zum Brett zu landen und mit der Außenhand über das Brett zu werfen wie beim Powershot. Er holt den Ball und schließt wieder hinten an, während der nächste sich den Ball vorlegt. Sobald beide Seiten geübt wurden, können immer zwei Spieler gleichzeitig auf die zwei verschiedenen Seiten starten, denn sie sollten auch nach dem Wurf nicht über die Mitte kommen.	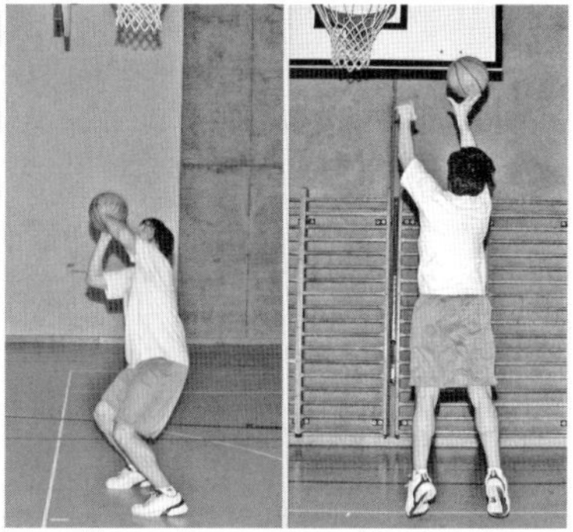
75	**Baby-Hook aus dem Eigenpass** Baby-Hook-Technik erlernen	In der gleichen Anordnung wie bei Nr. 74 kann der kleine Hakenwurf (= Baby-Hookshot) geübt werden. In der gleichen Ausgangslage macht der Spieler nun mit dem oberen Fuß einen Schritt nach hinten und springt mit dem Dribbling mit beiden Beinen ab. Nun landet er 90° zum Brett, um mit der korbentfernteren Hand zu werfen. Meist ohne Hilfe des Brettes. Hier können die Spieler nicht gleichzeitig werfen, da es das Ziel ist, möglichst von der Feldmitte aus zu werfen.	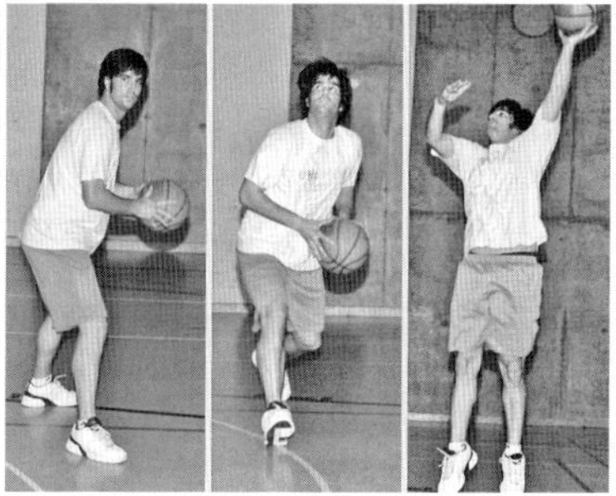
76	**Powermove + Baby-Hook mit Pass** Techniken nach einem Pass auf den Midpost üben	Die gleiche Übung wie bei Nr. 75, aber mit zwei Spielern, die werfen und zwei Passeuren. Die Spieler starten unter dem Korb und die Passeure stehen mit Ball auf den beiden Flügelpositionen. Die Spieler stoppen mit einem Sprungstopp knapp außerhalb des Trapezes in einem Winkel, in dem sie beide Techniken ausführen können (= mindestens 45°). Sie zeigen mit einer Hand an, wo sie den Ball erhalten möchten, bekommen den Pass und führen entweder einen Powermove oder einen Baby-Hook aus. Nach 10 Würfen Rollenwechsel, nach weiteren 10 Würfen wird die Korbseite gewechselt.	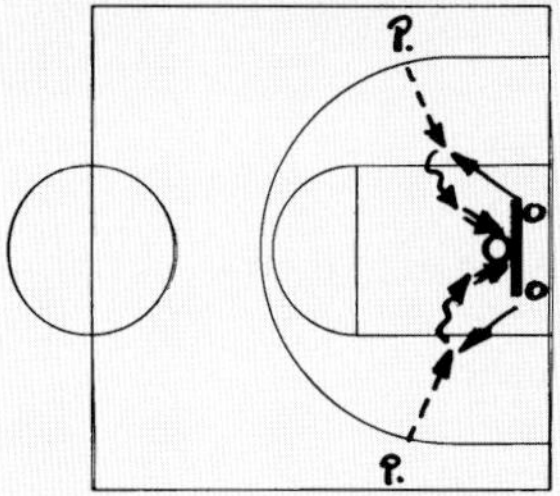

Nr.	Name Ziele/Akzente	Idee/Beschreibung	Hinweise/Organisation

77

Up and down solo
Werfen aus dem Dribbling unter Zeitdruck und sorgfältig werfen

Jeder hat einen Ball und sucht Abschlüsse aus dem Dribbling, wobei man pro Korb nur einen Wurfversuch hat. Danach muss ein neuer Korb gesucht werden, welcher aber auf der anderen Hallenhälfte liegen muss. Wer hat zuerst 10 Treffer?

- Immer (auch bei Treffer) noch ein Rebound erlaubt, welcher als halber Treffer zählt.
- Würfe + Rebounds als +/– Spiel, führt zu mehr Sorgfalt bei den Würfen.
- Alle müssen beim Überqueren der Hallenmitte durch den Mittelkreis.
- Nicht aus dem Dribbling, sondern aus dem Eigenpass abschließen, nur zwischen den Körben dribbeln.
- Verschiedene Abschluss-Techniken vorgeben; nur mit schwacher Hand, nur beidbeinige Abschlüsse, nur Unterhandkorbleger usw.
- Körbe mit einem Verteidiger schützen lassen.

Auf die Schrittregel achten, vor allem beim Starten und Rebound.

78

Rundlauf solo
Werfen unter Zeitdruck aus flachen Winkeln

Im Uhrzeigersinn jeden Korb ansteuern und aus dem Dribbling abschließen, wieder nur ein Wurfversuch, dann zum nächsten Korb. Wer hat zuerst 10 Treffer?

- Beim Überqueren der Hallenmitte durch den Mittelkreis, damit verbessert sich der Winkel auf den nächsten Korb.
- Nach jedem Wurf in den Mittelkreis dribbeln.
- Variationen wie bei Nr. 77.

79

Reifenparcours solo
Werfen aus dem Dribbling und umdribbeln von Gegnern

Wie Up and down, aber um verstreute Reifen (mit Malstab darin) herum auf die Körbe, wobei immer mit Außenhand um die Reifen herum gedribbelt werden soll.

- Immer mit einem Handwechsel vor den Reifen daran vorbei.
- Mit Rückzugsdribbling + Handwechsel an den Reifen vorbei.

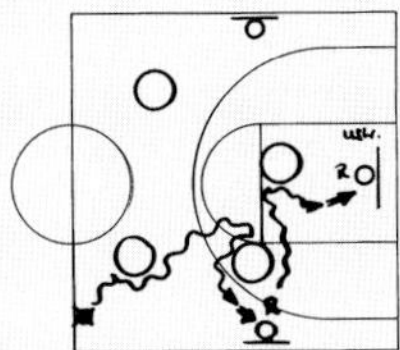

Nr.	Name Ziele/Akzente	Idee/Beschreibung	Hinweise/Organisation
80	**Einer-Kolonnen-Abschlüsse** Abschlüsse aus dem Dribbling	Einerkolonne (bis 10 Spieler) an der Mittellinie, jeder hat einen Ball. Hintereinander zum Korb dribbeln und abschließen. Dann den eigenen Ball mitnehmen und auf die andere Seite des Korbes an die Mittellinie dribbeln. Dort auf alle warten und wieder starten. Gut geeignet zum Aufwärmen. Verschiedene Wurftechniken. • Als Wettbewerb gegen das Team auf dem anderen Korb. • Verschiedene Zusatzaufgaben auf dem Weg zum Korb einbauen (Malstäbe für Slalom, Handwechsel, Rückzugsdribbling, Verzögerung). • Verschiedene Tempi in der Ausführung.	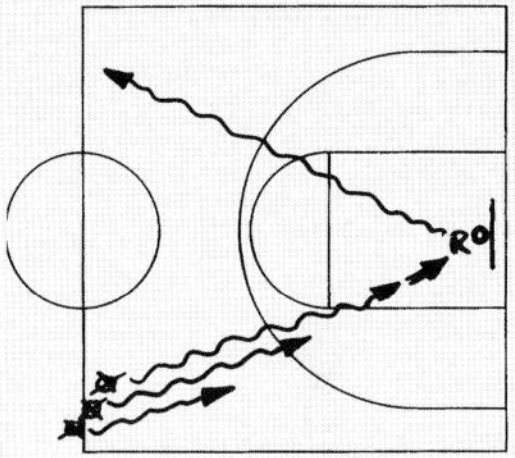
81	**Zwei Kolonnen Mitte – Außen** Passen, Spielen und Annehmen aus der Bewegung und Abschlüsse aus dem Dribbling	Zwei Kolonnen stehen an der Mittellinie; Kolonne B ohne Bälle an der Seitenlinie, Kolonne A in der Mitte mit Bällen. Nun dribbelt der erste Spieler der Kolonne A Richtung Korb und passt dem parallel an der Seitenlinie entlang laufenden Spieler der Kolonne B den Ball, sobald dieser ihn überholt hat. Der Spieler mit Ball dribbelt zum Korb und schließt ab und läuft unter dem Korb durch auf die andere Seite. Der Spieler, welcher ihm den Pass gegeben hat, geht in den Rebound, sichert sich den Ball und passt zum Spieler aus Kolonne B raus. Der Spieler mit Ball schließt neu an Kolonne A an, der andere an die Kolonne B. • Der Pass kann auch später gespielt werden, so dass direkt aus dem Pass geworfen werden kann. • Als Wurfwettbewerb. • Pass zurück zum Spieler in der Mitte, welcher dann wirft.	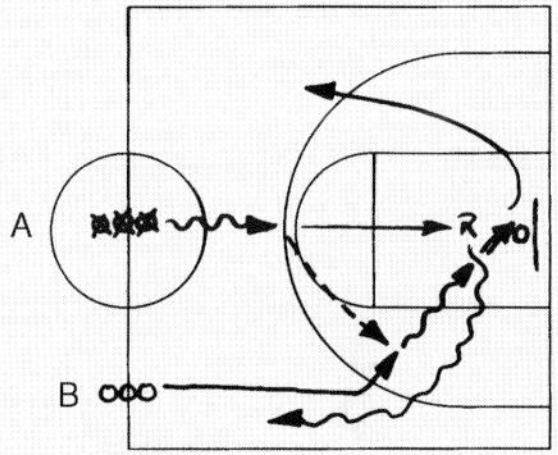 A B
82	**Zwei Kolonnen – Abschlüsse von der Mitte** Abschlüsse aus vollem Lauf und Rebounds	Zwei Kolonnen stehen an der Mittellinie; Kolonne B ohne Bälle an der Seitenlinie, Kolonne A an der anderen Seitenlinie mit Bällen. Nun dribbelt der erste Spieler der Kolonne A Richtung Korb und schließt ab. Der erste Spieler der Kolonne B läuft parallel an seiner Seitenlinie entlang mit und sichert sich den Rebound. Er nimmt den Ball in die Kolonne A mit und schließt auch dort an. Der andere Spieler schließt in Kolonne B an.	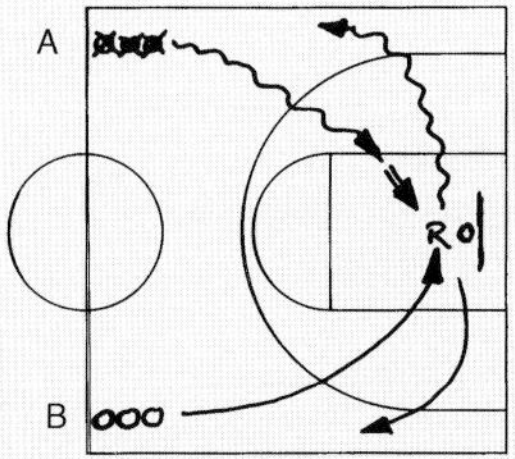 A B

3

Nr.	Name Ziele/Akzente	Idee/Beschreibung	Hinweise/Organisation
83	**Einer-Kolonnen-Abschlüsse mit Doppelpass** Abschlüsse aus dem Dribbling	Einerkolonne (bis 10 Spieler) an der Mittellinie, jeder hat einen Ball. Zwei Passeure warten in den Ecken des Spielfeldes. Hintereinander zum Korb dribbeln und einen Doppelpass mit einem Passeur in der Ecke spielen. Abschließen, den eigenen Ball mitnehmen und auf die andere Seite des Korbes an die Mittellinie dribbeln. Dort auf alle warten und wieder starten. Die zwei Passeure nach 10 Pässen auswechseln. Gut geeignet zum Aufwärmen. • Verschiedene Wurftechniken. • Als Wettbewerb gegen das Team auf dem anderen Korb. • Nach dem Doppelpass direkt werfen ohne Dribbling.	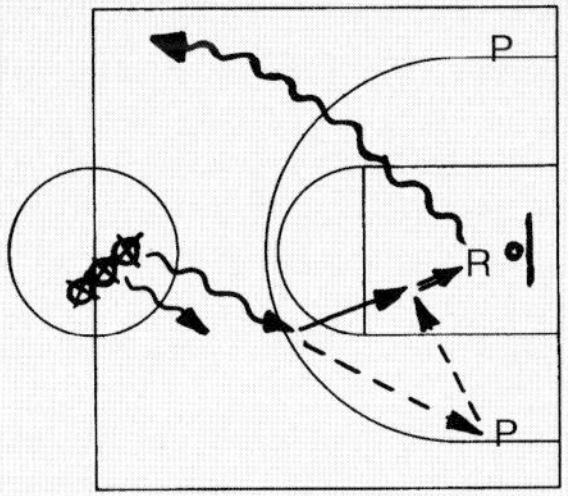
84	**Up and down alternierend zu dritt** Ball aus voller Bewegung annehmen und werfen	Zu dritt, zwei Bälle. Spieler A läuft auf eine Spielposition zum einen Korb, bei dem Spieler B mit dem Ball auf einer Spielposition wartet und ihm den Ball zupasst. Spieler A wirft, holt den eigenen Rebound und bleibt bei diesem Korb. Spieler B läuft zum anderen Korb, bei dem Spieler C wartet, bekommt den Ball und wirft. Auch er holt den Ball und bleibt bei diesem Korb. Spieler C läuft auf den anderen Korb. Er bekommt den Ball von Spieler A und wirft. Auf diese Weise weiter werfen, bis alle 10 Würfe haben oder auf Zeit. Diverse Wurftechniken. • Mit Nachwerfen nach den Rebounds (+/– Spiel). • Als Team-Wettkampf, bei dem das Total des Trios zählt.	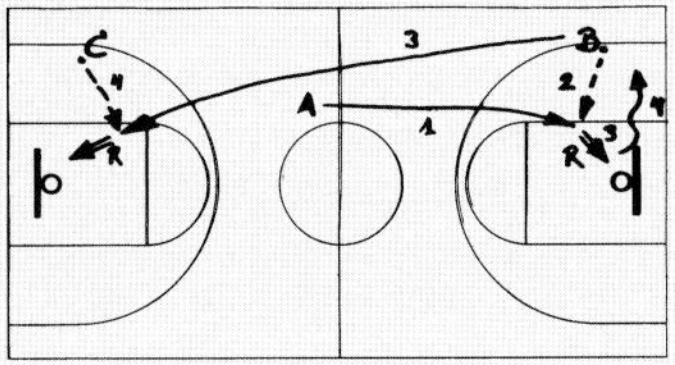
85	**Rundlauf** Pässe annehmen aus der Bewegung	Total 6 Passeure (4 in den Ecken und 2 an der Mittellinie). Außen laufen die Spieler eine ganze Runde, spielen Doppelpässe mit den Passeuren und werfen je einmal auf die zwei Körbe. Beim ersten Korb holen sie den eigenen Rebound, beim zweiten holt der nächste Spieler in der Warte-Kolonne den Ball und geht auf die nächste Runde. Wechsel der Passeure nach einer bestimmten Zeitdauer. Richtungswechsel nicht vergessen. Zuerst mit und dann ohne Dribblings. • Nur eine halbe Runde und die Passeure gehen nach jedem Pass eine Kolonne weiter und aus der Ecken-Kolonne in den Rebound und auf die neue Runde.	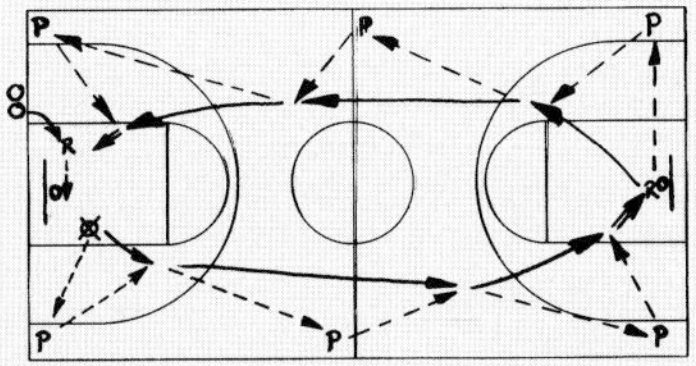

Nr.	Name Ziele/Akzente	Idee/Beschreibung	Hinweise/Organisation
86	**Knockout** Werfen und Rebounden unter Zeitdruck	In einer Einer-Kolonne mit zwei Bällen werfen alle nacheinander von einer festgelegten Position. Wer trifft, holt den Ball, passt ihn der nächsten Person ohne Ball und schließt hinten an. Wer nicht trifft, holt den Rebound und wirft solange nach, bis er trifft. Falls aber unterdessen jemand von der festgelegten Position oder beim Rebounden zuerst trifft, scheidet der erste aus und löst eine Zusatzaufgabe, bis ein Sieger erkoren ist.	Hinweise für Knock-out Formen: • Eine Gruppe pro Korb • Zeit geben, um das Spiel zu begreifen • Keine Hemmungen vor vielen Bällen (spielen nebeneinander!)
87	**Downtown Knockout** Werfen und Rebounden unter Zeitdruck	Grundform, aber man kann nur jemanden rauswerfen, wenn man von der festgelegten Position direkt trifft. Damit wird der Distanzwurf bedeutungsvoller. Allerdings sollte die Distanz nicht zu groß gewählt werden, da bei wenig Treffern das Spiel sehr lange dauern kann.	Dieses Spiel wird oft auf Pausenplätzen oder Spielstraßen gespielt, wenn Bälle vorhanden sind (Basketbälle zur Verfügung stellen!) und ist auch bei Mädchen beliebt.
88	**All-Ball-Knock-out** Werfen und Rebounden unter Zeitdruck	Spielform 86 oder 87, aber jeder hat einen Ball. Dadurch wird das Spiel chaotischer, aber noch schneller. Das Nebeneinander mit sprichwörtlicher Behinderung kommt hier gut zur Geltung.	
89	**Liga-Knock-out oder Downtown-Liga-Knock-out** Werfen und Rebounden unter Zeitdruck	Grundform mit zwei Bällen, aber wer jemanden „rauswirft" (Grundform oder Downtown-Variante), der steigt zum nächsten Korb auf (verschiedene Körbe = verschiedene Ligen). Wer rausgeworfen wird, steigt ab. Wer am Ende in der obersten Liga ist, gewinnt. In der untersten fällt niemand raus (sofort wieder anschließen). • Diverse Positionen und Winkel.	Tipps für den Unterricht: • Auf gute Wurf-Technik achten. • Sinnvolle Zusatzaufgaben stellen (Bsp.: an Wurf-Technik arbeiten, Spielleitung übernehmen).
90	**All-Ball-Liga-Knock-out** Werfen und Rebounden unter Zeitdruck	Wie Spielform 89, aber jeder hat einen eigenen Ball und mit Ab- und Aufsteigen. Dazu können Punkte gesammelt werden, wenn man jemanden „rauswirft". • Nur in der obersten Liga können Punkte gesammelt werden. • Jeder startet mit x Punkten, Abzug (+ Abstieg) bei Rauswurf, Punktgewinn bei Treffer (+Aufstieg). Wer ist nach 5' der Sieger? • Distanzen je nach Liga variieren.	Tipps für den Unterricht: • Geduld üben bis die Organisation funktioniert. • Darauf achten, dass die Wurfposition eingehalten wird.

Nr.	Name Ziele/Akzente	Idee/Beschreibung	Hinweise/Organisation
91	**Wurfwettbewerb „alle gegen alle"** Werfen, Dribbeln, Verteidigen und Rebounden kombiniert	Ein Drittel der Spieler hat keinen Ball. Es darf auf alle Körbe geworfen werden. Nach einem Treffer muss dribbelnd ein anderer Korb angelaufen werden. Wer erzielt zuerst 10 Treffer? Wer keinen Ball hat, muss versuchen, einen Rebound zu holen oder einen Ball zu stehlen, aber nicht zu zweit und ohne Foul. Doppeldribbling führt zu Ballverlust. • Mit oder ohne Nachwerfen bei Fehlwurf. • +/– Punkte beim Nachwerfen. • Anzahl Bälle variieren, je mehr desto anspruchsvoller.	Tipps für den Unterricht: • Auf Fouls bei der Balleroberung achten. • Auf Fouls bei den Würfen achten.
92	**Wurfwettbewerb „Esel"** Anspruchsvolle Abschlüsse kreieren	2–5 Spieler spielen zusammen. Der erste zeigt einen Wurf vor und wenn er trifft, dann muss der nächste Spieler exakt den gleichen Wurf ausführen. Wenn er dies nicht schafft, bekommt er den ersten Buchstaben vom Wort Esel; also ein E. Der nächste Spieler kann dann mit einem neuen Wurf beginnen. Ausgeschieden ist, wer „Esel" ist. Es sind alle Würfe erlaubt, aber man sollte mehrheitlich treffen, da sonst das Spiel sehr lange dauern kann. • Wenn zwei Spieler treffen, stehen zwei Buchstaben auf dem Spiel, die der nächste Spieler bekommt, wenn er nicht trifft.	Tipps für den Unterricht: • Andere Wörter nehmen wie HORSE (original). • Bei zu vielen Fehlwürfen auch „Vorzeige-Fehlwürfe" ahnden.
93	**Around the World** Werfen aus verschiedenen Winkeln	1–4 Spieler sind bei einem Korb, jeder hat einen Ball. Alle beginnen am gleichen Ort, bei 0° (also parallel zum Brett) in einer Distanz vom Trapezrand. Nun wirft der erste Spieler, und wenn er trifft, wirft er weiter, wandert aber von den Wurfwinkeln immer höher. Als Markierungen dienen die kleinen Striche am Trapez. Sobald der Spieler nicht trifft, kommt der Nächste an die Reihe. Wer steht zuerst auf der anderen Seite des Korbes und hat somit von allen Positionen getroffen? • Wer nicht trifft, muss eine Position zurück. • Wurfpositionen selber mit Markierungen bestimmen. • Alle starten auf einer anderen Position und werfen miteinander. Dadurch wird das Spiel schneller. • Alle werfen mit einem Eigenpass, der verschieden anspruchsvoll gewählt werden kann.	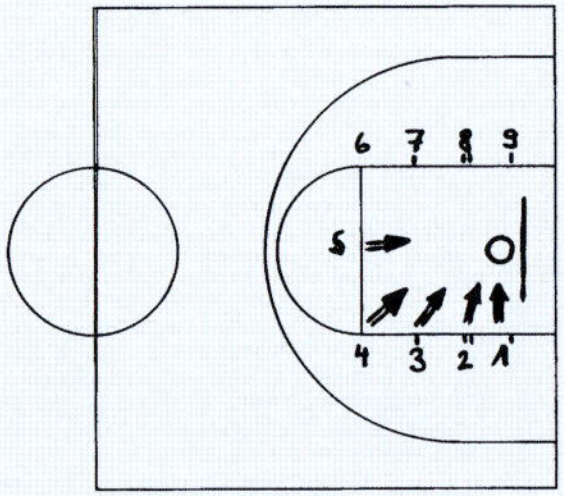

Nr.	Name Ziele/Akzente	Idee/Beschreibung	Hinweise/Organisation
94	**Zwei-Kolonnen-Werfen – Außerhalb** Intensive Gruppen-Wurfübung in der Reißverschluss-Organisationsform	2 Kolonnen (auf den Spielmacher + tiefe Flügel-Positionen) mit je drei Bällen. Der vorderste bei der Spielmacher-Kolonne hat keinen Ball, bekommt den Ball an der Trapez-Ecke und wirft auf den Korb. Er holt den eigenen Rebound und spielt den Ball in die andere Kolonne und schließt auch dort an. Der Passeur hat jetzt keinen Ball mehr, schneidet durch das Trapez auf die andere Seite des Korbes, bekommt den nächsten Ball von der anderen Kolonne und wirft. Auch er holt den Rebound, passt in die obere Kolonne und schließt dort an. • Beim Rebound nachwerfen, der nächste Ball kommt aber schnell. • Verschiedene Abschlüsse möglich, bei Korblegern wird es etwas chaotisch nah beim Korb.	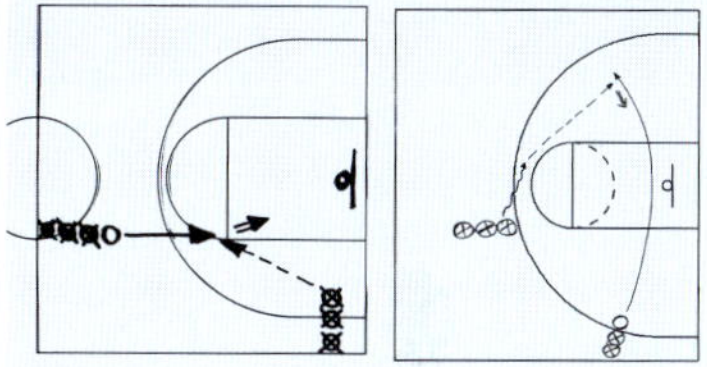
95	**Zwei-Kolonnen-Werfen – Innerhalb** Wurfübung für die Pässe ins Trapez und die kurzen Abschlüsse	Dieselbe Organisation wie bei Nr. 94, aber die beiden Kolonnen sind jetzt auf den Flügelpositionen und die Freilaufbewegung ist ein Schnitt durch das Trapez mit mindestens einer Richtungsänderung. Darauf achten, dass die Schneidenden einander nicht in die Quere kommen. Erst passen, wenn der Schneidende auf der näheren Spielfeld-Hälfte ist. • Täuschung nach Ballerhalt und entsprechender Abschluss. • Powermove als Abschluss. • Wurftäuschung, Reverse-Dribbling und Powermove-Abschluss auf der anderen Korbseite.	Pass-Technik: Überkopf- oder seitliche Kurvenpässe 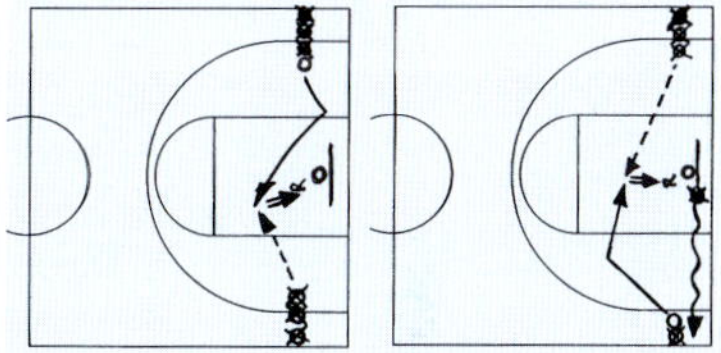
96	**Zwei-Kolonnen-Werfen – Skippässe** Wurfübung für weite Pässe über das Trapez	Gleiche Organisation und Positionen der Kolonnen wie bei Nr. 95. Jetzt bleiben die Spieler am Ort und passen nach einer Wurftäuschung mit einem hohen Überkopfpass auf die andere Spielfeldseite zu der anderen Kolonne. Entweder für einen weiten Wurf oder für einen sofortigen Durchbruch zum Korb. • Verschiedene Abschlüsse. • Nach 2 Dribblings stoppen und am Trapezrand werfen.	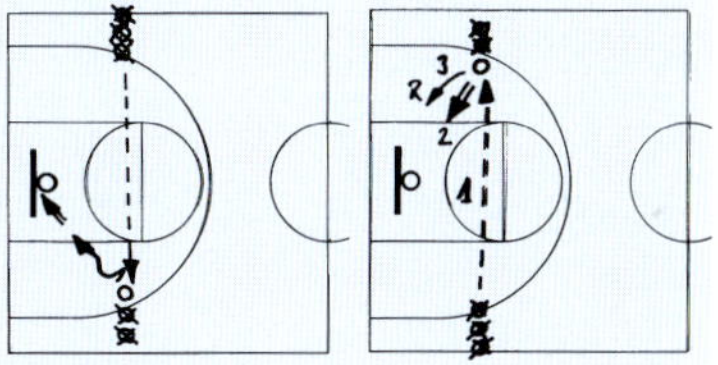

3

Nr.	Name Ziele/Akzente	Idee/Beschreibung	Hinweise/Organisation
97	**Wurf mit Passeur und Störung** Freilaufen und Wurf mit Störung üben (Eine Grundübung im Basketball)	Ein Passeur mit Ball, meist auf der Spielmacherposition. Ein Angreifer, welcher sich auf der Flügelposition freistellt und ein Verteidiger, der versucht, dies zu verhindern. Der Angreifer soll den Ball auf der Flügelposition erhalten und dann gegen den Verteidiger werfen. Dieser versucht, mit erhobenen Händen, den Wurf zu stören. Nach fünf Würfen rotieren (Passeur – Angreifer – Verteidiger) und neue Rollen einnehmen. • Der Angreifer kann zu Beginn auch im Ballbesitz sein.	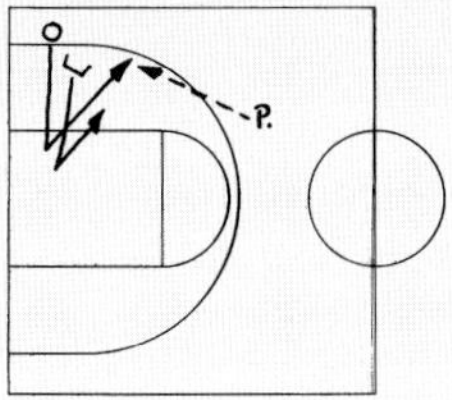
98	**Halber Spiegel** 1 gegen 0 Bewegungen mit dem Freilaufen kombiniert	Die eine Kolonne steht auf der Spielmacherposition, die drei ersten Spieler haben einen Ball. Die andere Kolonne befindet sich etwas tiefer als die Flügelposition auf der gleichen Feldhälfte, und diese Spieler haben keine Bälle. Der erste dieser Reihe läuft sich frei (mit der verlangten Technik) und bekommt den Ball auf der Flügelposition. Von dort können nun alle Abschlusstechniken für das 1 gegen 1 geübt werden; direkter Wurf, direkter Durchbruch (= Drive) zum Korb, Täuschung und Durchbruch oder andere Varianten. Der Passeur aus der oberen Kolonne geht nach seinem Zuspiel in die Flügelkolonne, und der Angreifer holt seinen Ball, passt ihn in die Spielmacherkolonne und schließt auch dort an. • Diese Form kann auch mit einem Verteidiger gespielt werden, welcher 10-mal verteidigt und dann ausgewechselt wird. • Auch die Spielmacherkolonne kann einen Verteidiger haben, welcher die Pässe erschwert. • Mit zwei halben Spiegeln pro Korb (siehe Zeichnung) können viele Spieler beschäftigt werden	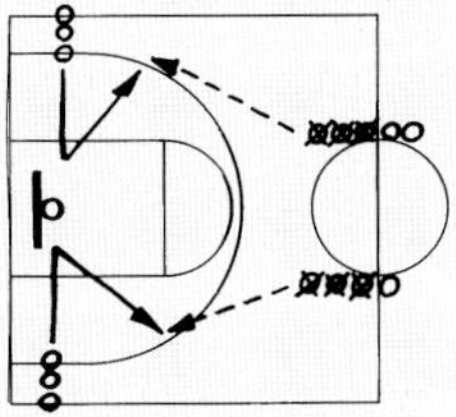 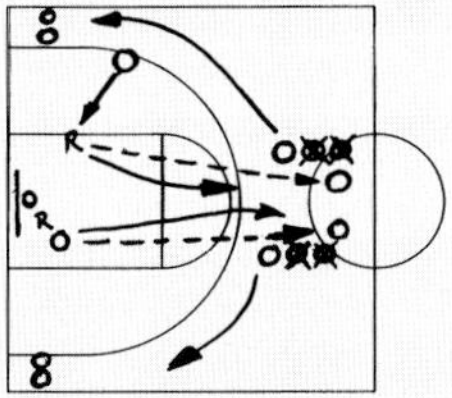
99	**Spiegel** Abschlüsse aus dem Freilaufen mit Raumbeschränkung	Beim Spiegel findet sich die Anordnung bei Nr. 98 auf beiden Seiten des Korbes. Man rotiert nach dem Abschluss auf die andere Seite des Korbes (wieder auf die Spielmacherposition), also übers Kreuz. Man sollte wie bei zwei halben Spiegeln pro Korb die Feldmitte nicht überschreiten. Pro Kolonne sollten nicht mehr als fünf Spieler stehen.	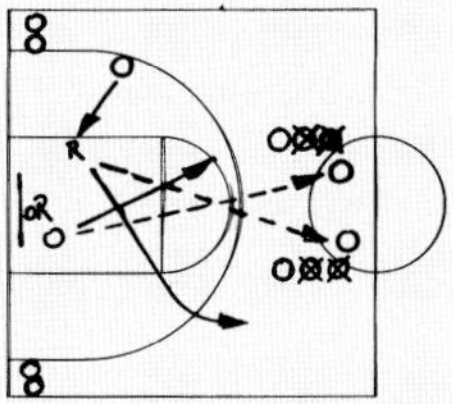

Wohl in keiner anderen Team-Spielsportart gibt es so viele 1 gegen 1 Situationen wie im Basketball. Vor allem bei einer individuellen Verteidigung (= man to man) ergeben sich viele solche Duelle: 1 gegen 1 mit Ball (= der Ballträger und sein Verteidiger) und 1 gegen 1 ohne Ball (der sich freilaufende Spieler mit seinem Verteidiger). Entscheidend ist es dabei, dass der Angreifer den Verteidiger beobachtet, was im Fachjargon ihn „lesen" heißt (= read the defense). Selbstverständlich versucht auch der Verteidiger, den Angreifer zu lesen, dazu mehr im Kapitel der Verteidigung (3.7).

Doch leider wird diese Situation im Unterricht mit Einsteigern oft zu wenig geübt. Und wieso nicht? Weil sie den Einsteiger überfordert, weil er es nicht versteht? Das mag sein, aber das bedeutet dann auch, dass nicht gespielt werden soll, denn da ist er ja dann auch überfordert. Spielen möchten aber alle und dies möglichst bald. Deshalb braucht es Lösungen, damit die Situation des 1 gegen 1 „entschärft" und auch für den Einsteiger möglichst schnell verständlich wird. Er wird vor allem dann überfordert sein, wenn möglichst keine Zwischenstufen zwischen dem 1 gegen 0 und dem 1 gegen 1 eingeschaltet werden. Hier eignet sich die Organisationsform „Nebeneinander" hervorragend als erste Stufe. Der Raum für die verschiedenen Abschlüsse wird beschränkt, aber die Spieler haben noch keine direkten Gegner. Dann sollte das „Miteinander" (mit einem „netten" Verteidiger) folgen, in der man als Angreifer lernt, den Verteidiger „zu lesen" und dementsprechend zu reagieren. Der Verteidiger hilft durch sein „Rollenspiel" dem Angreifer, die 1 gegen 1 Situation zu verstehen und Vertrauen in seine Angriffsbewegungen zu bekommen. Erst wenn die Entscheidungen des Angreifers korrekt sind und mit einer Erfolgsquote von über 80% ausgeführt werden können, sollte der „Druck" des Verteidigers zunehmen, bis er 100% verteidigt.

Bei Einsteigern sollte der Schwerpunkt vor allem auf das Entscheidungstraining mit diesem Rollenspiel gelegt werden. Beim Duell am Ball sind dies: Wurf, Durchbruch zum Korb oder Täuschung und die entsprechende Entscheidung. Beim Duell ohne Ball sind dies: Passlinie frei oder noch mal freilaufen? Falls freilaufen, zum Ball oder zum Korb (= Backdoor)?

Das Duell 1 gegen 1 ohne Ball wird vor allem im Kapitel Freilaufen (3.3.2) behandelt.

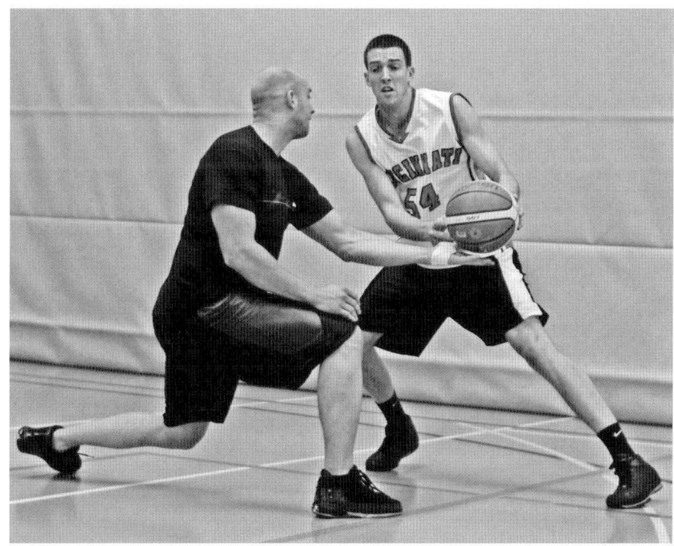

3.2.1.1 Entscheidungstraining des Außenspielers

Auf den folgenden Bildern werden die verschiedenen Situationen gezeigt, die der Außenspieler antreffen kann:

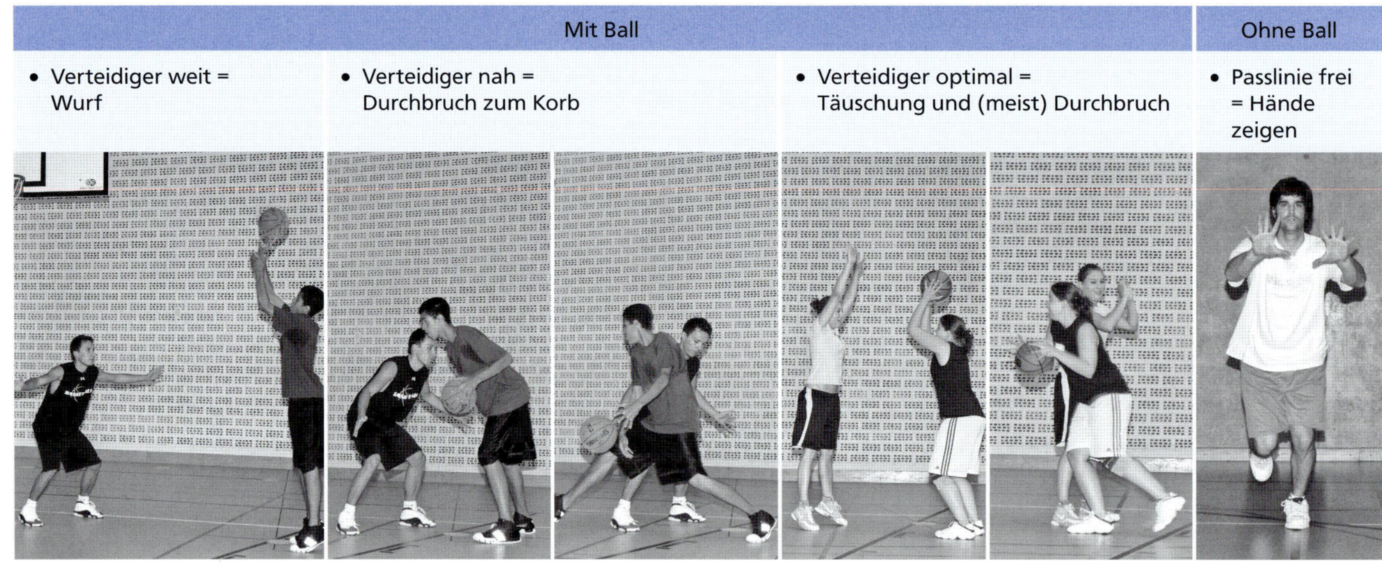

Mit Ball			Ohne Ball
• Verteidiger weit = Wurf	• Verteidiger nah = Durchbruch zum Korb	• Verteidiger optimal = Täuschung und (meist) Durchbruch	• Passlinie frei = Hände zeigen

Nr.	Name Ziele/Akzente	Idee/Beschreibung	Hinweise/Organisation
100	**1 gegen 0, Wurf oder Drive** Wurf und Drive in der korrekten Situation üben	In der Halle liegen mehrere Reifen mit Bällen darin auf Außenpositionen bei den Körben. Zu jedem Reifen gehört auch ein Malstab, welcher entweder nah oder weit zwischen Reifen und Korb steht. Die Spieler laufen frei in der Halle herum. Wenn ein Spieler zu einem Reifen kommt, stoppt er mit einem Sprungstopp zum Korb ausgerichtet im Reifen und nimmt den Ball auf. Steht der Malstab nah (etwa 0,5 Meter) beim Reifen, dribbelt er mit einem schnellen und großen ersten Schritt eng am Malstab vorbei zum Korb und schließt ab. Steht der Malstab weit vom Reifen weg (ab zwei Meter), wirft der Spieler direkt auf den Korb und geht in den Rebound. Nachwerfen, bis man trifft, den Ball wieder in den Reifen legen und zu einem anderen Korb laufen.	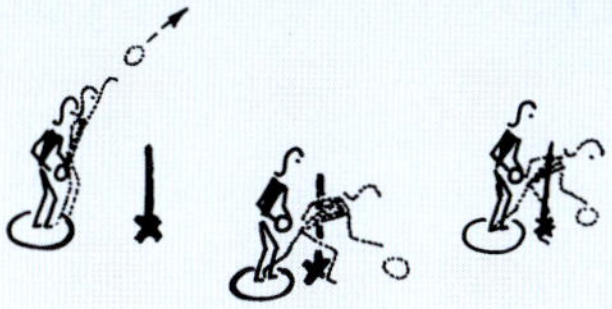 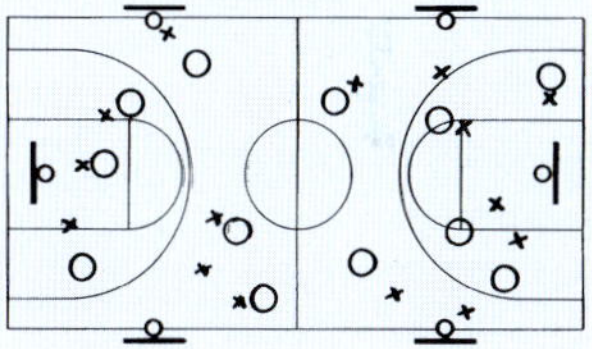
101	**1 gegen 0, Wurf oder Drive auf Kommando** Verteidigungs-Situation erkennen und Lösung üben	Dieselbe Anordnung wie bei Nr. 100 in der Halle. Die Spieler laufen frei in der Halle herum. Auf das Kommando „weit" suchen die Spieler einen Reifen, bei dem der Malstab weit weg liegt, nehmen den Ball und werfen direkt auf den Korb. Beim Kommando „nah" nehmen sie den Ball und ziehen am Malstab vorbei auf den Korb. Nachwerfen, bis man trifft, den Ball wieder in den Reifen legen und auf das nächste Kommando warten.	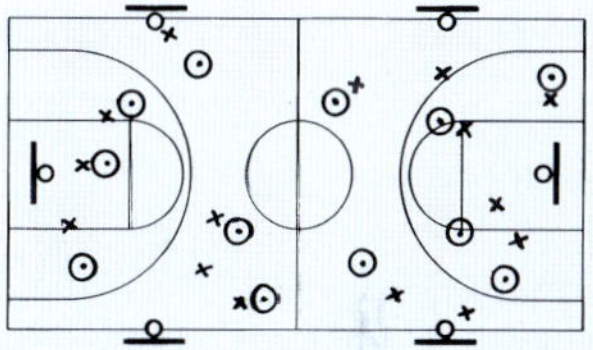
102	**1 gegen 0, Wurf oder Drive aus dem Dribbling** Wurf und Drive aus dem Dribbling üben	Die gleiche Anordnung mit den Reifen und den Malstäben wie bei Nr. 101, aber nun hat jeder Spieler einen Ball und dribbelt frei in der Halle herum. Sobald er zu einem Reifen kommt, positioniert er sich dribbelnd hinter dem Reifen und zum Korb ausgerichtet. Nun folgen wieder die zwei Varianten werfen oder zum Korb ziehen, je nach Abstand des Malstabes. Nach dem erzielten Korb (entweder direkter oder Rebound-Treffer) wieder frei dribbeln und einen anderen Korb ansteuern. • Auch hier die Kommando-Variante. • Auch mit der schwächeren Hand üben. • Mit einem Handwechsel am Reifen und Malstab vorbei.	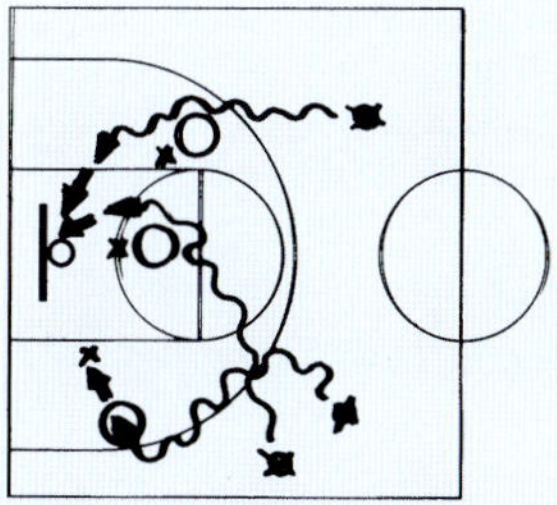

Nr.	Name Ziele/Akzente	Idee/Beschreibung	Hinweise/Organisation
103	**1 gegen 1 Weit-Nah** Entscheidungstraining Lesen der Verteidigung (Wurf oder Durchbruch)	Zu zweit mit einem Ball. Der Ballträger legt sich mit einem Eigenpass den Ball auf eine Außenposition vor. Der Verteidiger gibt dem Angreifer nun viel oder ganz wenig Abstand. Der Angreifer geht bei wenig Abstand (0,5 m) zum Korb (wobei sich der Verteidiger „schlagen" lässt (Rollenspiel). Bei viel Abstand (mind. 2,5 m) wirft er.	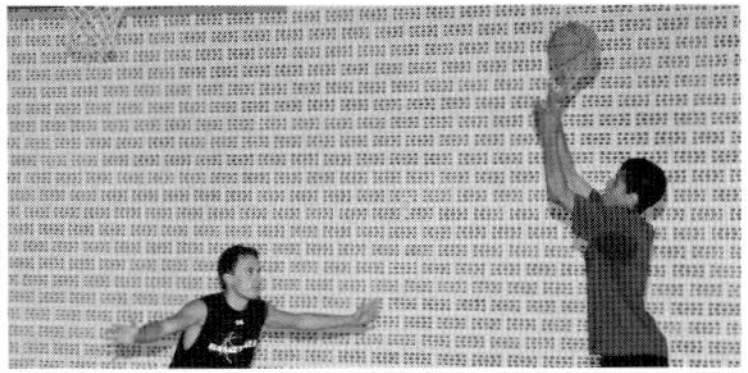
104	**1 gegen 1 Weit-Nah** Variationen: Erleichterung: Pass vom Verteidiger	Da der Eigenpass dem Einsteiger oft Mühe bereitet, kann der Pass auch vom Verteidiger gespielt werden. Hier ist besonders wichtig, dass die Außenpositionen genau eingehalten werden. Ferner ist darauf zu achten, dass der Angreifer sauber (am besten beidbeinig) stoppt und den Ball in der Luft fängt.	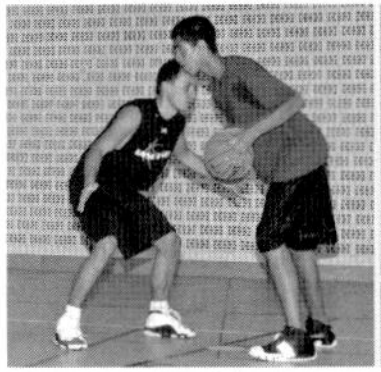 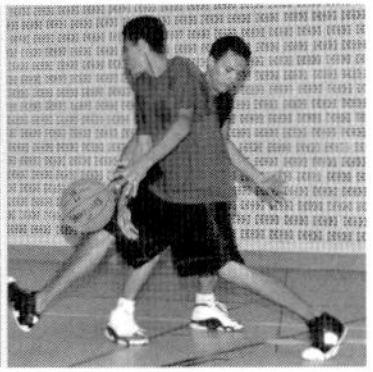
105	**1 gegen 1 Weit-Nah** Variationen: Erschwerung: spielnaher Passwinkel und früher entscheiden	Der Angreifer wirft sich den Ball so vor, wie er ihn im Spiel nach dem Freilaufen erhalten würde. Er muss somit fast 180° drehen, wenn er den Ball aufnimmt. Ferner versucht er, schon während des Ballvorlegens den Verteidiger zu beobachten, um möglichst bei Ballerhalt gleich agieren zu können.	Tipps für den Unterricht: • Beim Eigenpass auf Schrittfehler achten. • Eigenpass üben!
106	**1 gegen 1 Weit-Nah** Variationen: Erschwerung: Aktiverer Verteidiger	Nun kann der Verteidiger bei wenig Abstand auch noch eine Seite deutlich offener lassen. Dazu kann er noch versuchen, den Ball zu stehlen, falls der Angreifer mit der „falschen" Hand (die näher zum Verteidiger ist) an ihm vorbei dribbeln will.	Tipps für den Unterricht: • Das Rollenspiel immer wieder üben. • Hinweisen, dass der Verteidiger für den Angreifer „mitspielt" (er coacht ihn).
107	**1 gegen 1 Weit-Nah Voll** Verteidiger verteidigt die beiden Möglichkeiten voll	Die letzte Steigerung in dieser Form ist ein Verteidiger, der voll verteidigt. Er kann weit oder nah stehen, versucht aber, den Angreifer zu stoppen und den Korberfolg zu verhindern. Er versucht, den Wurf zu stören und den Angreifer beim Durchbruch vom Korb abzudrängen.	Tipps für den Unterricht: • Verteidiger gibt immer noch klare Situation vor!

Nr.	Name Ziele/Akzente	Idee/Beschreibung	Hinweise/Organisation
108	**1 gegen 1 Optimal** Verteidiger mit Täuschungen überlisten	Zu zweit mit einem Ball. Der Ballträger legt sich mit einem Eigenpass den Ball auf eine Außenposition vor. Der Verteidiger steht dem Angreifer nun in einem optimalen Abstand (etwa eine Armlänge) gegenüber. Der Angreifer kann weder ungehindert werfen, noch mit dem ersten Schritt am Verteidiger vorbeiziehen. Jetzt braucht es eine Angriffs-Täuschung. Der Angreifer führt eine Wurf- oder Dribbeltäuschung aus, der Verteidiger fällt auf die Täuschung herein und lässt sich dann schlagen. Der Angreifer zieht eng (Schulter des Verteidigers berühren) vorbei zum Korb und schließt ab. Mindestens 5 Wiederholungen bevor die Rollen getauscht werden. • Der Verteidiger fällt nur dann auf die Täuschung hinein, wenn diese korrekt ausgeführt ist. Wenn nicht, dann „coached" er den Angreifer, damit sich dieser verbessern kann. Er teilt dem Angreifer mit, wenn dieser eine unglaubwürdige Täuschung macht.	
109	**1 gegen 1 Weit-Nah aus dem Dribbling** Das Kontrolldribbling üben und daraus starten	Zu zweit mit einem Ball. Der Angreifer beginnt aus dem Dribbling, den Verteidiger zu beobachten. Dieser hat die Aufgabe, entweder zu nah (0,5 m) oder zu weit weg (mindestens 2,5 m) zu stehen. Steht er zu nah, bricht der Angreifer zum Korb durch (und der Verteidiger lässt dies zu) und schließt ab. Steht der Verteidiger zu weit weg, wirft der Angreifer möglichst schnell. Nach 5–10 Wiederholungen werden die Rollen gewechselt.	Wichtige Tipps: • Den Ball beim Dribbeln mit dem anderen Arm schützen. • Tief und kräftig dribbeln. • Das letzte Dribbling betonen, damit der Ball gut in die Hände kommt.
110	**1 gegen 1 Voll** Das Gelernte anwenden	Nun hält sich der Verteidiger nicht mehr zurück und verteidigt voll. Der Angreifer erhält 10 Angriffe, dann Rollenwechsel. Wer gewinnt die Duelle? Gespielt wird immer bis der Korb erzielt wird, der Ball im Aus ist oder der Verteidiger den Ball erobert hat. Wenn der Ball vom Verteidiger ins Aus gespielt wird, erhält der Angreifer noch einmal einen Angriff. Begonnen wird auf einer Außenposition mit einem Eigenpass. • Der Angreifer soll in den Offensiv-Rebound gehen.	Fairness schulen – immer wieder: • Fouls des Verteidigers unterbinden. Jede Berührung auf den Ballträger ist ein Foul.

Nr.	Name Ziele/Akzente	Idee/Beschreibung	Hinweise/Organisation
111	**Alcatraz** Aus dem Dribbling am Verteidiger vorbeikommen oder Rückzugsdribbling	Begrenzter Raum in der Hallenmitte, an den Grenzen abgedeckt durch Verteidiger. Die Angreifer (jeder hat einen Ball) prellen in diesem Raum nebeneinander und versuchen auszubrechen. Gelingt dies einem Spieler, darf er zu einem Korb prellen und zwei Wurfversuche ausführen. Am Schluss ist Sieger, wer am meisten Treffer erzielt hat. • Welche Gruppe kann in einer bestimmten Zeit mehr Punkte erzielen? • In einer bestimmten Zeit müssen x Punkte erzielt werden, sonst Rollenwechsel.	
112	**1 gegen 0 Täuschung und Entscheidung** Nach der Täuschung Wurf oder Drive üben	In der Halle liegen Reifen mit Bällen darin auf Außenpositionen bei den Körben. Zu jedem Reifen gehört auch ein Malstab, welcher etwa ein Meter zwischen Reifen und Korb steht. Die Spieler laufen frei in der Halle herum. Wenn ein Spieler zu einem Reifen kommt, stoppt er mit einem Sprungstopp zum Korb ausgerichtet im Reifen und nimmt den Ball auf. Er täuscht einen Wurf an (oder einen Pass), dribbelt mit einem schnellen und großen ersten Schritt eng am Malstab vorbei zum Korb und schließt ab. Oder er wirft nach der Wurftäuschung direkt und schnell aus dem Reifen. Nachwerfen, bis man trifft, den Ball wieder in den Reifen legen und zu einem anderen Korb laufen.	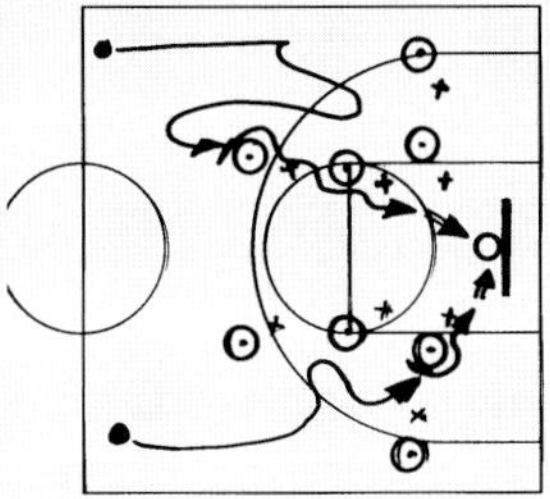
113	**Linie durchbrechen** Aus dem Dribbling den Verteidiger mit Körpertäuschungen austricksen	Gruppen zu drei bis sechs Spielenden. Die Aufstellung wie auf der Abbildung. Die Aufgabe der Verteidiger ist es, die Angreifer daran zu hindern, zwischen den Markierungen (Abstand ca. 3 Meter) durchzudribbeln. Wenn ein Angreifer durchkommt, darf er zum Korb, um abzuschließen. Trifft er, bekommt er einen Punkt. Wird aber sein Durchbruch vom Verteidiger verhindert, soll er mit Rückzugsdribblings rückwärts zurück in den Warteraum in der Hallenmitte, und der Verteidiger bekommt einen Punkt. Nach 5 Minuten wechseln. • Der Angreifer darf sich mit dem Rückzugsdribbling vom Verteidiger lösen und noch mal angreifen (insgesamt hat er drei Anläufe).	

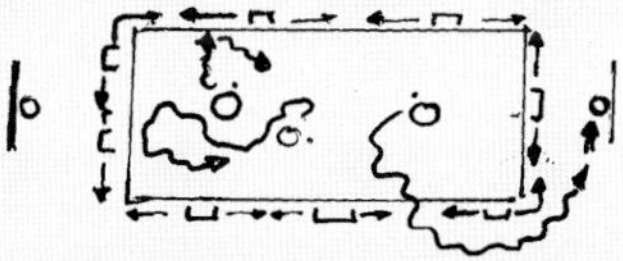

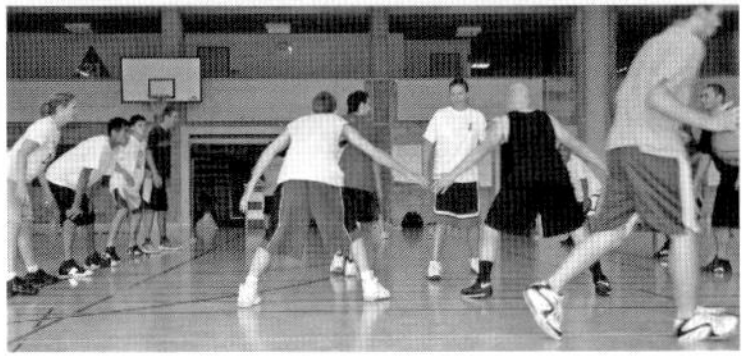

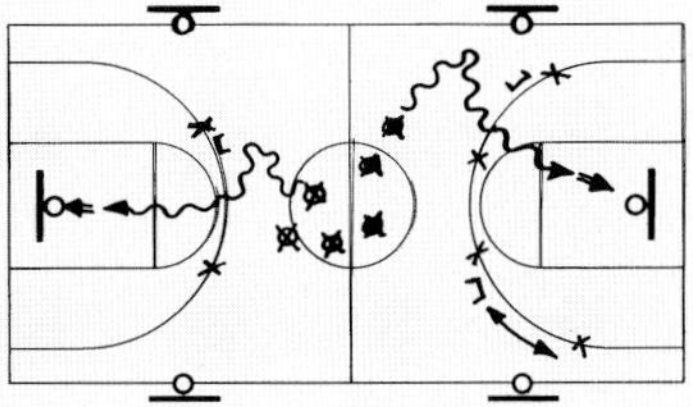

Nr.	Name Ziele/Akzente	Idee/Beschreibung	Hinweise/Organisation
114	**1 gegen 1 mit Passeur 100%** Grundübung für das 1 gegen 1 aus dem Freilaufen	Ein Passeur mit Ball, meist auf der Spielmacherposition. Ein Angreifer, welcher sich auf der Flügelposition freistellt und ein Verteidiger, der versucht, dies zu verhindern. Der Angreifer soll den Ball auf der Flügelposition erhalten und dann gegen den Verteidiger 1 gegen 1 spielen. Der Verteidiger kann voll verteidigen und der Angreifer versucht, ihn richtig zu lesen. Nach fünf Angriffen rotieren (Passeur – Angreifer – Verteidiger). Nur drei Dribblings pro Ballbesitz und immer zu Ende spielen.	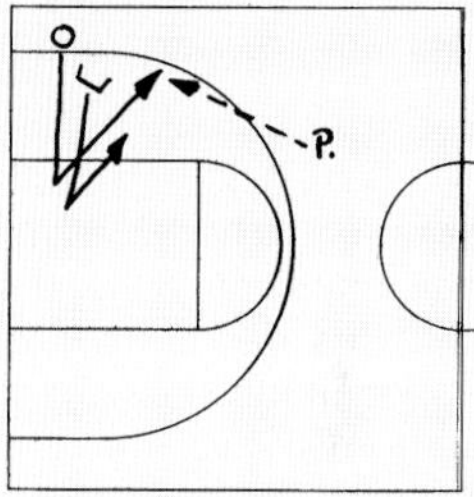
115	**1 gegen 1 read the Defense Total** Verteidiger richtig lesen (weit, nah oder optimal)	Gleiche Anordnung wie bei Nr. 114. Hier versucht der Verteidiger, eine der drei Möglichkeiten (weit, nah, optimal) möglichst klar zu zeigen (= zu verteidigen). Am Angreifer ist es nun, den Verteidiger richtig zu „lesen" und die richtige Entscheidung zu treffen. Deshalb nennt man Übungen dieser Art auch Entscheidungstraining. Mindestens 10 Wiederholungen bevor gewechselt wird. Nur drei Dribblings pro Ballbesitz und immer bis zu Ende spielen. • Hat der Angreifer eine gute Erfolgsquote, kann der Verteidiger immer stärker verteidigen.	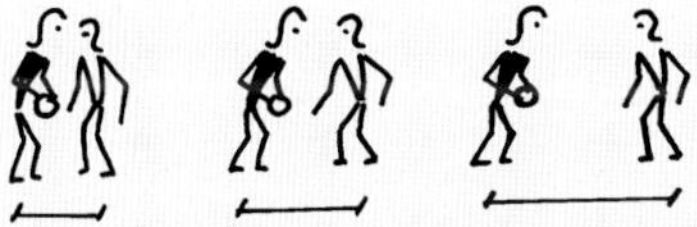
116	**1 gegen 1 mit Anspielstation** Verteidigung lesen und entscheiden; Wurf, Drive, Täuschung oder Pass	Ein Angreifer mit Ball spielt gegen einen Verteidiger, welcher „voll" verteidigt. Der Angreifer bekommt eine neue Variante dazu; nämlich eine Anspielstation. Wenn er das Gefühl hat, dass er sich nicht durchsetzen kann, darf er jederzeit einem Passeur den Ball zuspielen und sich wieder neu freilaufen. Das ermöglicht ihm, sich auf einer besseren Position freizulaufen oder den Verteidiger nochmals besser zu lesen. Schon hier kommen die taktischen Möglichkeiten wie das Backdoor oder das Give and Go dazu. Nach fünf Angriffen wird gewechselt: Anspielstation-Angreifer-Verteidiger. Der Angreifer bekommt pro Ballbesitz nur drei Dribblings. Immer zu Ende spielen: Korb, Ball im Out oder beim Verteidiger.	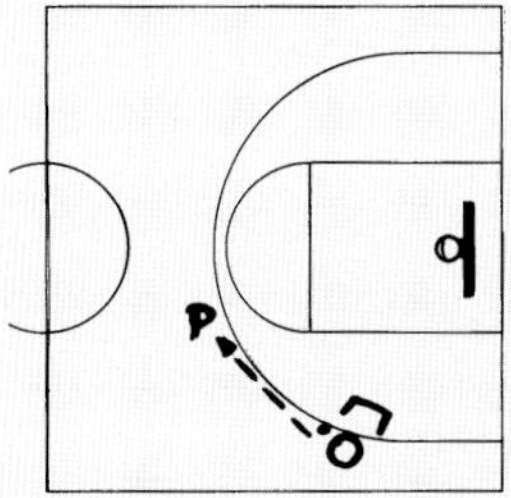

3.2.1.2 Entscheidungstraining des Innenspielers

Das 1 gegen 1 des Innenspielers

Ein wenig anders sind die Bewegungen, wenn man den Ball mit dem Rücken zum Korb erhält. Meistens geschieht dies in oder am Trapez. Wer hier den Ball bekommt, sollte immer den Abschluss suchen, denn näher beim Korb bekommt man den Ball selten. Einzig wenn man die Orientierung nicht hat oder zu viele Gegenspieler um sich herum stehen, dann sollte der Ball wieder aus dem Trapez herausgepasst werden. Allerdings muss dies mit einem sicheren Pass geschehen. Wenn dieser Pass nicht ankommt, dann ergibt dies oft einen schnellen Gegenangriff für den Gegner, worauf man meistens nicht vorbereitet ist.
Die Bewegungen müssen kräftig und trotzdem explosiv sein. Meist wird einmal, höchstens zweimal gedribbelt, um den Abschluss zu suchen. Auch beim 1 gegen 1 des Innenspielers soll der Verteidiger (und die Situation) gelesen werden und dementsprechend bestimmte Bewegungen folgen. Die Entscheidungen sehen dann folgendermaßen aus:

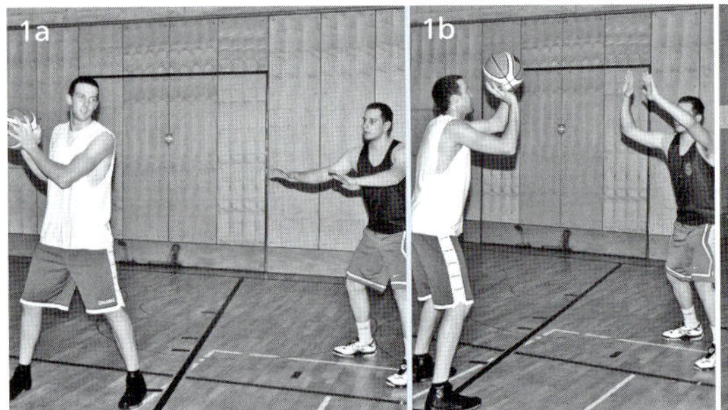

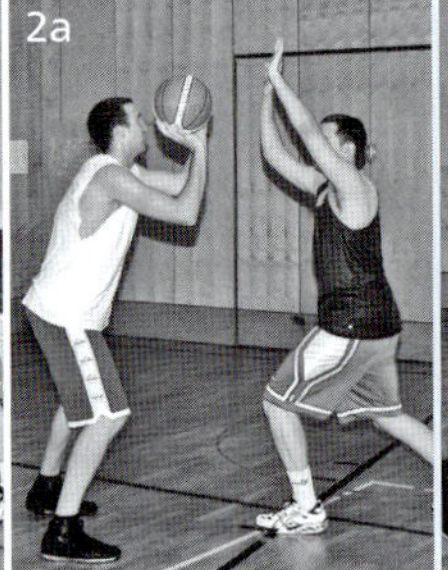

2b

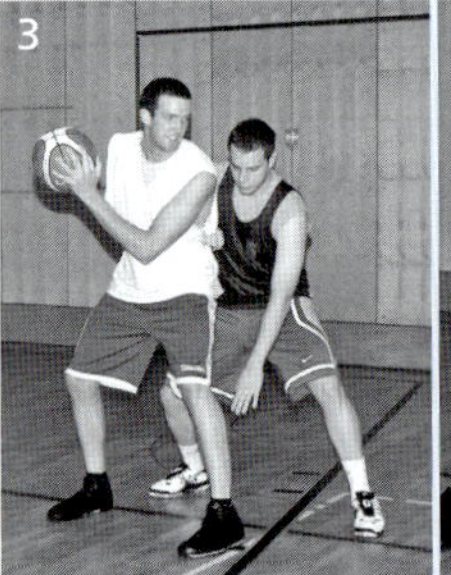

4

Verteidiger hat Abstand und ist hinten (1a) = Drehen (vom Verteidiger weg) und werfen (1b).

Verteidiger hat keinen Kontakt und kommt dann zum Angreifer, um den Wurf zu verhindern (2a) = Drehen und mit einem Kreuz-Start vorbei, ein Dribbling und Powermove in Richtung Grundlinie oder Baby-Hook Richtung Freiwurflinie je nach der Seite der Drehung (2b).

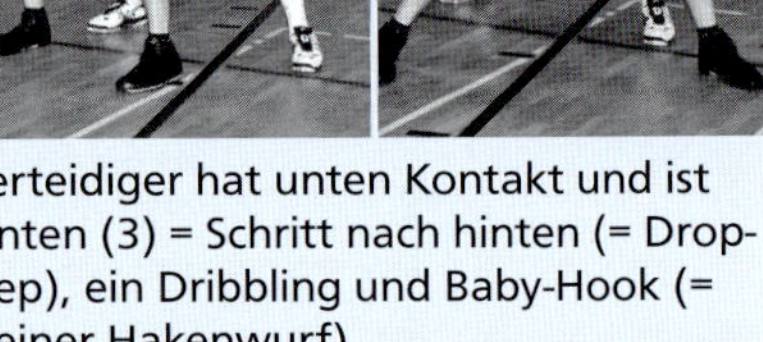

Verteidiger hat unten Kontakt und ist hinten (3) = Schritt nach hinten (= Dropstep), ein Dribbling und Baby-Hook (= kleiner Hakenwurf).
Verteidiger hat oben Kontakt und ist hinten (4) = Schritt nach hinten (= Dropstep), ein Dribbling und den Powermove (= Kraft-Korbleger).

Nr.	Name Ziele/Akzente	Idee/Beschreibung	Hinweise/Organisation
117	**1 gegen 0 Inside, Drive oder Wurf** Innenspieler-Bewegungen mit der korrekten Entscheidung kombinieren	Es liegen Reifen mit je einem Ball darin auf allen Midpost- und Highpost-Positionen. Zwischen den Reifen und den Körben stehen Malstäbe, entweder weit vom Reifen weg (unter dem Brett) oder ganz nah (am Reifen). Die Spieler laufen frei in der Halle herum und können jederzeit mit dem Rücken zum Korb in einen Reifen stehen und den Ball aufnehmen. Wenn der Malstab nahe beim Reifen liegt, bricht der Spieler mit einem großen Schritt nach hinten und einem gleichzeitigen Dribbling mit der korbentfernteren Hand durch und schließt ab. Ist der Malstab weiter entfernt (unter dem Korb), nimmt der Spieler den Ball auf Schulterhöhe in die Wurfauslage, dreht sich zum Korb und wirft. In beiden Fällen geht er in den Rebound und wirft nach bis er trifft. Dann legt er den Ball wieder zurück in den Reifen und läuft zu einem anderen Korb.	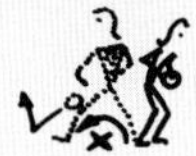 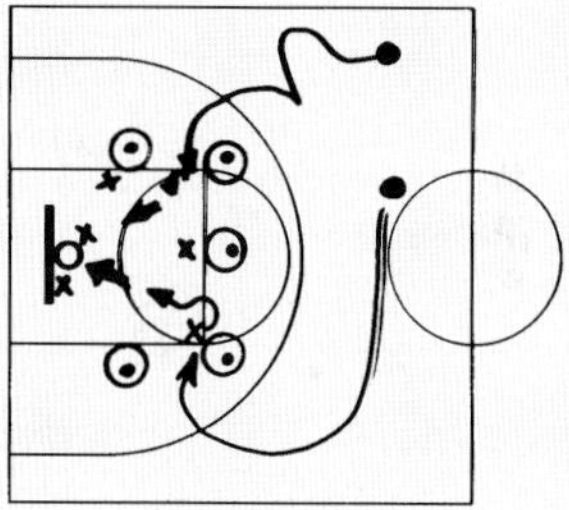
118	**1 gegen 0 Inside, Fake + Drive oder Wurf** Innenspieler-Bewegungen mit der korrekten Entscheidung kombinieren	Dieselbe Anordnung wie bei Nr. 117, aber die Malstäbe haben jetzt Abstände zum Reifen von entweder 1,5 m oder sie stehen unter dem Korb. Die Spieler laufen frei in der Halle herum und können jederzeit mit dem Rücken zum Korb in einen Reifen stehen und den Ball aufnehmen. Wenn der Malstab 1,5 Meter vom Reifen liegt, dreht sich der Spieler zum Korb, macht eine Wurftäuschung und bricht mit 1–2 Dribblings (mit der Außenhand) durch und schließt ab. Ist der Malstab weiter entfernt (unter dem Korb), dreht sich der Spieler (den Ball auf Schulterhöhe in die Wurfauslage) zum Korb und wirft. In beiden Fällen geht er in den Rebound und wirft nach bis er trifft. Dann legt er den Ball wieder zurück und läuft zu einem anderen Korb. • Bestimmte Wurftechniken verlangen (Powermove, Korbleger, Baby-Hook).	Tipps für den Unterricht: • Auf Schrittfehler achten, auch beim Rebounden. • Alle sind immer in Bewegung (aerobes Ausdauertraining)
119	**1 gegen 0 Inside, choose !** Eine der drei Abschluss-Varianten wählen	Dieselbe Anordnung wie bei Nr. 117, aber nun stehen zwischen jedem Reifen immer drei Malstäbe (hinter dem Korb, am Reifen und 1,5 Meter vom Reifen weg). Der Spieler wählt selber, auf welchen Malstab er sich konzentrieren will und schließt dementsprechend ab. • Bestimmte Wurftechniken verlangen.	Tipps für den Unterricht: • Alle sind immer in Bewegung (aerobes Ausdauertraining) • Stimmlich vorgeben, welche Variante gespielt werden soll (weit, optional, nah).

Nr.	Name Ziele/Akzente	Idee/Beschreibung	Hinweise/Organisation
120	**1 gegen 1 Innenspieler Combo** Verteidiger mit Täuschungen locken und vorbeigehen	Zu zweit mit einem Ball. Der Ballträger legt sich mit einem Eigenpass den Ball von unter dem Korb auf eine Innenposition vor. (A) Der Verteidiger steht hinter dem Angreifer in einem Abstand von etwa zwei Meter. Der Angreifer dreht sich mit einem Pivotschritt zum Korb und setzt zu einer Wurftäuschung an, um den Verteidiger heranzulocken. Der Verteidiger spielt mit und kommt näher. (B) Der Angreifer zieht dann mit einem Kreuzstart und einem Dribbling eng am Verteidiger vorbei zum Korb und schließt mit einem Powermove (wenn er zuerst nach oben pivotiert hat) oder mit einem Baby-Hook (wenn er zuerst nach unten pivotiert hat) ab. Mindestens 5 Wiederholungen bevor die Rollen getauscht werden.	B A
121	**1 gegen 1 Innenspieler Total** Verteidiger richtig lesen (weit, nah oder „combo")	Gleiche Anordnung wie bei der Übung Nr. 120. Hier versucht der Verteidiger nun, möglichst deutlich auf eine der drei Arten zu verteidigen (weit, nah oder zuerst weit und dann nah). Am Angreifer ist es nun, den Verteidiger richtig zu „lesen" und die entsprechende Entscheidung zu treffen. Deshalb nennt man Übungen in dieser Art auch Entscheidungstraining. Hat der Angreifer eine gute Erfolgsquote, kann der Verteidiger immer stärker verteidigen. 10 Wiederholungen bevor die Rollen gewechselt werden. • Alle Innenpositionen üben. • Nur drei Dribblings pro Ballbesitz.	Tipps für den Unterricht: • Fair spielen (Fouls) • Darauf achten, dass bis zum Korberfolg (oder Ballbesitz Verteidiger) gespielt wird.
122	**1 gegen 1 Innenspieler voll** Das Gelernte anwenden	Nun hält sich der Verteidiger nicht mehr zurück und verteidigt voll. Der Angreifer erhält 10 Angriffe, dann Rollenwechsel. Wer gewinnt die Duelle? Gespielt wird immer bis der Korb erzielt wird, der Ball im Aus ist oder der Verteidiger den Ball erobert hat. Wenn der Ball vom Verteidiger ins Aus gespielt wird, erhält der Angreifer noch mal einen Angriff. Begonnen wir auf der Midpost-Position. Maximal drei Dribblings. • Das Ganze von allen Innenspielerpositionen üben. • Immer zu Ende spielen. • Nur drei Dribblings pro Ballbesitz.	

Nr.	Name Ziele/Akzente	Idee/Beschreibung	Hinweise/Organisation
123	**1 gegen 1 Weit-Nah** Entscheidungstraining Lesen der Verteidigung (Wurf oder Durchbruch) im Rollenspiel	Zu zweit mit einem Ball. Beide Spieler sind unter dem Korb. Der Ballträger legt sich mit einem Eigenpass den Ball auf eine Innenposition (Mid- oder Highpost) vor. Der Verteidiger gibt dem Angreifer nun viel Abstand oder er steht so nah, dass er ihn berührt. Beim Kontakt steht der Verteidiger auf eine Seite. Der Angreifer geht bei dieser Berührung mit einem großen Schritt nach hinten und einem Dribbling mit der Außenhand zum Korb (wobei sich der Verteidiger „schlagen" lässt (Rollenspiel)). Er wählt dabei die Seite, die der Verteidiger nicht blockiert. Bei viel Abstand (mind. 2,5 m), dreht er sich um und wirft. Nach dem Abschluss geht der Angreifer in den Rebound und wirft nach bis er trifft. 10 Wiederholungen bis die Rollen getauscht werden. 1/2 Verteidiger weit = Drehen und Wurf 3/4 Verteidiger nah = Durchbruch mit einem Schritt nach hinten (= Dropstep)	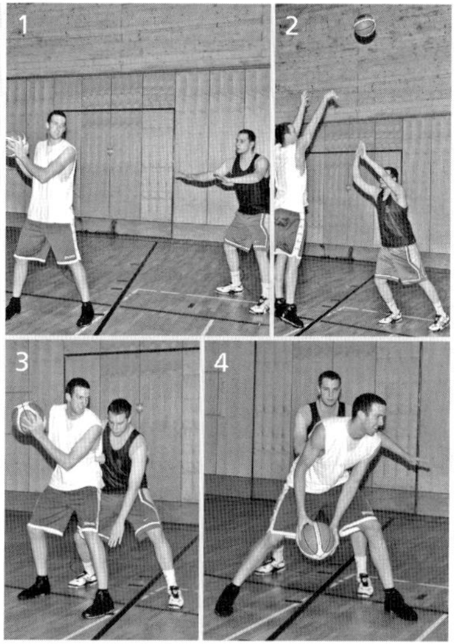 1 2 3 4
124	**1 gegen 1 Weit-Nah 50%** Rollenspiel – Aktiverer Verteidiger	Gleiche Anordnung wie bei Nr. 123. Nun wird der Verteidiger aktiver und versucht die Abschlüsse etwas zu behindern. Auch beim Rebound behindert er den Angreifer indem er ihn ausblockt und stört beim Nachwerfen. Nach 10 Wiederholungen wird gewechselt.	Tipps für den Unterricht: • Auf Fairplay achten (Fouls). • Rollenspiel einhalten. • Auf Schrittfehler achten.
125	**1 gegen 1 Weit-Nah Voll** Angriff gegen volle Verteidigung	Gleiche Anordnung wie bei Nr. 124. Die letzte Steigerung in dieser Form ist ein Verteidiger, der voll verteidigt. Er steht zwar immer noch weit oder nah, aber fintiert, wechselt im letzten Moment und versucht den Korb auch zu verhindern. Wenn er nah steht, versucht er, den Angreifer nicht mehr vorbei zu lassen und wenn er weit steht, versucht er, den Wurf noch zu stören und nachher auszublocken.	Tipps für den Unterricht: • Auf Fouls achten. • Auf Schrittfehler achten.

3

Nr.	Name Ziele/Akzente	Idee/Beschreibung	Hinweise/Organisation
126	**1 gegen 1 Innenspieler mit Passeur** Das Anspielen und 1 gegen 1 des Innenspielers	Der Passeur auf der Flügelposition. Der Angreifer, welcher sich am Trapezrand aufstellt und ein Verteidiger, der versucht, den Pass auf ihn zu verhindern. Der Angreifer soll in dieser Übung den Ball erhalten und dann gegen den Verteidiger 1 gegen 1 spielen. Nach fünf Angriffen rotieren (Passeur – Angreifer – Verteidiger) und neue Rollen einnehmen. • Auch der Passeur kriegt einen Verteidiger, der das Passen erschwert.	
127	**1 gegen 1 Innenspieler cut to the Ball** Den Schnitt zum Ball im Trapez und das Abschütteln des Verteidigers üben	Der Passeur auf der Flügelposition. Der Angreifer startet nun aber von der gegenüberliegenden Seite des Trapezes und schneidet auf die Ballseite. Der Verteidiger versucht, den Pass auf ihn zu verhindern. Wenn der Angreifer den Ball nicht im Trapez erhalten kann, stellt er sich auf der Midpost-Position auf und bekommt spätestens dort den Ball. Sobald er den Ball bekommt, spielt er das 1 gegen 1. Der Verteidiger dosiert und lässt immer wieder andere Anspiel- und Abschluss-Optionen zu. Nach fünf Angriffen rotieren (Passeur – Angreifer – Verteidiger) und neue Rollen einnehmen. • Auch der Passeur kriegt einen Verteidiger, der das Passen erschwert.	
128	**1 gegen 1 Innenspieler mit 2 Passeuren** Den Verteidiger mit gezielten Richtungsänderungen, Körpertäuschungen und Rhythmuswechsel überlisten	Zwei Passeure auf den beiden Flügelpositionen mit je einem Ball. Am Trapez ein Innenspieler und sein Verteidiger. Nun kann der Angreifer sich am und im Trapez bewegen wie er will. Er kann schneiden oder sich auf Midpost- oder Highpost-Positionen aufstellen. Sobald er den Ball verlangt, versucht der nähere Passeur ihn anzuspielen. Wenn er den Ball bekommt, kann er das 1 gegen 1 spielen oder den Ball wieder rauspassen. Bedingung ist, dass der Innenspieler sich nur am oder im Trapez aufhält. Nach einer Anzahl Pässe oder einer bestimmten Zeitdauer wechseln. Zu beachten ist die 3-Sekunden-Regel. • Die Passeure können auch Verteidiger bekommen, welche den Pass erschweren sollen. Dann kann mit dieser Anordnung auch 3 gegen 3 gespielt werden. • Das Ganze kann auch mit zwei Innenspielern gespielt werden.	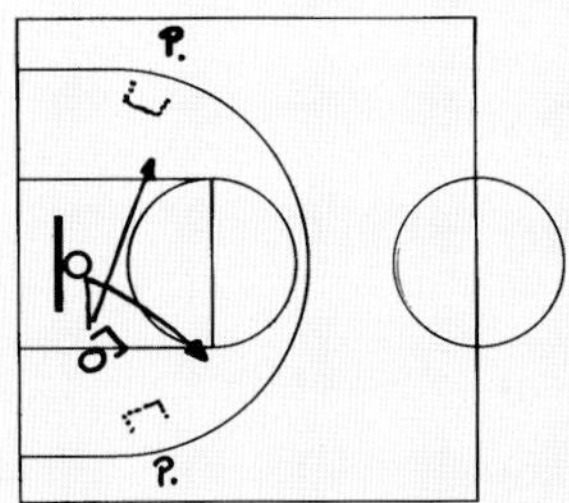

Ein wichtiges Element beim 1 gegen 1, ja grundsätzlich im Spiel, ist die Ballannahme. Wie man nach dem Erhalt des Balles stoppt ist auch die Basis, wie man danach wieder starten kann. Auf das Freilaufen und Passen gehen wir im Kapitel Freilaufen und Passen (3.3.2) ein.

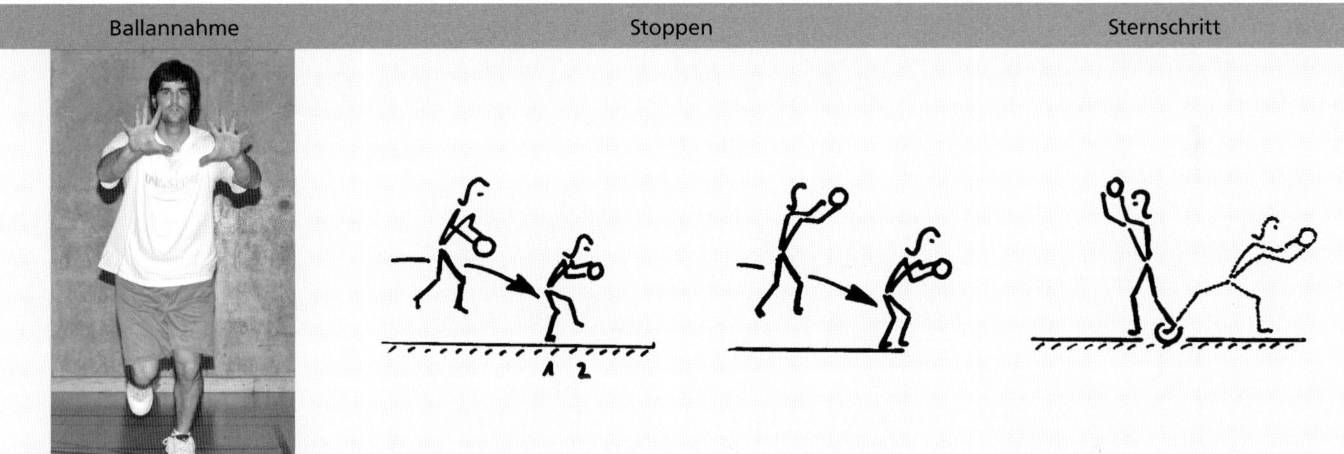

Hier nur das Wichtigste zur Passannahme. Es gibt einige Gründe, die Hände zu zeigen, wenn man den Ball erhalten möchte. Erstens bereitet man seinen Körper (Vorspannung) auf den Pass vor. Zweitens zeigt man damit dem Ballträger, dass man den Ball möchte. Ferner zeigt man ihm, wo (als Zielhilfe) und wann man ihn möchte. Und nicht zu vergessen ist, dass das Anzeigen das Fangen des Balles erleichtert.

Beim Stoppen mit dem Ball hat man ein Ziel und zwei Möglichkeiten. Ziel ist es, sich nach Erhalt des Balles möglichst schnell frontal zum Korb auszurichten.
Gestoppt werden kann mit einem **Schrittstopp** (Skizze links) oder einem Sprungstopp (Skizze rechts). Der Schrittstopp ist etwas einfacher auszuführen, aber das Standbein ist dann gegeben. Man kann mit dem linken Fuß zuerst aufsetzen und dann den rechten Fuß vor den linken setzen oder umgekehrt.
Beim koordinativ anspruchsvolleren **Sprungstopp** (Skizze rechts) stoppt man gleichzeitig auf beiden Füßen und kann das Standbein für einen allfälligen Sternschritt frei wählen.

Die Schrittregel besagt, dass zwei Bodenkontakte erlaubt sind (ohne zu dribbeln), wobei der zweite beliebig korrigiert werden darf (= Sternschritt).
Mit dem Sternschritt hat man ein wirksames Mittel, um sich bei aggressiver Verteidigung etwas Raum zu verschaffen. Wichtig ist dabei, dass man den Ball schützt, indem man ihn jeweils von der Gefahrenzone wegbewegt.

Gestartet werden kann auf zwei Arten; entweder mit dem Kreuzstart oder mit dem offenen Start.

Kreuzstart	Offener Start
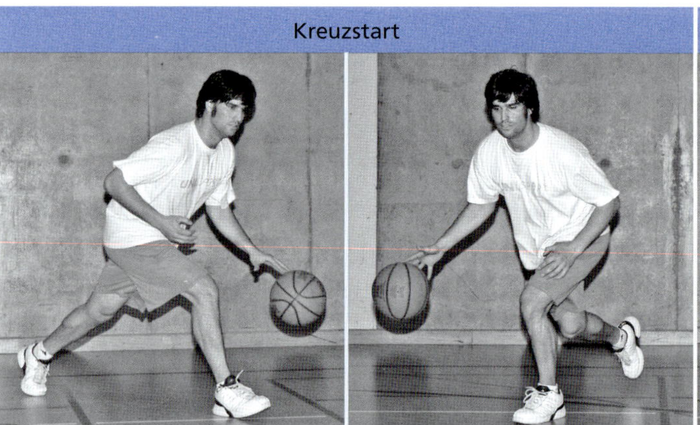	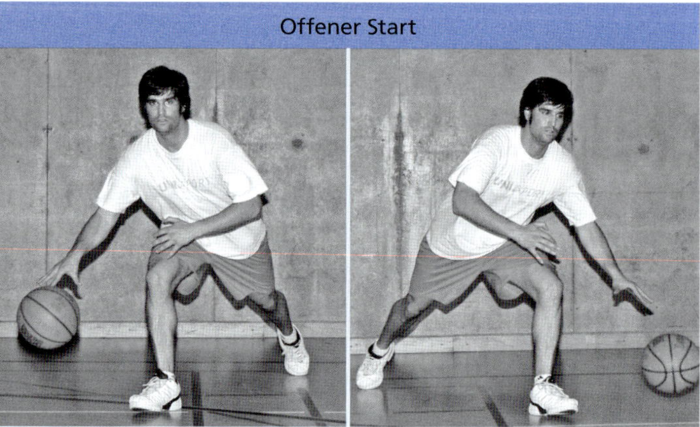
Wie es der Name sagt, startet man beim **Kreuzstart** mit den Füßen leicht übers Kreuz, wodurch der Ball mit dem Körper geschützt werden kann. Es ist der sicherere Start für den Einsteiger, weil damit der erste Schritt besser betont wird, was zu weniger Schrittfehlern führt.	Beim **offenen Start** ist der erste Schritt im Passgang oder eben offen. Dieser Start ist etwas schneller, aber koordinativ gesehen anspruchsvoller. Der Ball ist nicht geschützt und oft dribbelt sich der Einsteiger auf den Fuß oder begeht Schrittfehler.

Nr.	Name Ziele/Akzente	Idee/Beschreibung	Hinweise/Organisation
129	**Rhythmuswechsel** Schrittstopp vorbereiten	Freies Nachstellschritthüpfen (ohne Ball), abruptes Stoppen in Vorschrittstellung – Weiterlaufen mit Nachstellschritthüpfen. • Auf Pfiff stoppen alle gleichzeitig. • Auf Pfiff stoppen alle und bewegen sich nicht mehr.	Tipps für den Unterricht: • Auf Schrittfehler achten und kommentieren. • Auf gebeugte Knie achten. • Auf Beinwechsel hinweisen.
130	**Stopp und Stern** Sprungstopp üben	Freies Laufen (ohne Ball), dazwischen von einem Bein abspringen, mit Sprungstopp landen. ½ Drehung auf einem Bein, weiter laufen. • Auf Pfiff stoppen alle gleichzeitig. • Auf Pfiff stoppen alle und bewegen sich nicht mehr.	Tipps für den Unterricht: • Flache Sprünge und schnelle Landungen verlangen. • Gleichgewicht bei der Drehung. • Bewusstes Wiederloslaufen.
131	**Wand ab** Kombinieren von Dribbeln und Sprungstopp	Den Ball dribbeln, dazwischen an die Wand passen, den Ball wieder annehmen mit Sprungstopp und weiterdribbeln. • Mit Schrittstopp landen (ein Bein nach dem anderen).	
132	**Rebound & Go** Rebound-Vorübung und Sprungstopp mit Dribbling üben	Den Ball (hoch) gegen die Wand passen und sich so bewegen, dass der Ball wieder in der Luft angenommen werden kann und beidbeinig landen. Mehrere Sternschritte ausführen, korrekt weiter mit Dribbling. • Im Schrittstopp landen.	
133	**1 gegen Kasten** Kombinieren von Stoppen, Sternschritt und Start (Durchbruch)	Ball vorlegen vor einen Kasten. Ballannahme mit Sprungstopp vor dem Kasten. Sternschritt links und Durchbruch (sauber starten!) überkreuz am Kasten vorbei zum Korb ziehen. • Sternschritt rechts und Durchbruch überkreuz links am Kasten vorbei (Achtung: linke Hand dribbelt den Ball!) • Nach dem Durchbruch mit Korbwurf (Sprungwurf oder Korbleger) abschließen.	

Nr.	Name Ziele/Akzente	Idee/Beschreibung	Hinweise/Organisation
134	**Get open** Freilaufen und Passen	Der ballbesitzende Spieler steht mit einem Bein im Reifen und versucht mittels Sternschritt, B einen Pass zu geben. B' versucht dies mittels enger Manndeckung zu verhindern. B muss sich vom Verteidiger lösen. Nach jedem erfolgreichen Pass spielt B den Ball zum Spieler im Reifen zurück, wobei B' ihn dabei behindern darf. Nach drei erfolgreichen Pässen dribbelt B zum Reifen, A wird Verteidiger von B' usw. Raum für B begrenzen, sonst bewegt er sich in der ganzen Halle. • Der Verteidiger hält einen oder beide Arme auf dem Rücken. • Die Position des Ballbesitzers/Zuspielers wird nicht mehr durch einen Reifen markiert, sondern darf frei gewählt werden.	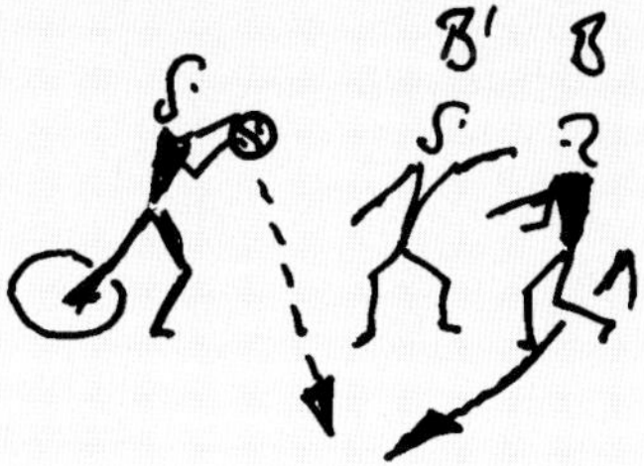 B' B
135	**Passen zu dritt** Sich orientieren und koordinieren mit Passen und Abschließen	Zu dritt einen Ball und alle bewegen sich frei in der Halle. Bei den Körben sind die Spielpositionen mit Bodenmarkierungen gekennzeichnet. Die drei Spieler bewegen sich nur mit Pässen und Laufen fort. Sobald einer der Spieler auf einer Markierung steht und den Ball bekommt, orientiert er sich mit einem Sternschritt zum Korb, und seine Mitspieler schneiden zum Korb, ohne sich gegenseitig zu behindern. Wer den Pass bekommt, schließt ab. Die anderen beiden Spieler gehen in den Rebound und werfen nach, bis man mindestens einen Treffer erzielt hat. Dann orientiert sich das Team zu einem anderen Korb. • Der Spieler auf der Spielposition geht mit einem Kreuzstart zum Korb und schließt ab. • Alle Spieler begeben sich auf Spielpositionen und nach drei Pässen wird abgeschlossen, wobei jeder Spieler mehrere Sternschritte ausführt, bevor der Ball weitergepasst wird.	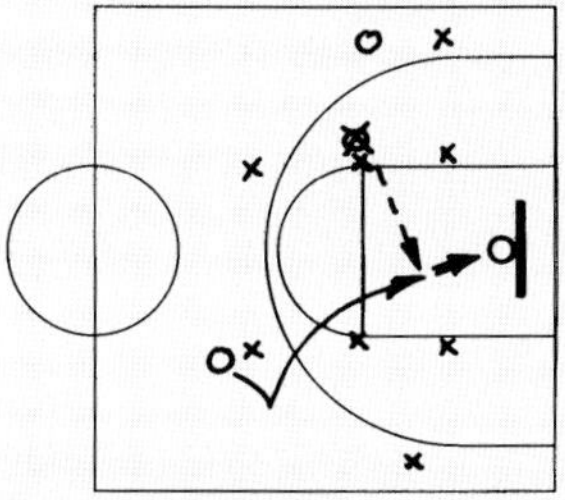
136	**Ball schützen** Sternschritt unter Druck anwenden	A schützt den Ball mittels Sternschritten. B versucht, den Ball zu berühren. Bei einer Berührung, erfolgt Rollenwechsel. Auf Fouls achten. • Auf einer Spielposition üben und zum Korb gehen können, wenn man 3 Sternschritte ausgeführt hat.	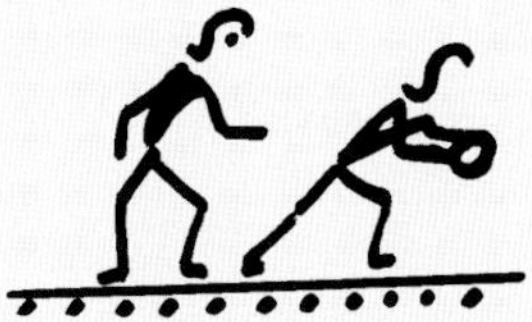

Nr.	Name Ziele/Akzente	Idee/Beschreibung	Hinweise/Organisation
137	**1 gegen 2 Sternschritt** Den Ball gegen zwei Spieler schützen lernen	Ein Spieler steht auf einer Spielposition und schützt seinen Ball gegen zwei Verteidiger. Dazu benutzt er Sternschritte und bewegt zusätzlich auch den Ball. Nach frühestens 3 Sternschritten darf er zum Korb durchbrechen um abzuschließen. Nach drei Wiederholungen erfolgt ein Rollenwechsel. Foulregel einhalten (keine Berührung des Ball-Trägers)!	
138	**1 gegen 0 aus Eigenpass** Ballannahme, Stopp, Sternschritt und Start aus dem Eigenpass üben	Jeder hat einen Ball. In der Halle sind bei den Körben die Spielpositionen mit Malstäben markiert. Die Malstäbe stellen aber die Verteidiger dar, sind deshalb 1 Meter näher zum Korb platziert. Die Spieler dribbeln frei in der Halle herum. Wenn sie zu einer Spielposition kommen, legen sie sich den Ball mit einem Eigenpass hinter einen Malstab vor und stoppen mit einem Sprungstopp (wobei sie sich gleich zum Korb orientieren). Dann führen sie zwei bis vier Sternschritte aus, um dann mit einem Kreuzschritt am Malstab vorbeizudribbeln und abzuschließen. Nachwerfen, bis man trifft und einen neuen Korb suchen. Darauf achten, dass der Eigenpass so gewählt wird, dass er dem Pass im Spiel entspricht (von der Passrichtung).	
139	**Halber Spiegel 1 gegen 0** Ballannahme, stoppen, Orientierung zum Korb, Start und Abschluss kombinieren	Eine Kolonne steht auf der Spielmacherposition. Die drei ersten Spieler haben einen Ball. Die andere Kolonne befindet sich etwas tiefer als die Flügelposition auf der gleichen Feldhälfte, und diese Spieler haben keine Bälle. Der erste dieser Reihe läuft sich frei (mit der verlangten Technik) und bekommt den Ball auf der Flügelposition. Dort können nun Sternschritte, Starts und Abschlüsse geübt werden. Der Passeur aus der oberen Kolonne geht nach seinem Zuspiel in die Flügelkolonne und der Angreifer holt seinen Ball, passt ihn in die Spielmacherkolonne und schließt auch dort an. Seitenwechsel nicht vergessen. In dieser Form können pro Korb gut 12 Spieler üben.	

3

Bei den Täuschungen ist das Entscheidende, dass der Getäuschte darauf reinfällt. Das heißt, dass Täuschungen zwar alleine geübt werden können, aber schließlich immer erst das Spiel zeigen wird, ob sie auch effektiv sind. Das Rollenspiel, bei dem das Gegenüber absichtlich auf die Täuschungen reinfällt, ist eine hilfreiche Zwischenstufe für beide Beteiligten. Obwohl es auch in der Verteidigung Täuschungen (Körpertäuschungen) gibt, konzentrieren wir uns hier auf die Täuschungen im Angriff. Im 1 gegen 1 wird vor allem auf die möglichen Täuschungen des Ballträgers eingegangen.
Die Täuschungen während des Dribbelns beschränken sich auf Körpertäuschungen, mit denen Tempo oder Richtungswechsel vorgetäuscht werden. Dazu kommen aber während des Dribblings die Handwechsel. Oft werden diese angetäuscht oder mit Körpertäuschungen kombiniert, was es für den Verteidiger wieder schwer macht, richtig zu reagieren. Diese Täuschungen sind aber nicht einfach auszuführen, weil man den Ball dafür sehr gut beherrschen muss. Auch aus diesem Grund ist es für die Einsteiger hilfreich, wenn sie bei Ballerhalt nicht gleich zu dribbeln beginnen. Nach dem Dribbling können immer wieder Wurf- und Passtäuschungen ausgeführt werden.

Wurftäuschung	Durchbruchtäuschung	Passtäuschung
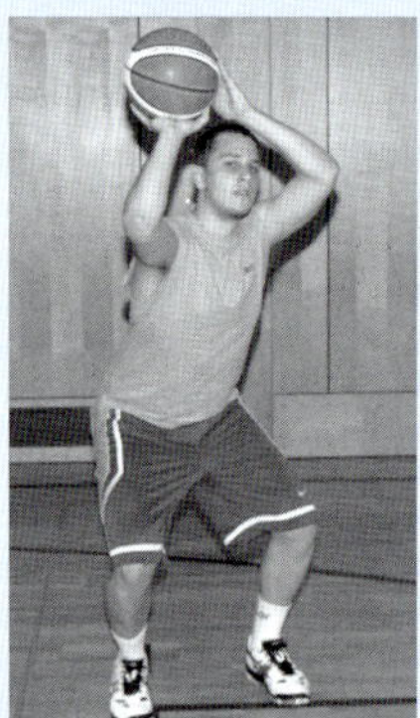	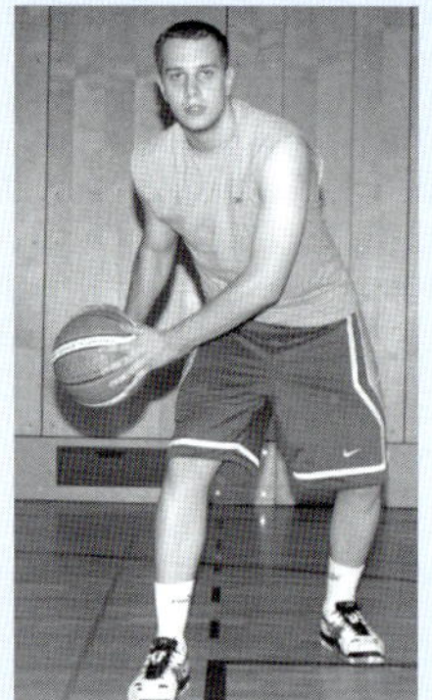	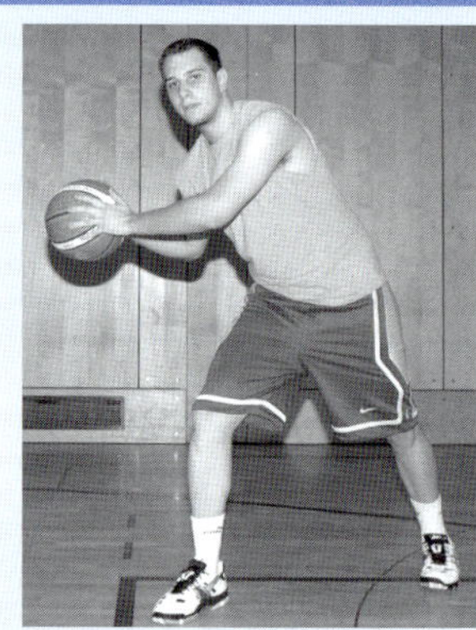
Zuerst die Täuschungen vor dem Dribbling. Die wichtigste Täuschung ist wohl die **Wurftäuschung**. Sie verfolgt das Ziel, den Verteidiger heranzulocken und aus seinem Gleichgewicht zu bringen, damit man an ihm vorbeiziehen kann.	Weiter versucht man mit der **Durchbruchtäuschung** (auch Dribblingstäuschung) auf eine Seite (ein kleiner offener Schritt) den Verteidiger aus seinem Gleichgewicht und auf diese Seite zu bringen, um dann mit einem Kreuzstart auf der anderen Seite vorbeizuziehen. Schließlich kann man sich mit einer Durchbruchtäuschung etwas Luft verschaffen, wenn der Verteidiger sehr aggressiv (= nahe) verteidigt, denn im Normalfall weicht er dann zurück.	Mit der **Passtäuschung** (auf eine Seite) versucht man das Gleiche wie mit der Durchbruchtäuschung.

Nr.	Name Ziele/Akzente	Idee/Beschreibung	Hinweise/Organisation
140	**Hindernisgarten** Verbinden der Täuschungen mit Wurf	Verschiedenste Hindernisse sind in der Halle aufgestellt oder ausgelegt (hochgestellte Matte in Korbnähe, Reifen, Kästen, Markierungsstäbe). Die Spielenden bewegen sich frei dribbelnd in der Halle. Bei Gelegenheit: Pass an den Kasten oder Eigenpass vor einem Hindernis, Sprungstopp, Täuschung und Durchbruch. Falls der Kasten in Korbnähe steht, Korbwurf.	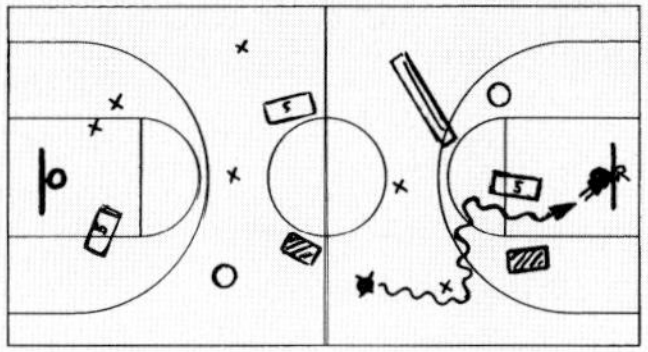
141	**Körpertäuschungen** Verteidiger mit Körpertäuschungen überlisten	Ein Spieler hat zwei Bodenmarkierungen in etwa 1 Meter Abstand zu bewachen. Der angreifende Spieler versucht mit Körpertäuschungen, einen der beiden Markierungen zu berühren. Spieler 1 versucht durch Seitwärtsverschiebungen, immer zwischen Spieler 2 und der Markierung zu sein. Vorher dort sein, und dies unter Einhaltung der Foulregel. Abstand der Markierungen variieren.	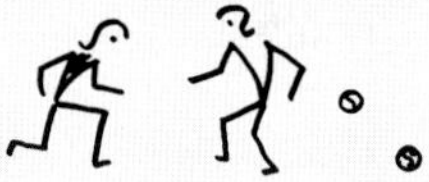
142	**Wurftäuschung und Drive zu zweit** Wurftäuschung und Durchbruch nach Pass üben	Reifen sind ca. 5 m von der Wand oder vom Korb entfernt ausgelegt. A täuscht vor dem Reifen stehend einen Sprungwurf an (ohne die Füße vom Boden zu lösen), bricht am Reifen durch und wirft. Er folgt dem Ball, holt den Rebound, passt zu B und läuft auf dessen Position, während B die Übung ausführt.	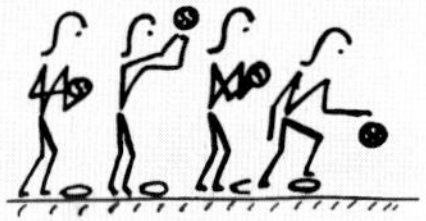
143	**Reifenwanderung** Wurftäuschung und Durchbruch alleine üben	Reifen sind ca. 5 m von der Wand/vom Korb entfernt ausgelegt. Der Spieler dribbelt auf den Reifen zu, spielt den Ball mit Überkopfpass an die Wand, fängt ihn mit Sprungstopp knapp vor dem Reifen, macht eine Wurftäuschung und bricht am Reifen vorbei zum Korbwurf. Dann holt er sofort den Rebound und dribbelt zu einem Reifen an einer anderen Wand.	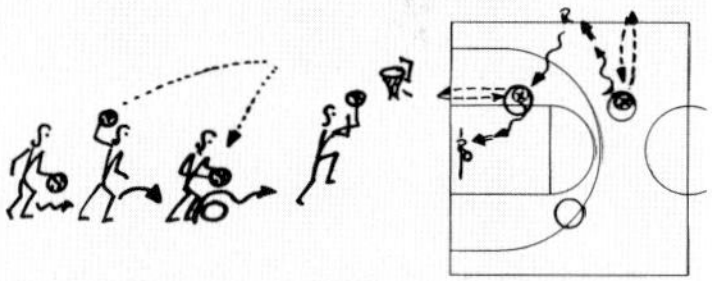
144	**Wurfmaschine** Wurftäuschung und Durchbruch zu viert üben	Zu zweit beim Korb: Zwei Malstäbe ca. 5 m vom Korb entfernt, rechts vom Trapez. A und B stehen hinter den Malstäben, C und D auf gleicher Höhe, aber links vom Trapez. A täuscht einen Wurf an, bricht zum Korb durch und wirft, C holt den Rebound, wirft in jedem Fall nach, geht hinter die Grundlinie, spielt den Ball zu B und läuft auf dessen Position. Währenddessen hat sich A hinter D gestellt, der den von B geworfenen Ball geholt hat und zu C spielt, usw.	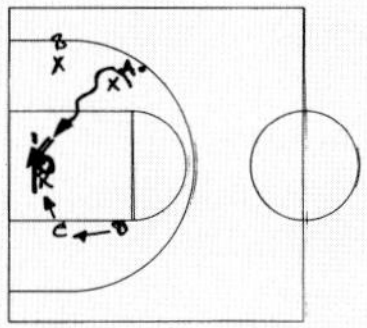

3

Nr.	Name Ziele/Akzente	Idee/Beschreibung	Hinweise/Organisation
145	**Wurftäuschung und Sprungwurf alleine** Wurftäuschungen und dabei das Gleichgewicht halten üben	Reifen ca. 4 m von der Wand entfernt. In einen Reifen stehen, Wurftäuschung mit anschließendem Sprungwurf gegen die Wand und Landung im Reifen! • Wurftäuschung durch Hochführen des Balles bis Kopfhöhe und Tiefgehen unterstützen, dann sofort beidbeiniger Absprung mit Wurf. Nach dem Wurf holt der Spieler den Rebound und dribbelt zur Ausgangsposition zurück. • Spieler dribbeln nach dem Rebound zu einem Reifen auf der anderen Hallenseite.	
146	**Wurftäuschung mit Ringhilfe und Sprungwurf zu zweit** Wurftäuschungen mit der notwendigen Körperspannung üben	Zu zweit: Schaukelringe auf Kopfhöhe fixiert. A und B stehen sich gegenüber, die Schaukelringe dazwischen. A dribbelt zu den Ringen, täuscht einen Wurf an und berührt dabei mit dem Ball einen Ring; Ausholbewegung und Sprungwurf zwischen den hängenden Seilen hindurch, B fängt den Ball, dribbelt auf die Schaukelringe zu, während A zurückweicht, und führt die Übung analog A weiter.	
147	**Dribbeltäuschung und Wurf** Dribbeltäuschung und schneller Wurf daraus üben, was Körperspannung und Gleichgewicht braucht!	Reifen ca. 3 m von der Wand oder vom Korb entfernt ausgelegt. Ein Spieler mit Ball steht in Parallelstellung im Reifen. Schneller Sternschritt nach vorn (aus dem Reifen), zurück in die Ausgangsstellung und sofort Sprungwurf. Rebound und nachwerfen bis zum Korberfolg. (Achtung: Beim 1. Wurf kein Verlassen des Reifens!)	

Nr.	Name Ziele/Akzente	Idee/Beschreibung	Hinweise/Organisation
148	**Reifen-Angriff** Körpertäuschungen vor und während des Dribblings	Ein Spieler verteidigt zwei auf gleicher Höhe in einem Abstand von 3–4 Metern liegende Reifen. Der jeweilige Angreifer versucht, durch geschicktes Dribbling und Täuschen, den Ball in einen der beiden Reifen zu legen (nicht werfen). • Ein Spieler hat 2 Reifen zu verteidigen. Feldgröße: 3–4 x 6–8 m. • 2 gegen 2, 3 gegen 3, wobei der Ball auf eine bestimmte Linie gelegt werden muss.	
149	**Über die Freiwurflinie 1 gegen 1** Körpertäuschungen während des Dribblings anwenden	Ein Verteidiger steht am Trapez und verteidigt die Feiwurflinie. Der erste Angreifer einer Fünfergruppe versucht, dribbelnd über die Freiwurflinie am Verteidiger vorbeizukommen und für den Abschluss zum Korb zu ziehen. Ist der Weg versperrt, entfernt sich der Angreifer mit Hilfe von Rückzugsdribblings, um dann erneut den Verteidiger anzugreifen. Der Verteidiger bleibt 10-mal und lässt sich dann auswechseln. • Solange die Angreifer erfolgreich sind, bleibt der Verteidiger.	
150	**Dribbel-Fight 1 gegen 1 nebeneinander** Körpertäuschungen während des Dribblings üben	2 Verteidiger stehen vor dem Trapez. 2 Spieler dribbeln von der Mittellinie her Richtung Korb (jeder hat einen Ball) und versuchen, durch geschicktes Dribbling und Täuschen an den Verteidigern vorbei zu kommen und zu werfen. Die Verteidiger holen die Bälle, die Angreifer werden zu Verteidigern und stellen sich vor dem Trapez auf. Es folgt die nächste 2er-Gruppe.	

Nr.	Name Ziele/Akzente	Idee/Beschreibung	Hinweise/Organisation
151	**Rollenspiel Sprungwurftäuschung** Wurftäuschung und Reagieren auf den Verteidiger	Zu zweit beim Korb: A ist Angreifer, B ist Dummy defense. A täuscht einen Wurf an, B springt hoch oder bleibt stehen. A entscheidet gemäß dem Verhalten des Verteidigers über seine Aktion: Wenn B hochspringt, warten und Sprungwurf, wenn er stehen bleibt, drive. A holt den Rebound und passt zu B. Dann erfolgt Rollenwechsel.	
152	**1 gegen 1 Optimal** Täuschen und zum Korb ziehen	Zu zweit mit einem Ball. Der Ballträger legt sich mit einem Eigenpass den Ball auf eine Außenposition vor. Der Verteidiger steht dem Angreifer nun in einem optimalen Abstand (etwa eine Armlänge) gegenüber. Der Angreifer kann weder ungehindert werfen, noch mit dem ersten Schritt am Verteidiger vorbeiziehen. Jetzt braucht es eine Angriffs-Täuschung. Der Angreifer führt eine Wurf- oder Dribbeltäuschung aus, der Verteidiger fällt auf die Täuschung herein und lässt sich dann schlagen. Der Angreifer zieht eng (Schulter des Verteidigers berühren) vorbei zum Korb und schließt ab. Mindestens 5 Wiederholungen bevor die Rollen getauscht werden. • Der Verteidiger fällt nur dann auf die Täuschung hinein, wenn diese korrekt ausgeführt ist. Wenn nicht, dann „coached“ er den Angreifer, damit sich dieser verbessern kann. Er teilt dem Angreifer mit, wenn dieser eine unglaubwürdige Täuschung macht.	
153	**1 gegen 1 Täusche und Reagiere** mit Täuschungen den Verteidiger überlisten	Die gleiche Anordnung, doch nun reagiert der Verteidiger wie er möchte. Das eine Mal reagiert er auf die Täuschungen, das andere Mal nicht. Der Angreifer muss deshalb auch bereit sein, eine neue Lösung zu suchen, wenn der Verteidiger nicht so reagiert, wie er es möchte. So etwa zwei oder sogar drei Täuschungen hintereinander. Oder nach der Täuschung werfen, weil der Verteidiger nicht näher kommt. Damit muss der Angreifer kreativ werden. Nach 5–10 Wiederholungen erfolgt der Rollentausch.	Ziel ist es, den Verteidiger richtig zu lesen, was Reagieren bedeutet. Ziel ist es aber auch, ihn auszutricksen, was Agieren bedeutet. Bei korrekten Täuschungen fällt der Verteidiger darauf rein, weil er immer noch im Rollenspiel ist.

Von den drei Grundelementen im Angriff sind Werfen und Passen wichtiger als Dribbeln, denn ohne Passen und ohne Werfen können keine Körbe erzielt werden, ohne Dribblings schon. Beobachtet man aber Basketball-Trainings und Unterricht, wird das Dribbling wohl am häufigsten trainiert. Das führt oft dazu, dass das Dribbling im Spiel falsch eingesetzt oder schlicht gesagt übertrieben wird. Gefördert wird diese Tendenz von den unzähligen „And1"-Filmen, in denen ballverliebte Streetball-Spieler mit endlosen Dribbling-Sequenzen ihre Gegner schwindelig spielen. Dies hat aber mehr mit Kunststücken zu tun als mit dem Basketball-Spiel. Das kann zwar als Thema „Dribbelkür" durchaus in den Unterricht einfließen, etwa als Hausaufgabe, sollte aber im Erlernen des Spiels nicht zu dominant werden.
Dazu kommt, dass der Basketball-Einsteiger sich mit dem Dribbling oft überfordert, da er noch nicht den Blick vom Ball lösen kann. Folglich macht es in dieser Phase Sinn, das Dribbling wirklich nur dann einzusetzen, wenn es dem Spieler hilft (und nicht, wenn es ihn oder das Spiel behindert).

Im Folgenden werden die Hauptzwecke des Dribblings im Basketballspiel erläutert.

Das Dribbling macht Sinn, wenn man:
- am Verteidiger vorbeiziehen kann und den Abschluss sucht,
- am Verteidiger vorbeiziehen kann und den Abschluss sucht oder auf einen noch besser positionierten Spieler passen kann,
- der vorderste Spieler im Gegenangriff ist,
- den Passwinkel verbessern will,
- das Spiel mit einem Seitenwechsel verlagern will und man zu keinem zweiten Spielmacher passen kann (also wenn man eigentlich wieder einen guten Passwinkel sucht).

Die Technik-Merkmale des Dribblings sind:
- den Ball lange und weich mit der Hand begleiten,
- den Ball drücken und nicht schlagen,
- den Ball neben dem Körper und nicht vor dem Körper dribbeln,
- den Ball möglichst tief und nicht über Hüfthöhe dribbeln,
- den anderen Arm zum Schutz des Balles brauchen,
- den Blick vom Ball lösen,
- die normale Lauftechnik (und keine Nachstell-Schritte) während des Dribblings anwenden.

In diesem Kapitel werden Übungen und Spielformen vorgestellt, welche „das sinnvolle Dribbling" fördern. Daneben ist es trotzdem sinnvoll, die Spielfähigkeit am und mit dem Ball zu fördern. Dies sollte aber nicht mit dem Spielen vermischt werden, vor allem nicht beim Einsteiger. Deshalb haben wir dazu Anregungen im speziellen Abschnitt „Stark am Ball" zusammengestellt (Kapitel 3.6). Dort finden sich Übungen und Spielformen, welche das Behandeln des Balles (Ball-Handling) verbessern.

Ein wichtiger Aspekt beim Dribbling ist der Handwechsel. Es gibt deren vier: Für den Einsteiger eignet sich hauptsächlich der Handwechsel vor dem Körper.

1. Handwechsel vorne

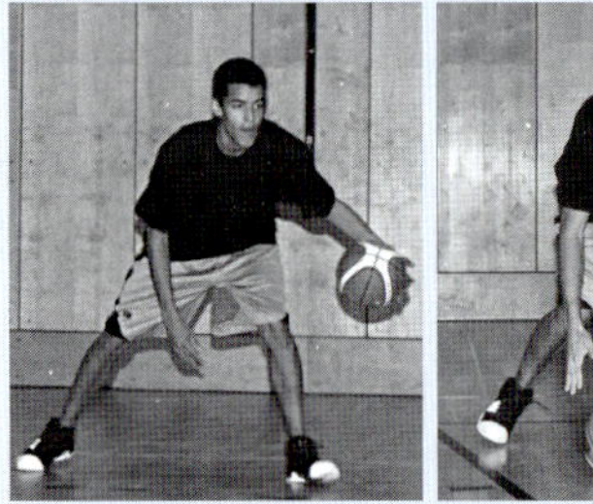
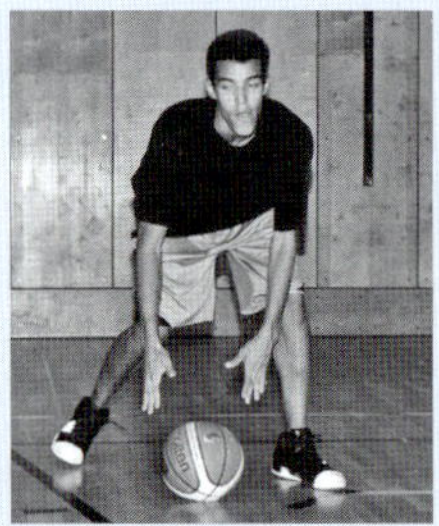
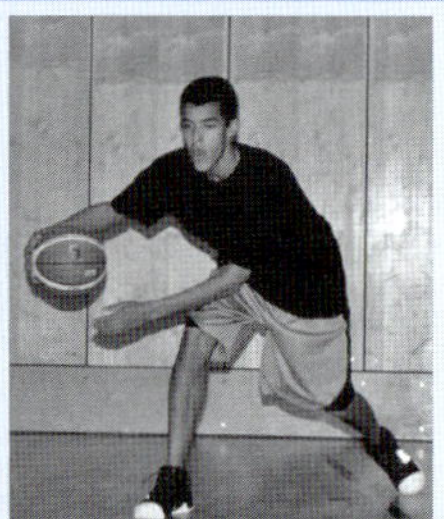

2. Handwechsel hinter dem Rücken

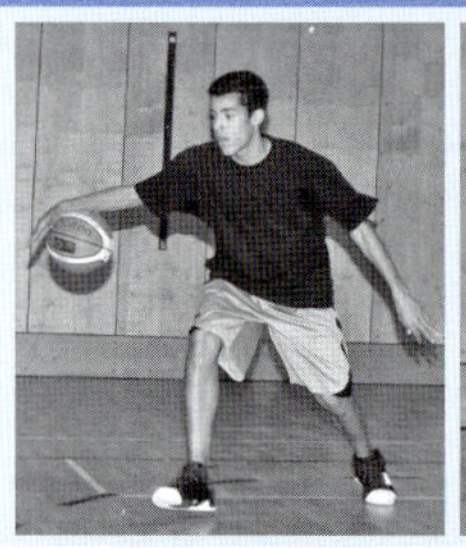
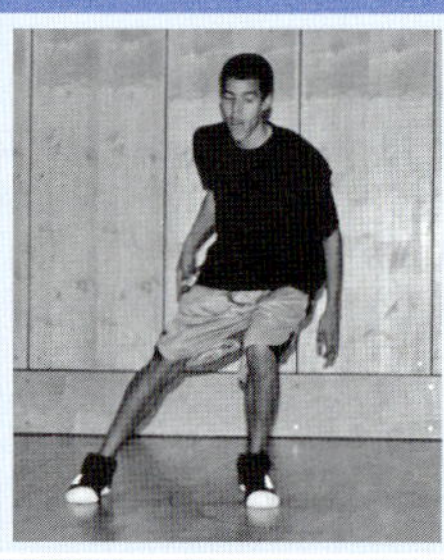
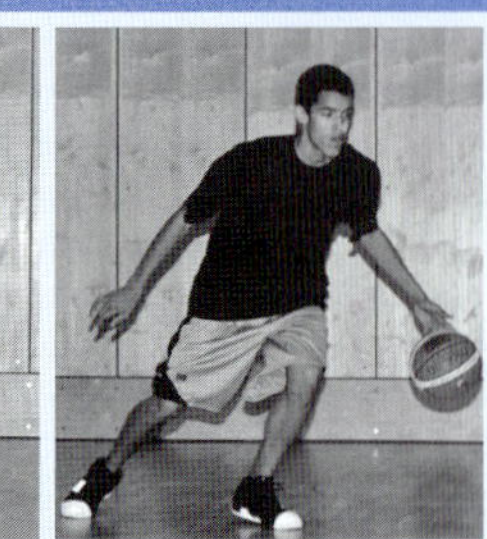

3. Handwechsel zwischen den Beinen

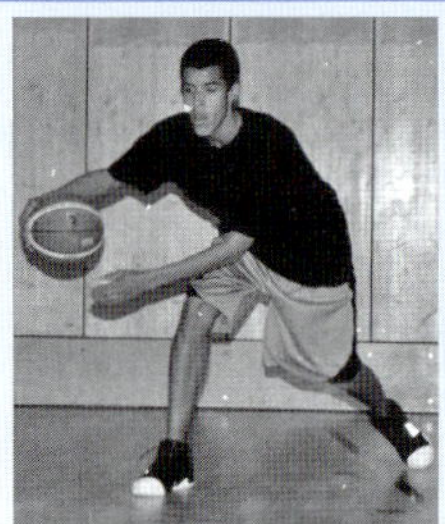
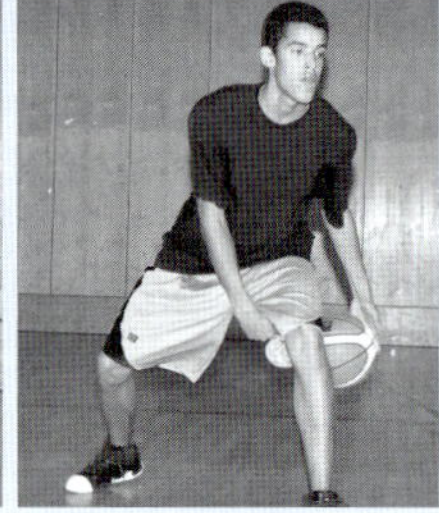
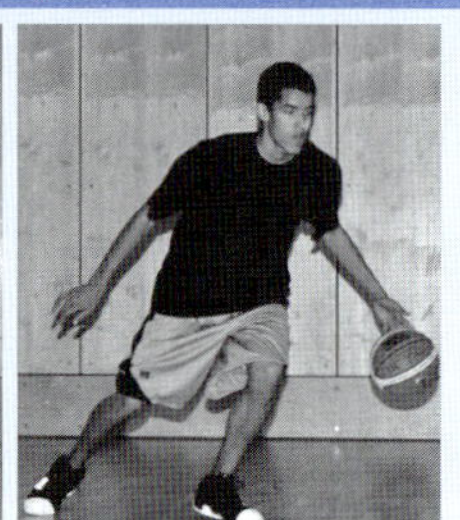

4. Handwechsel reverse (Spin)

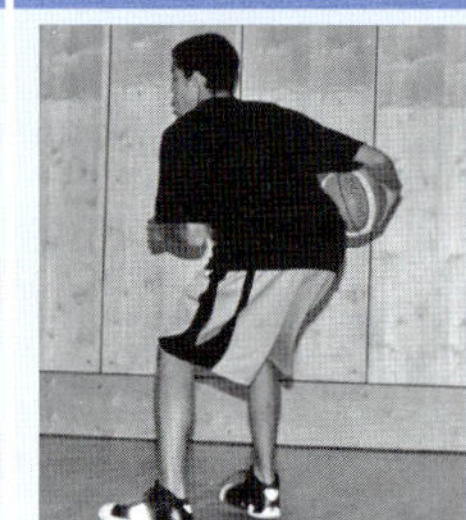
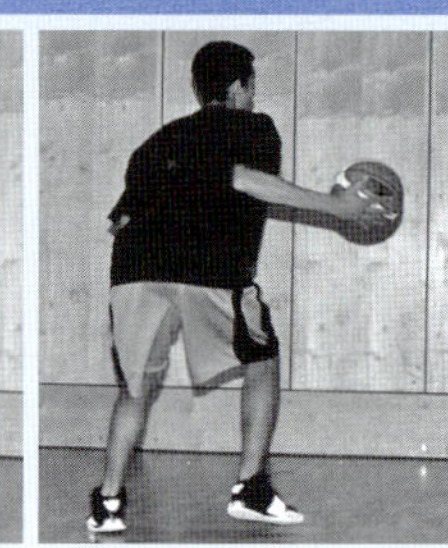
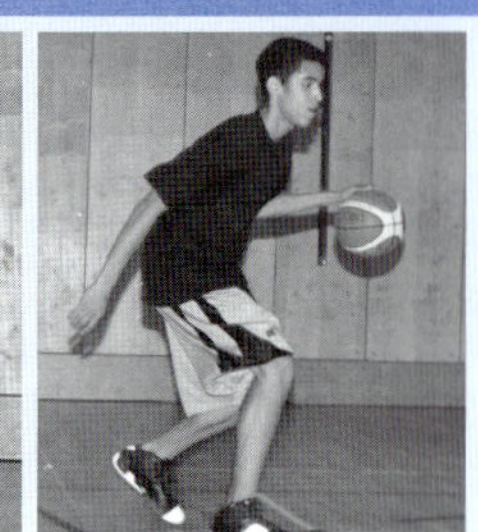

Die Technik-Merkmale des Handwechels sind:

- Ball lange begleiten und sofort mit der anderen Hand übernehmen,
- am Ball ziehen und nicht den Ball Richtung Boden stoßen,
- den Ball neben dem Körper und nicht vor dem Körper dribbeln,
- der Ball soll möglichst tief und nicht über Hüfthöhe gedribbelt werden,
- den Blick vom Ball lösen,
- mit dem Handwechsel sofort beschleunigen, um an dem Verteidiger vorbei zu kommen,
- die normale Lauftechnik (und keine Nachstell-Schritte) während des Dribblings anwenden.

Weitere Dribblings:

Rückzugsdribbling	Kontroll-Dribbling	Gegenangriffs-Dribbling
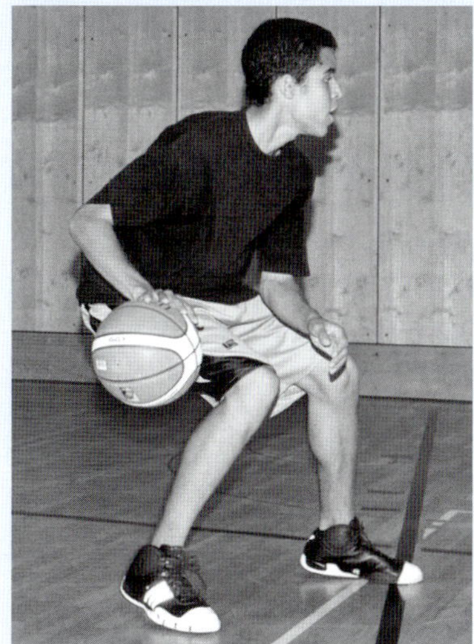	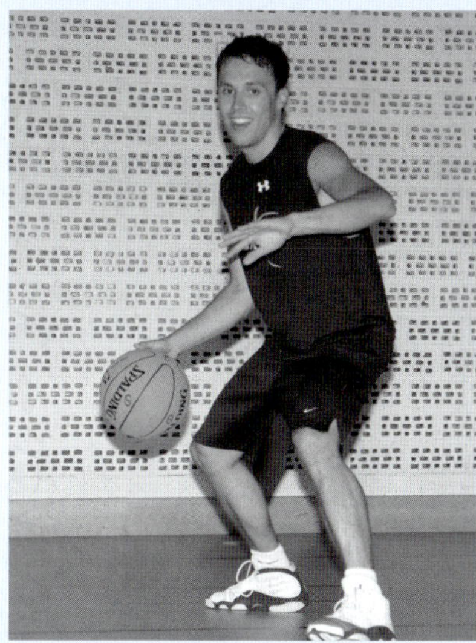	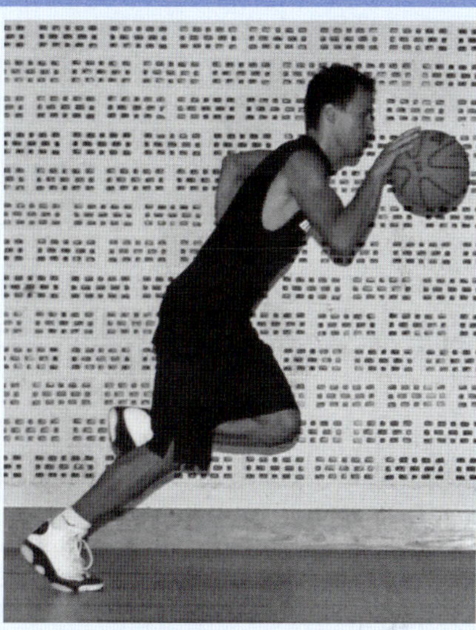
Weiter ist es im Spiel wichtig, dass man sich auch mit Dribblings zurückziehen kann. Dies geschieht oft, wenn man ins Trapez dribbelt und dann doch nicht abschließen kann. Den Ball jetzt aufzunehmen wäre fatal. Entweder man kann sofort aus dem Trapez passen oder man versucht mit Seitwärts- oder Rückwärtsdribblings wieder aus dem Trapez zu kommen. Deshalb soll auch das Rückwärtsdribbeln (= **Rückzugsdribbling**) geübt werden.	Das so genannte **Kontrolldribbling** am Ort ist eine weitere Dribbel-Situation, die geübt werden soll. Hier gilt es, den Körper zwischen Verteidiger und Ball zu bringen (in dem man sich 90° abdreht), mit dem anderen Arm den Ball gut zu schützen und kontrolliert am Ort zu dribbeln, bis sich eine Pass-, Wurf- oder Durchbruchmöglichkeit ergibt.	Das **Gegenangriffsdribbling** erfolgt möglichst raumgreifend. Der Ball wird nach vorne gestoßen und man versucht aus vollem Lauf den anderen Korb mit möglichst wenig Dribblings zu erreichen. Allerdings kann dieses Dribbling nur eingesetzt werden, wenn kein Verteidiger im Weg ist.

Nr.	Name Ziele/Akzente	Idee/Beschreibung	Hinweise/Organisation
154	**Einer-Kolonne 8er-Lauf** Einlaufübung, bei der aus dem Dribbling verschiedene Abschlüsse geübt werden	Eine Kolonne (5–10 Spieler) an der Mittellinie, jeder hat einen Ball. Hintereinander zum Korb dribbeln und abschließen. Danach auf die andere Seite dribbeln und an der Mitte warten, bis alle durch sind und dann wieder starten. Verschiedene Tempi in der Ausführung. Der nächste geht, wenn der Ball des vorderen durch den Korb geht. • Verschiedene Abschlüsse aus verschiedenen Distanzen. • An der 3er-Linie bei einer Markierung Handwechsel und Verzögerungen ausführen. • Dribbling-Zusatzübungen während des Wartens ausführen. • Als Wettbewerb mit lautem Zählen der Treffer ausführen.	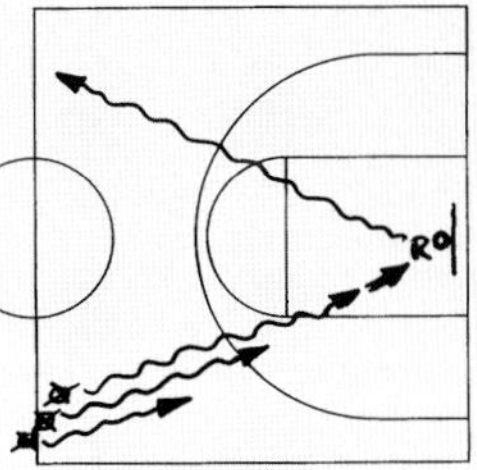
155	**Rundlauf im Team** Gegenangriff-Dribbling Rennen mit Abschlüssen kombiniert	Zwei Teams zu je maximal 10 Spielern stehen unter den beiden Körben des Feldes, zwei Bälle pro Team. Beim Startsignal dribbeln jeweils zwei Spieler jedes Teams los und absolvieren eine Runde, wobei sie bei den beiden Körben je einen Treffer machen müssen. Falls man nicht beim ersten Versuch trifft, muss man nachwerfen bis man trifft; erst dann darf man weiter. Ziel ist es, das andere Team einzuholen. • Stafettenform; es gewinnt das Team, welches zuerst fertig ist. • Man muss beide Spieler überholen, um zu gewinnen. • Verschiedene Abschluss-Techniken vorgeben. • Wer nicht trifft, muss mit dem Ball noch einmal aus der 3-Punkte-Zone, bevor er wieder abschließen darf. • Drei oder vier Spieler pro Team sind gleichzeitig unterwegs.	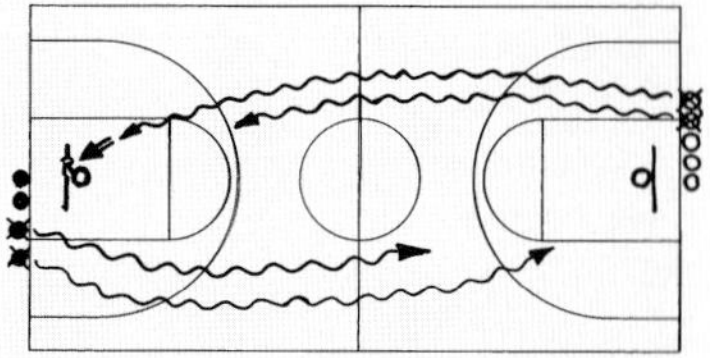
156	**Handwechsel bitte** Verschiedene Handwechsel üben	Auf der Seitenlinie der Halle sind die Spieler alleine oder zu zweit mit einem Ball verteilt. Nun dribbeln die Spieler los und üben die verschiedenen Handwechsel jeweils auf einer Feldbreite. 3–5 Handwechsel pro Breite sollten möglich sein. Auf der anderen Seitenlinie mit Sprungstopp im Feld anhalten, einen Sternschritt machen und dann mit dem korrekten Fuß wieder starten. • Als Stafette ausführen. • Gegen einen Verteidiger üben, der nicht voll verteidigt (Rollenspiel).	

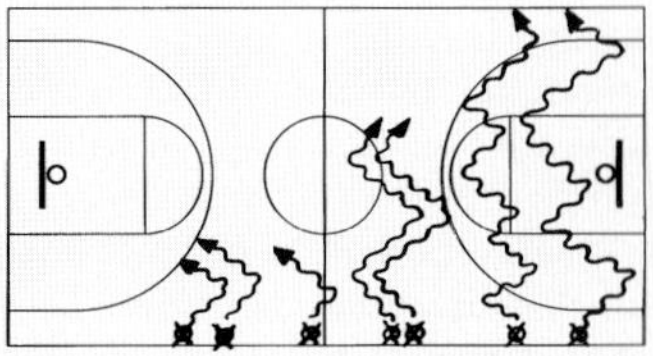

Nr.	Name Ziele/Akzente	Idee/Beschreibung	Hinweise/Organisation
157	**Zahlen + Fragen** Dribbeln und den Blick vom Ball lösen	Zu zweit mit einem Ball. Auf der Seitenlinie alle 2er-Gruppen nebeneinander. Alle dribbeln miteinander los, wobei der Partner rückwärts vor dem Dribbelnden geht und dabei Zahlen zeigt. Der Dribbelnde muss die Zahlen nennen (dazu muss er immer wieder seinen Blick vom Ball lösen). Ziel ist es, dass er nicht mehr auf den Ball schaut, während er dribbelt. Auf der anderen Seite angekommen folgt der Rollenwechsel. • Höheres Tempo. • Handwechsel dazu. • Mit Verzögerungs- und Rückzugsdribbling kombinieren.	
158	**Schatten** Mit dem Dribbling agieren	Zwei Spieler stehen einander gegenüber (Abstand ca. 3 m). Der Ballbesitzer dribbelt vorwärts, sein Partner weicht mit schnellen Gleitschritten zurück (Verteidigungsstellung) und versucht, den Abstand stets gleich zu halten. • Der Angreifer wechselt dynamisch Tempo und Richtung des Dribblings. Der Verteidiger reagiert sofort.	
159	**Reifenspiel** Mit Dribblings und Körpertäuschungen den Verteidiger überlisten	Zu zweit. Zwei Reifen liegen in einem Abstand von ca. 6 m auf dem Boden. Der Ballbesitzer versucht nun durch geschicktes Dribbeln, Handwechsel und Täuschungen den Ball in einen der beiden Reifen zu dribbeln (nicht werfen!). Der Verteidiger versucht, ihn daran zu hindern (Foul-Regel beachten).	
160	**Raum-Reifen-Prellfangis** In eingeschränktem Raum dribbeln und ausweichen	2er-Teams. A und B prellen. A versucht, B zu berühren, ohne den Ball zu verlieren. Dabei dürfen die in der Halle verteilten Reifen nie berührt und auch nicht übersprungen werden. Wird B berührt oder verliert die Kontrolle über seinen Ball, erfolgt ein Rollenwechsel.	A B
161	**Minenfeld durchqueren** Dribbeln und ausweichen gegen aktive Verteidiger	Die Angreifer versuchen, prellend eine Hallenbreite zu durchqueren, ohne von einem Verteidiger berührt zu werden. • Die Verteidiger prellen auch Bälle.	

3

Nr.	Name Ziele/Akzente	Idee/Beschreibung	Hinweise/Organisation
162	**Spiel ohne Dribbling** Passen statt dribbeln fördern	Um das sofortige „Alibi"-Dribbling bei Ballerhalt zu unterbinden, eignet sich das Spiel ohne Dribbling sehr gut. Man kann sogar auch 6–8 Spieler pro Team spielen lassen, wenn das Feld groß genug ist. Sehr gut kann man auch auf die vier Seitenkörbe in den beiden Diagonalen spielen. Schrittfehler und Fouls regulieren. Individuelle Verteidigung erklären und Verteidiger-Angreifer-Paare bilden.	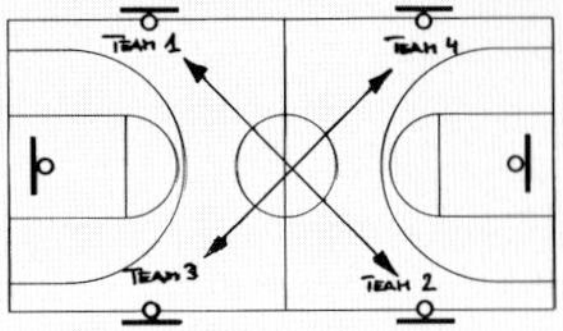 TEAM 1, TEAM 4, TEAM 3, TEAM 2
163	**Spiel mit einem Dribbling** Das Dribbling sinnvoll einsetzen	Nun folgt das Erlauben eines Dribblings pro Ballbesitz; aber nur, wenn der Spieler damit sein 1 gegen 1 spielt und für einen Abschluss am Verteidiger vorbei zum Korb zieht.	• Fouls am Ball unterbinden. • Schrittfehler sinnvoll regulieren. • Verteidiger-Angreifer-Paare bilden.
164	**Spiel mit zwei Dribblings** Dribbling für das 1 gegen 1 üben	Als nächstes kann man mit zwei Dribblings arbeiten, aber mit den gleichen Verhaltensregeln wie bei einem Dribbling: nur, wenn man den Abschluss sucht. Mit zwei Dribblings kann man mehr Raum überbrücken, somit können die Angreifer breiter aufstellen. Spielpositionen markieren und darauf hinweisen.	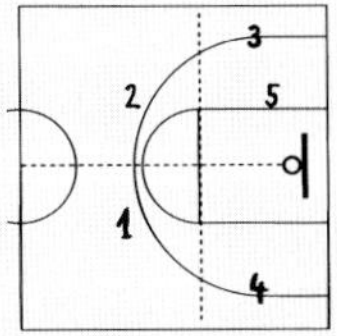 3, 2, 5, 1, 4
165	**Spiel mit zwei Dribblings Spezial** Dribbling und Pass bei Aushelfen der Verteidigung	Aufbauend kann man weiterhin mit zwei Dribblings arbeiten, aber mit einer weiteren Variante: Sobald man am Verteidiger vorbei ist, waren die Dribblings ja sinnvoll. Daher muss dann nicht unbedingt abgeschlossen werden. Wenn ein Mitspieler auf einer besseren Position ist oder wenn ausgeholfen wird, darf der Ball auch gepasst werden. Allerdings sollte nach diesem Pass abgeschlossen werden.	• Fouls am Ball unterbinden. • Schrittfehler sinnvoll regulieren. • Verteidiger-Angreifer-Paare bilden.
166	**Spiel mit Dribblings des „Frontspielers"** Gegenangriff fördern	Schließlich können weitere Dribblings erlaubt werden, sofern sie sinnvoll sind. So beispielsweise im Gegenangriff. Der Vorderste des angreifenden Teams sollte daher dribbeln dürfen.	• Fouls am Ball unterbinden. • Schrittfehler sinnvoll regulieren. • Verteidiger-Angreifer-Paare bilden.

Die folgenden Spielformen ergänzen das Kapitel 1 gegen 1 und sind für verschiedene Teilbereiche einsetzbar, je nach Fokus. Überhaupt lassen sich die meisten 1-gegen-1-Übungen gut in Spielformen umwandeln und umgekehrt. Auch ist es empfehlenswert, dieses Duell immer wieder ins Spiel (3 gegen 3 und 5 gegen 5) zu integrieren, damit der Spielbezug hergestellt werden kann. In den Spielen sollte dann vor allem das 1 gegen 1 gefördert werden, mit Extrapunkten und anderen Anreizen.

Beim nächsten Kapitel, dem Zusammenspiel im Angriff, wird das 1 gegen 1 auch wieder Thema, gilt es doch, dieses auch in den Teamangriff sinnvoll zu integrieren. Ein 3 gegen 3 ist in erster Linie dreimal 1 gegen 1 und ein 5 gegen 5 fünfmal ein 1 gegen 1.

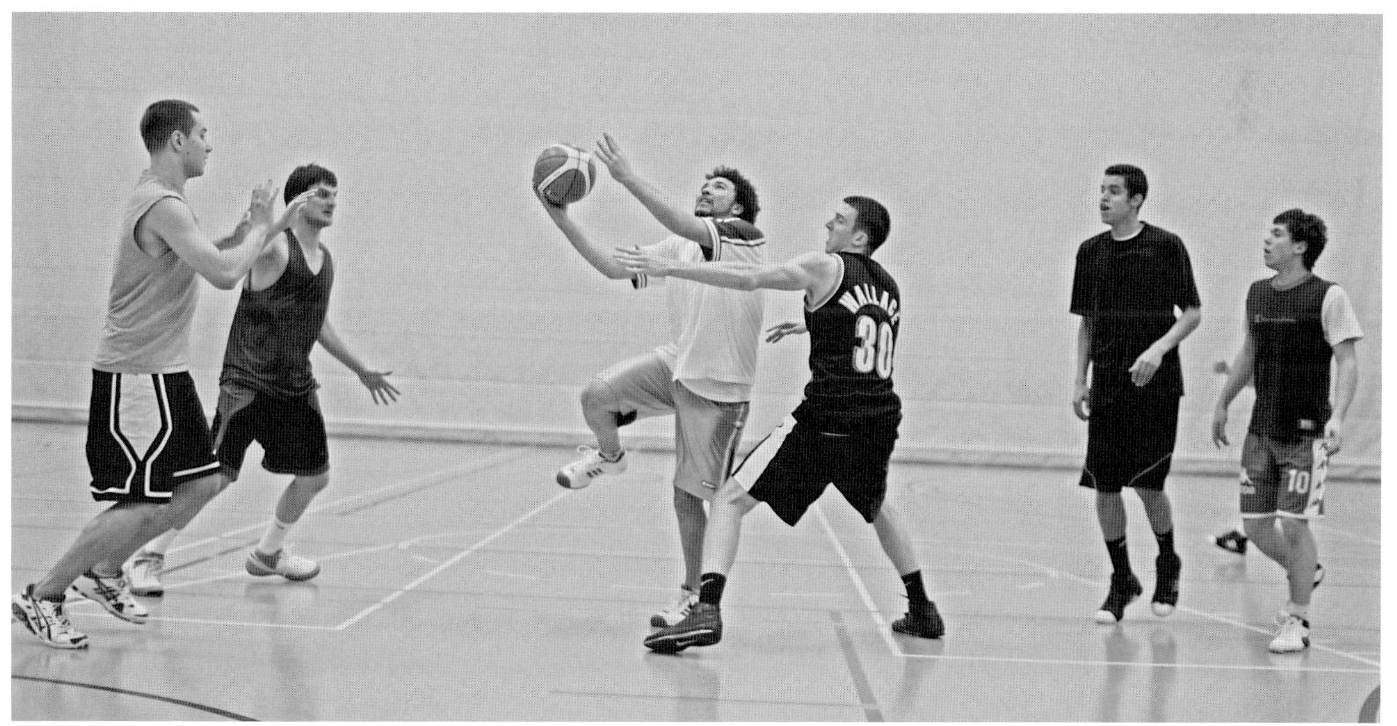

Nr.	Name Ziele/Akzente	Idee/Beschreibung	Hinweise/Organisation
167	**Außenspieler-1-gegen-1 aus dem Stand; Sieger sucht Sieger, Verlierer sucht Verlierer** Mit dem Verteidiger „spielen" und direkten Abschluss zum Korb	In der Hallenmitte ist der Warteraum. Dort finden zwei Spieler zusammen, gehen zu einem Korb und einigen sich, wer angreift und wer verteidigt. Der Angreifer versucht, den Korb zu machen. Falls er nicht trifft, aber den Offensiv-Rebound hat, darf er natürlich nachwerfen. Allerdings hat er pro Ballbesitz nur jeweils drei Dribblings. Erobert der Verteidiger den Ball oder geht der Ball ins Aus, hat er gewonnen. Beide gehen wieder zur Mitte, wobei der Gewinner ein Victory-Zeichen mit den Fingern macht und der Verlierer ein „L" (für „lost" = Verloren) und beide suchen sich einen neuen Gegner. Pro Sieg gibt es einen Punkt.	
168	**1 gegen 1 aus dem Dribbling** Variante zu 167	Wie Übung 167, aber nun spielt der Angreifer das 1 gegen 1 aus dem Dribbling, d. h. er beginnt schon an der Mitte zu dribbeln und versucht, den Verteidiger auszutricksen und den Korb zu erzielen.	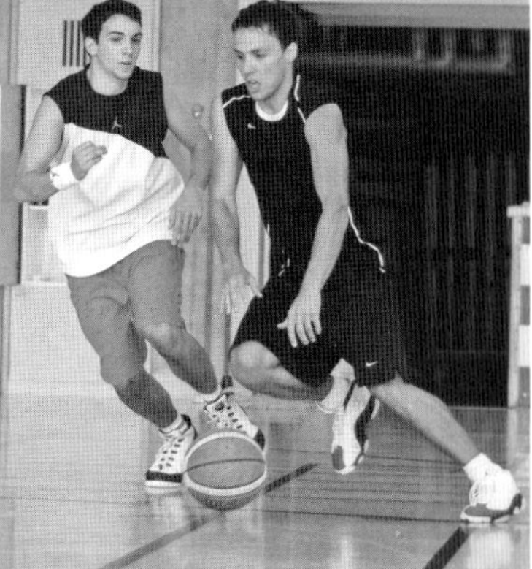
169	**Innenspieler 1 gegen 1 aus dem Stand**	Wie Übung 167, aber der Angreifer beginnt am Trapez mit dem Rücken zum Korb. Als Innenspieler kann er auf der Low- oder High-Post-Position spielen. Die Dribblings können in dieser Form eingeschränkt werden.	
170	**Innenspieler 1 gegen 1 aus dem Dribbling** Variante zu 169	Wie Übung 169, aber der Angreifer beginnt dribbelnd auf einer Innenspieler-Position. Bei diesen Formen spielt man wirklich nur je einen Angriff (und nicht bis ein Korb fällt).	
171	**1 gegen 1 Mix** Variationen und Steigerungen	Die Übungen 167–170 können wie folgt variiert werden: • Etwa alle 2 Minuten wird die Form gewechselt. • Jeder zählt seine Siege, oder wer zuerst je 10 Siege hat. • Jeder zählt das Verhältnis von Siegen und Niederlagen. • Nicht nur 1 Angriff spielen, sondern bis ein Korb fällt. • Das Ganze in der Liga-Organisationsform (mit auf- und absteigen).	Der Spielleiter achtet auf das Respektieren der Regeln: • Fouls • Schrittregel

Nr.	Name Ziele/Akzente	Idee/Beschreibung	Hinweise/Organisation
172	**King of the court 1 gegen 1** 1 gegen 1 auf Innen- und Außenpositionen anwenden	Bis 5 Spieler pro Korb mit etwa gleicher Spielstärke. 2 Spieler spielen 1 gegen 1 von Spielpositionen (Außenpositionen und am Trapez!) mit maximal 3 Dribblings pro Ballbesitz, bis ein Korb fällt. Der Sieger bleibt, kommt aber in die Verteidigung und ein neuer Spieler greift an. Bei Ballbesitzwechsel immer neu beginnen. Jeder zählt seine Siege. Niveaus evtl. mit Liga-Spiel bestimmen (mindestens 5 Runden). Die Spieler in der Pause achten auf Schrittfehler und Fouls. Das Ganze kann auch von den Innenspielerpositionen gespielt werden.	Tipps für den Unterricht: • Dribblings nicht beschränken • Mit Liga-Spiel kombinieren; nach Ablauf der Spielzeit steigen die zwei Bestplatzierten auf, die zwei Letztplatzierten steigen ab und der Drittplatzierte bleibt. • 1 gegen 1 bis 5 gegen 5 möglich
173	**King of the court 1 gegen 1 mit Passeur** 1 gegen 1 mit Zuspiel kombinieren	Wie Übung 172, aber mit Passeur. Wichtig ist, dass man auf sinnvollen Spielpositionen spielt, Passeur als auch Angreifer. Beispielsweise Pass von der Spielmacherposition auf die Flügelposition. Aber auch Flügel-Flügelposition ist denkbar, wenn der Angreifer durch das Trapez zum Ball schneidet. Der Passeur ist immer der nächste Angreifer. Variationen wie oben.	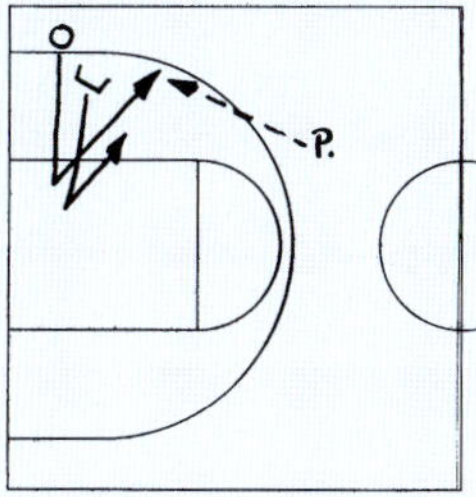 P.
174	**3-mal 1 gegen 1 von der Mitte** 1 gegen 1 aus dem Dribbling mit Raumeinschränkung anwenden	Drei Verteidiger warten an der 3-Punkte-Linie auf drei Angreifer mit je einem Ball, welche aus dem Dribbling das 1 gegen 1 suchen. Nach den Abschlüssen sichern die Verteidiger die Bälle und gehen an die Mittellinie, während die Angreifer neue Verteidiger werden und auf die nächsten drei Angreifer warten. Die drei Sektoren für das 1 gegen 1 respektieren, damit Zusammenstöße möglichst vermieden werden können. Total 6 Bälle. • Die Verteidiger machen das Rollenspiel: Sie stehen weit, nah oder optimal. • Das 1 gegen 1 nicht aus dem Dribbling an der 3er-Linie beginnen. Dann aber mit maximal drei Dribblings.	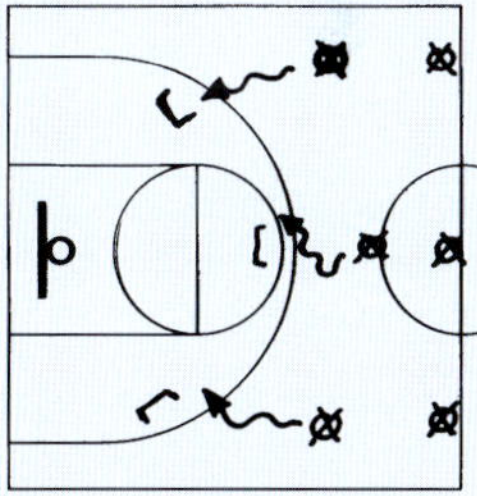

3

Nr.	Name Ziele/Akzente	Idee/Beschreibung	Hinweise/Organisation

175

1 gegen 1 „Reißen"
Kampf um den Ball und schnelles Umstellen zwischen Angriff und Verteidigung

Zwei Spieler halten sich am gleichen Ball und versuchen auf ein Signal den Ball mit Reißen in Besitz zu nehmen. Der Ballbesitzer wird sofort Angreifer und versucht, unmittelbar den Korb gegen den zweiten Spieler, welcher zum Verteidiger wird, zu erzielen. Auf alle verfügbaren Körbe von Spielpositionen aus spielen, wobei gut 2 Paare auf einen Korb spielen können (Raumbeschränkung). Maximal 3 Dribblings pro Ballbesitz.

- Als Liga-Spiel, aber nur einen Angriff spielen.
- Auch andere Startorte wählen (Mittellinie, Ecken, Innenpositionen).
- Sieger-sucht-Sieger-Variante spielen.

176

1 gegen 1 „Rollen"
Reaktion und schnelles Agieren in Angriff oder Verteidigung

Zwei Spieler stellen sich links und rechts vom Trainer auf. Der Trainer oder ein anderer Spieler steht an der Mittellinie im Aus. Er rollt den Ball hinein und die Spieler sprinten los und versuchen, den Ball in Besitz zu nehmen. Derjenige, welcher den Ball hat, wird zum Angreifer und sucht den Abschluss auf dem Korb gegenüber. Der andere Spieler wird Verteidiger und versucht, ihn daran zu hindern.

- Andere Orte als die Mittellinie wählen (unter dem Korb, Ecke).
- Up and down spielen.
- Auch 2 gegen 2, 3 gegen 3, 4 gegen 4 und 5 gegen 5 spielbar.
- Nicht nur rollen, sondern auch werfen, verzögern, liegen lassen.
- Sieger sucht Sieger Variante spielen.

177

1-gegen-1-Liga-Spiel
Sich auf ständig wechselnde Gegner einstellen

An jedem Korb zu zweit 1 gegen 1 für eine bestimmte Dauer spielen, am besten 2–3 Minuten. Dann steigt der Sieger in die nächste Liga auf und der Verlierer ab. Bei Unentschieden erfolgt „Münzwurf". Loser's Ball und maximal drei Dribblings pro Ballbesitz. Von einer Spielposition beginnen.

- Zu viert an einem Korb abwechslungsweise.
- Innenpositionen am Trapez dazu nehmen (Rücken zum Korb).

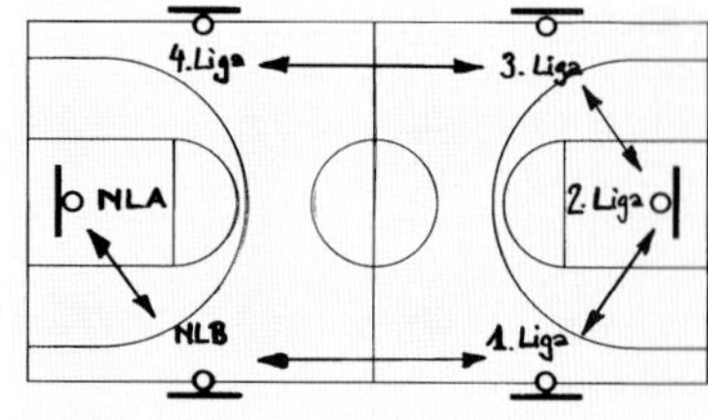

Das Zusammenspiel im Angriff ist ein zentrales Element zum Gelingen des Spiels. Es können in vielen Sportarten vorbereitende und übergreifende Spiel- und Übungsformen trainiert werden, doch bleibt dies stets ein sehr anspruchsvolles Unterfangen.

Zuviele Dribblings bei Einsteigern verhindern das Zusammenspiel. Dies kann aber gelöst werden, indem man immer wieder ohne Dribblings spielt oder Dribblings nur beschränkt zulässt. Das Zusammenspielen wird auch dadurch erschwert, weil Anfänger oft noch nicht wissen, wo sie sich im Angriff positionieren sollen. Wie sie sich ohne Ball bewegen sollen, ist ihnen oft auch noch nicht klar. Nicht zuletzt kommt eine Hektik auf, sobald sie den Ball in den Händen haben. Am liebsten werden ihn die meisten Einsteiger schnell wieder los. Das vorherige Kapitel (1 gegen 1) hilft, diese Nervosität am Ball abzubauen. Und es wird ihm klarer, dass er nicht allein für das Gelingen des Spiels verantwortlich ist. Er richtet sich zum Korb aus, studiert seinen Verteidiger und schätzt seine Chancen im 1 gegen 1 ab. Es sind seine Mitspieler, welche im Teamangriff eine entscheidende Rolle spielen. Gelingt es ihnen, ihm den nötigen Platz für sein Duell zu lassen? Können sie im richtigen Moment in die Löcher schneiden, um anspielbar zu sein? Und schaffen sie es, das Spiel auseinander zu ziehen, damit freie Räume überhaupt erst entstehen? Oft bringen, wie schon erwähnt, die Spieler ohne Ball viel Hektik in den Angriff, weil sie sich zu viel und nicht sinnvoll bewegen.

Die folgenden Übungen und Spielformen sollen helfen, kultiviert und kontrolliert anzugreifen. Vielleicht unterbindet dies im ersten Augenblick das freie Spielen und Improvisieren etwas, was aber in Kauf genommen werden sollte, wenn man das Spiel auf ein höheres Niveau bringen will. Spätestens wenn die Angreifer disziplinierter ihre Positionen halten können, werden sie merken, dass sie nun eine Vielzahl neuer Varianten nutzen können.

Wir widmen uns zuerst den Spielpositionen, dann dem Freilaufen und Passen und dann den taktischen Optionen. Die Option Block (direkter und indirekter Block) wird bewusst weggelassen, weil es keinen Sinn macht, dieses Element spielen zu wollen, wenn die notwendigen Grundlagen (Wurf, Pass, 1 gegen 1, Dribbling) dazu nicht beherrscht werden.

Zusammengefügt wird das Ganze im Kapitel Teamverhalten (3.3.4).

Um von einem freien Spielen auf den Korb zu einem kultivierten Angriff zu gelangen, sollte man als erstes die Spielpositionen kennen und lernen, sich sinnvoll zu positionieren.

Im Angriff kennt man 5 Positionen, wobei diese genaue Abstufung aus den USA kommt und vor allem dort so genau unterschieden wird.

Die Positionen 1–3 sind die Außenspieler, weil sie vor allem außerhalb des Trapezes agieren.

Position 1:	Der Spielmacher (auch Aufbauer, Point Guard oder Playmaker genannt) organisiert den Angriff und sollte eine gute Übersicht haben. Meist ist er der verlängerte Arm des Trainers. Deshalb sollte er auch mannschaftsdienlich sein. Er sollte gut passen und gut dribbeln können. Bei den Einsteigern fehlt oft ein Spieler mit diesen Fähigkeiten. Deshalb die Empfehlung, mit zwei Aufbauern zu spielen. Damit wird der Druck auf diese Position etwas kleiner.
Position 2:	Der Flügelspieler (auch shooting guard genannt, weil er oft ein sehr guter Werfer ist) ist schnell und agil. Er kann gut dribbeln und gut werfen. Ferner ist er auch dafür zuständig, den Innenspieler anzuspielen.
Position 3:	Der zweite Flügelspieler (auch small forward genannt) ist ein Allrounder, ist ebenfalls schnell, kann gut dribbeln und gut werfen. Was bei diesem Spieler noch dazukommt, ist die Fähigkeit, auch gut zum Korb durchzubrechen. Er ist meist größer als der andere Flügelspieler. Auf dem Einsteigerniveau wird er allerdings kaum von der Position 2 unterschieden.
Position 4:	Der eine Innenspieler (Power Forward, Centerspieler, High-/Lowpost oder Pivot (hoch/tief genannt) ist einer der beiden Spieler, die am oder im Trapez spielen. Vor allem auf höherem Niveau wird oft mit zwei Innenspielern gespielt. Dann ist dieser Spieler meist derjenige, welcher auch noch etwas außerhalb des Trapezes spielen kann. Er ist nicht ganz so groß wie die Nummer 5, dafür meistens sehr schnellkräftig und kann den Korb dadurch sehr gut attackieren.
Position 5:	Der Center ist der zweite Innenspieler (ebenfalls Centerspieler, High-/Lowpost oder Pivot (hoch/tief genannt). Er ist der größte Spieler des Teams und spielt deshalb auch sinnvollerweise nah beim Korb, um seine Größe ausspielen zu können. Oft ist er auch sehr kräftig und schwer, was ihm Vorteile am und im Trapez bringt. Allerdings ist er dadurch weniger agil, was oft auch ein Unterschied zum anderen Innenspieler ist.

Die Positionen 4 und 5 sind die Innenspieler, weil sie vor allem am oder im Trapez agieren. Nummer 4 kann allerdings auch zum Außenspieler werden, wenn man mit vier Außenspielern angreifen möchte (was die Empfehlung für das Einsteigerniveau ist). Die Innenspieler spielen oft mit dem Rücken zum Korb und stellen sich am Trapezrand auf, um die Pässe von den Außenspielern zu erhalten (das nennt man dann: sich aufposten).

Das Zusammenspiel im Angriff kann nur gelingen, wenn man es der Verteidigung nicht zu einfach macht. Dazu zieht man das Spiel auseinander und nützt das ganze Feld. Bei den Anfängern fällt oft auf, dass sie sich alle zum Ball oder unter den Korb ziehen lassen. Um diese Ballungen zu vermeiden, ist es wichtig, immer wieder auf die Spielpositionen hinzuweisen und sie auch für möglichst viele Übungen und Spielformen zu benutzen. Wenn der Abstand (= das Spacing) zwischen den Spielern stimmt, gibt es auch weniger Missverständnisse beim Zusammenspiel.

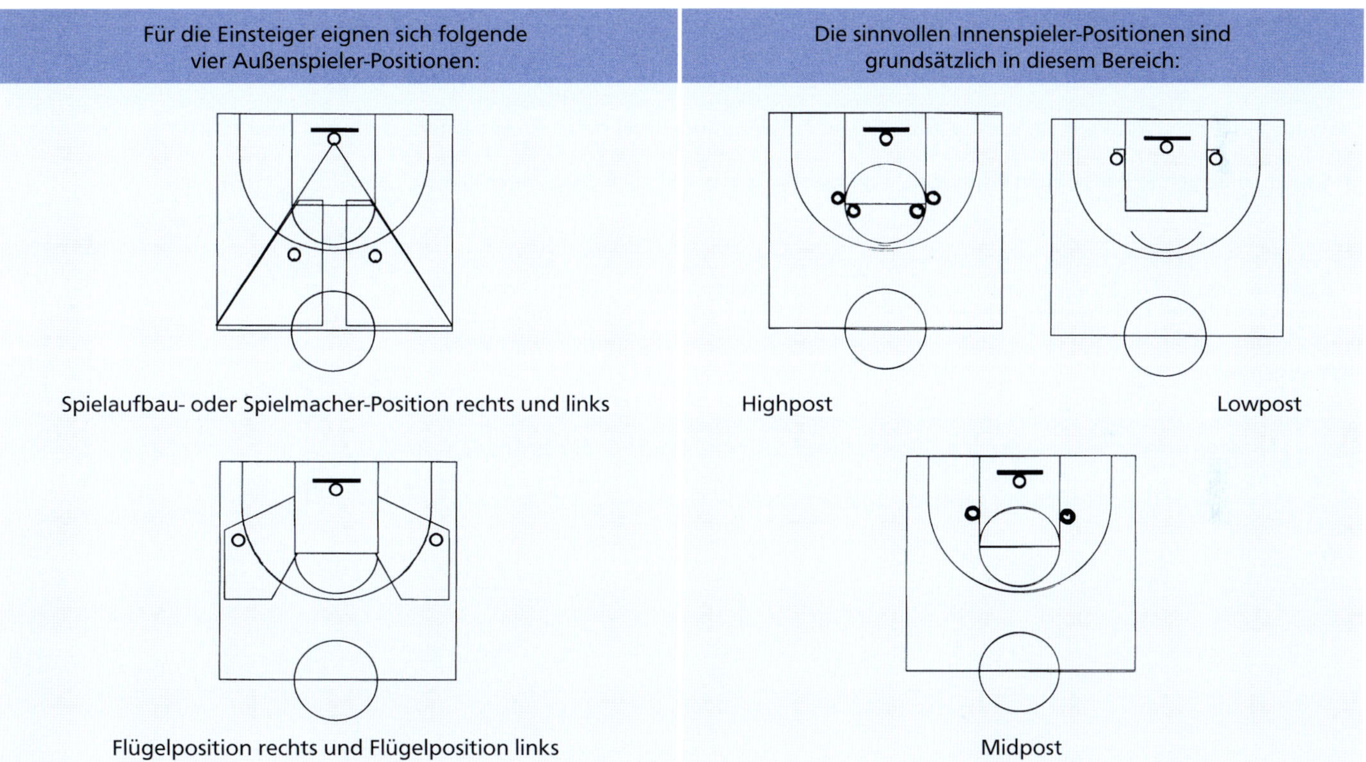

Spielaufbau- oder Spielmacher-Position rechts und links

Highpost

Lowpost

Flügelposition rechts und Flügelposition links

Midpost

In den Ecken sollte der Einsteiger genau so wenig spielen wie in der Aufbau-Position in der Mitte. Auf der mittleren Aufbauposition ist der Passwinkel zum Flügelspieler eher ungünstig, vor allem dann, wenn die Pass-Fähigkeiten noch nicht gut entwickelt sind. Weiter wird der Angriff fast immer auf einer Seite gespielt (außer beim Durchbruch vom Spielaufbauer). Je früher das die Spieler merken, desto schneller verstehen sie das Angriffs-Spiel.

In den Ecken hat der Angreifer nicht nur den schlechtesten Wurfwinkel, sondern auch kaum die Möglichkeit, bei der Grundlinie durchzubrechen. Wenn er es doch versucht, ist es meist hinter dem Brett und das ist ebenfalls kein guter Winkel, um abzuschließen. Dazu kommt, dass der Angreifer mit dem Ball in der Ecke sehr schnell unter Druck kommen kann. Für Könner stellt sich dieses Problem weniger, aber bei Einsteigern ist es wichtig, nicht unnötig unter Druck zu geraten.

Deshalb ist es empfehlenswert, im Spiel zu fünft die vier Außenpositionen zu besetzen und einen Spieler ans Trapez zu stellen (siehe Skizze).

Im Spiel zu dritt gelten die gleichen Positionen, aber hier kann man gut auch ohne Innenspieler spielen.

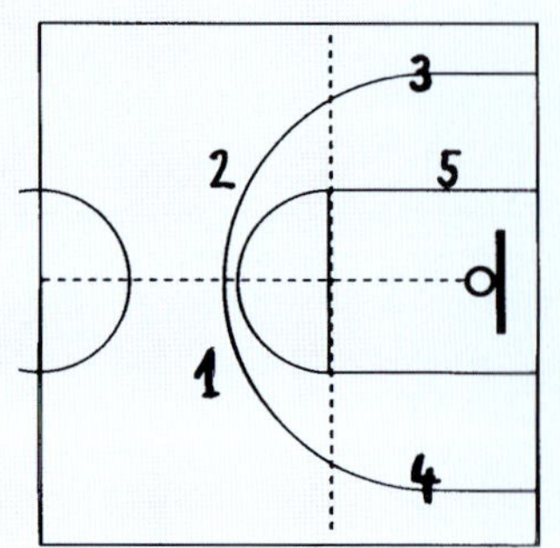

Das Einüben der Spielpositionen ist also der erste wichtige Schritt zu einem kultivierten Spiel. Nun gibt es eigentlich nicht viele spezielle Übungen zu den Spielpositionen, außer dass man alle Übungen und Spielformen wenn möglich spielnah gestaltet. Und dies heißt eben auch, dass sie möglichst auf Spielpositionen ausgeführt werden und dass auch die Pässe dementsprechend sinnvoll sind.

Als Hilfsmittel eignen sich Malstäbe, Hütchen und andere Bodenmarkierungen. Vor allem die flachen, farbigen Bodenmarkierungen aus Gummi eignen sich hervorragend für das Anzeichnen der Spielpositionen. Dies ist auch eine Hilfe für die Lehrperson beim Korrigieren. Trainiert man länger auf diese Art und Weise, dann gehen die Spieler plötzlich selbstständig auf die Spielpositionen.

Nr.	Name Ziele/Akzente	Idee/Beschreibung	Hinweise/Organisation
178	**Playing the Positions** Spielerisches Kennenlernen der Angriffspositionen	Um die Spielpositionen spielerisch kennen zu lernen, sind sie bei jedem Korb mit Reifen markiert. In jedem Reifen liegt ein Ball. Die Spieler laufen frei in der Halle herum. Sie stoppen so bei den Reifen, dass er zwischen ihnen und dem Korb liegt und nehmen den Ball auf. Nun werfen sie direkt oder ziehen am Reifen vorbei zum Korb und schließen mit Korbleger oder kurzem Wurf ab. Dann den Rebound sichern und nachwerfen bis Korberfolg. Den Ball zurücklegen und weiter zu einem anderen Reifen. Die Positionen sind Spielmacher links und rechts, Flügel links und rechts, High-Post links und rechts, Mid-Post links und rechts.	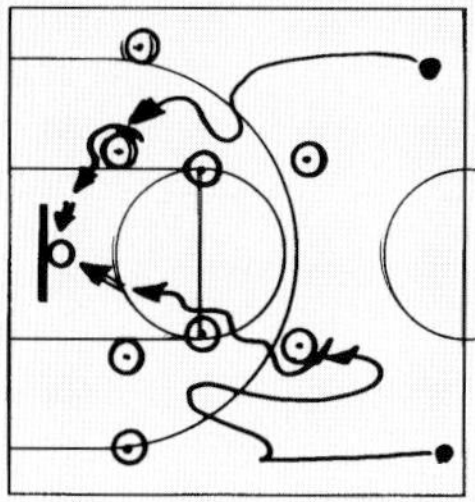
179	**Positions on Call** Die Namen der Angriffspositionen lernen	Die Spielpositionen sind immer noch bei jedem Korb mit Reifen markiert. In jedem Reifen liegt ein Ball. Die Spieler laufen frei in der Halle herum. Dann ruft der Leiter eine Spielposition auf und alle Spieler laufen auf die aufgerufene Position. Sie stoppen so bei den Reifen, dass er zwischen ihnen und dem Korb liegt und nehmen den Ball auf. Nun werfen sie direkt oder ziehen am Reifen vorbei zum Korb und schließen mit Korbleger oder kurzem Wurf ab. Dann den Rebound sichern und nachwerfen bis Korberfolg. Den Ball zurücklegen und weiter zu einem anderen Reifen. Die Positionen sind Spielmacher links und rechts, Flügel links und rechts, High-Post links und rechts, Mid-Post links und rechts.	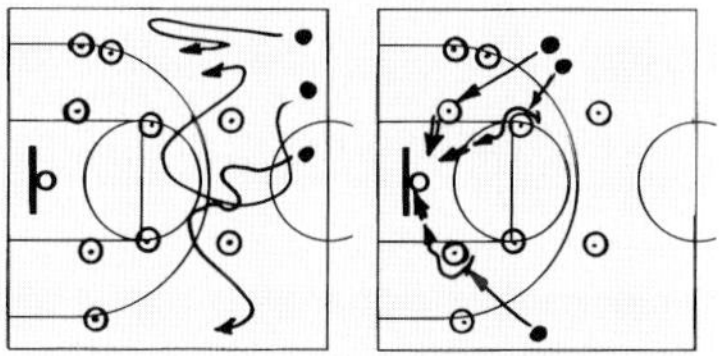
180	**Positionen zu zweit spielen** Auf den Angriffspositionen zu zweit spielen	Die Spielpositionen sind weiterhin markiert mit Reifen, aber ohne Bälle darin. Zwei Spieler sind mit einem Ball unterwegs, passend und dribbelnd. Wenn sie zu einem Korb kommen, gehen sie auf zwei Spielpositionen. Dann folgt ein letzter Pass und ein Abschluss, entweder direkt oder ein Durchbruch zum Korb. Rebounden, nachwerfen bis zum Korberfolg und weiter zu einem anderen Korb. • Von den Positionen mehrere Pässe spielen und sich sinnvoll verschieben; Backdoor und auffüllen, Give + Go.	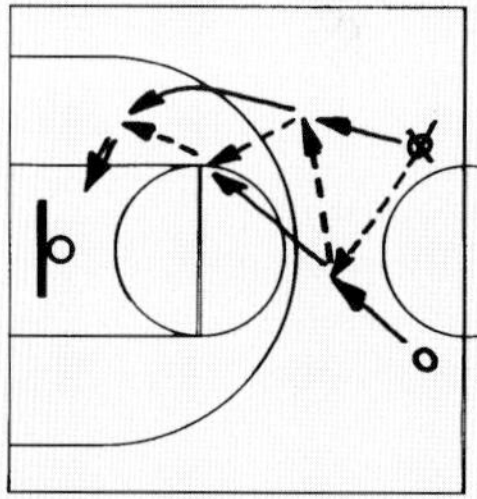

Nr.	Name Ziele/Akzente	Idee/Beschreibung	Hinweise/Organisation
181	**10 Pässe gegen 0** Sich gezielt und miteinander auf den Spielpositionen bewegen Als Aufwärmübung und vor einer Spielsequenz	In Teams von 2–5 Spielern bei einem Korb beginnen die Spieler auf Spielpositionen, welche durch Bodenmarkierungen gekennzeichnet sind. Sie passen, dribbeln und bewegen sich so, dass sie die Positionen immer wieder auffüllen und können nach mindestens 10 Pässen den Abschluss suchen. Es sollen möglichst realistische und sinnvolle Bewegungen und Pässe gespielt werden (welche auch im Spiel gegen Verteidiger funktionieren können). Vor allem ist darauf zu achten, dass der Ball nur dann ins Trapez gespielt wird, wenn auch abgeschlossen wird. Wichtig sind vor allem die Verschiebungen und das Respektieren der Spielpositionen. Mit 3 Spielern beginnen.	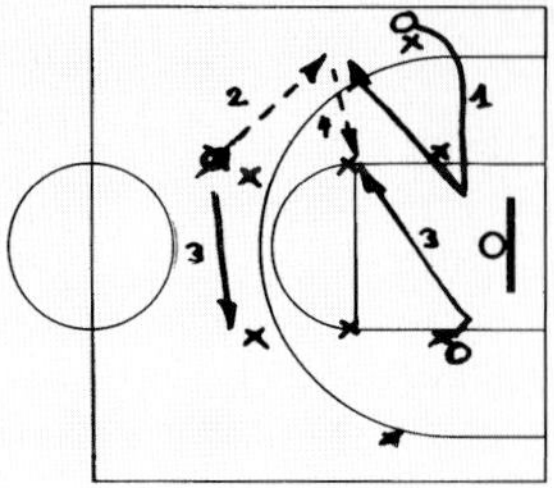
182	**10 Pässe gegen 0 mit taktischen Optionen** Sich gezielt und miteinander auf den Spielpositionen bewegen	In Teams von 2–5 Spielern bei einem Korb beginnen die Spieler auf Spielpositionen, welche durch Bodenmarkierungen gekennzeichnet sind. Sie passen, dribbeln und bewegen sich so, dass sie die Positionen immer wieder auffüllen und können nach mindestens 10 Pässen den Abschluss suchen. Nun sollen vor allem die taktischen Optionen gespielt werden. Penetrieren, Backdoor, Give + Go und der Schnitt zum Ball sollen gelaufen werden, aber möglichst ohne den finalen Pass ins Trapez, da sonst abgeschlossen wird (entsprechend der Grundverhaltens-Regel: Wer den Ball im Trapez erhält, sucht den Abschluss).	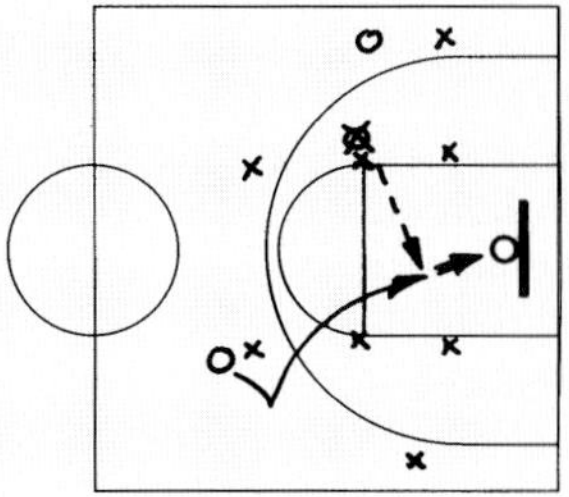
183	**Angreifen nebeneinander** Spielpositionen mit anderen Spielern teilen und den Überblick behalten	Wieder versuchen Teams von 2–5 Spielern im Spiel auf einen Korb, einen Teamangriff zu spielen, bei dem die Spielpositionen respektiert werden und bei dem auch taktische Optionen gespielt werden. Nur spielen diesmal mehrere Teams auf denselben Korb nebeneinander. Bis zu drei Teams können gleichzeitig mit je einem Ball ihre Angriffe spielen.	Tipps für den Unterricht: • Langsam beginnen, damit Zusammenstöße vermieden werden können. • Wenn jemand abschließt, müssen die anderen Teams warten, bis der Korb frei ist.

Nr.	Name Ziele/Akzente	Idee/Beschreibung	Hinweise/Organisation
184	**Angreifen gegen „Dummy Defense“** Die Spielpositionen mit passiven Verteidigern trainieren	Wieder versuchen Teams von 2–5 Spielern im Spiel auf einen Korb, einen Teamangriff zu spielen, bei dem die Spielpositionen respektiert werden und bei dem auch taktische Optionen gespielt werden. Nur sind diesmal Verteidiger vorhanden. Allerdings verhalten sich diese sehr passiv. Sie verhindern die Pässe nicht, folgen ihren Angreifern, fallen auf die Täuschungen hinein und lassen sich im 1 gegen 1 schlagen.	Wichtig ist, dass die Verteidiger nicht völlig falsche Bewegungen einüben oder einfach stehen bleiben. Sie sollen die korrekten Verschiebungen ausführen, aber nicht intervenieren.
185	**Angreifen gegen Verteidigung im Rollenspiel** Den kontrollierten Angriff mit steigendem Verteidigerdruck üben	Die Verteidiger beginnen in derselben Anordnung immer stärker zu verteidigen. Zuerst werden sie das 1 gegen 1 voll verteidigen, so dass die Angreifer gezwungen sind, andere Optionen zu wählen. Dann fallen sie auf die Täuschungen nicht mehr hinein und kämpfen mehr um den Rebound. Schließlich machen sie auf den Ballträger mehr Druck, damit das Passen erschwert wird. Und erst als letztes machen die Verteidiger Druck auf die Pässe und versuchen, diese zu verhindern. Der Druck der Verteidigung nimmt erst dann zu, wenn die Angreifer mehrheitlich kontrolliert angreifen können und die Positionen halten können. Sinn macht es auch, 5–10 Angriffe hintereinander zu realisieren, bevor die Rollen getauscht werden, weil ein ständiges Wechseln zu Rollenkonfusion führt. Entscheidend ist die Angriffsquote; wie viele gute Angriffe gelingen einem Team?	
186	**Spiel auf einen Korb** Die Spielpositionen mit voller Verteidigung üben	Schließlich spielen die Teams voll gegeneinander auf einen Korb. Nach wie vor können die Teams aus 2–5 Spielern bestehen, wobei sogar im 1 gegen 1 die Spielpositionen geübt werden können. Der Hauptschwerpunkt liegt immer noch auf dem Einhalten der Spielpositionen. Hilfreich dafür ist es, dass man die Dribblings einschränkt. Damit wird das Spiel meistens kontrollierter und etwas langsamer, was es auch für den Leiter einfacher macht, zu coachen. Bevor man zum Streetball übergeht, beginnt man auch hier mit 5–10 für ein Team und dann 5–10 Angriffe für das andere Team.	Korrekturen/Tipps: • Positionen und genügend Abstand zueinander beibehalten. • Koordinierte Bewegungen der Spieler ohne Ball: Beginnen mit dem, der gepasst hat. • Ruhig am Ball bleiben: Keine Hektik und zuerst den Überblick bekommen.

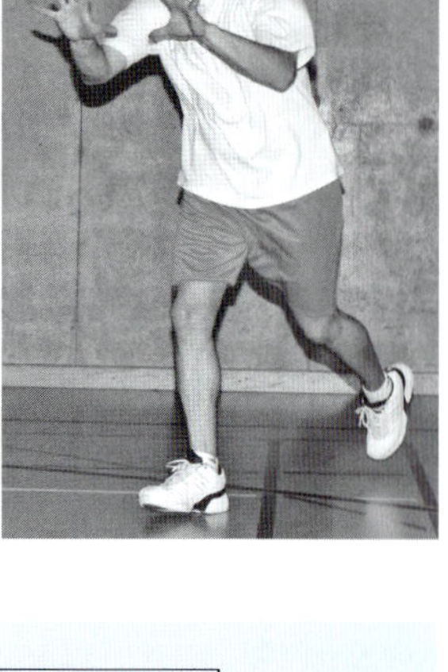

Sobald die Verteidigung beginnt, die Pässe zu stören, wird der Angriff gezwungen, sich aktiv freizustellen oder besser noch freizulaufen. Ein wichtiger Punkt beim Freilaufen ist ein Tempo- und Richtungswechsel. Wie auch immer diese Wechsel gewählt werden; die letzten 3 Schritte vor der Ballannahme sind schnell und in Richtung des Balles. Dazu sollten die Hände in Bereitschaftsstellung sein, was die nötige Körpervorspannung erzeugt.
Die Abbildung zeigt dieses Anzeigen. Wenn immer möglich sollten beide Hände gezeigt werden, weil so der Ball sicherer gefangen werden kann.
Weiter ist es für einen kultivierten Angriff wichtig, nicht irgendwo frei zu werden sondern auf den Spielpositionen. Deshalb helfen hier die Freilaufspiele wie Schnappball oder ähnliche Formen nur bedingt. Bei ihnen fehlt oft die Orientierung zum Zielobjekt Korb.

Beim Freilaufen auf die Außenspielerpositionen sind verschiedene Techniken anwendbar, die drei Punkte gemeinsam haben:

1. Der Spieler bewegt sich langsam in Richtung Korb, wobei er oft etwas tiefer als seine Position startet.
2. Er geht so weit in Richtung Korb, dass er mit beiden Füßen im Trapez ist, denn er braucht Platz, um sich freizulaufen.
3. Und er läuft schnell hinaus auf die Spielposition, um den Ball in Bewegung zu erhalten.

Drei verschiedene Möglichkeiten für die Außenspieler, sich freizustellen:

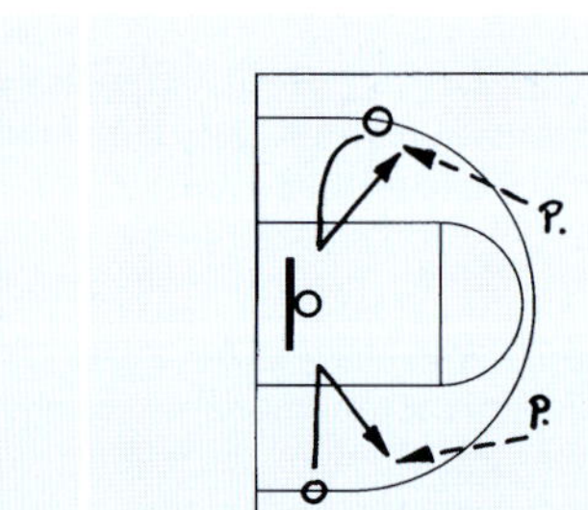

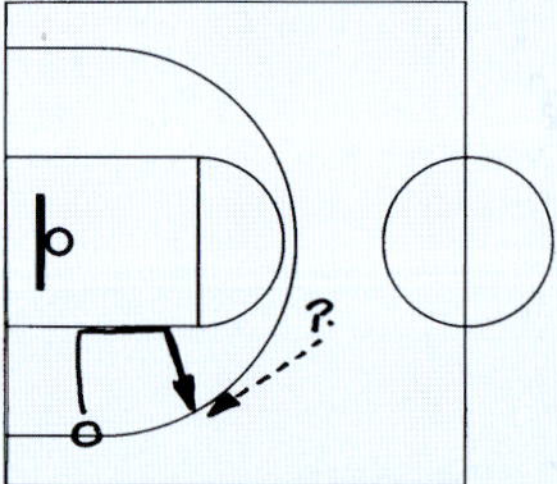

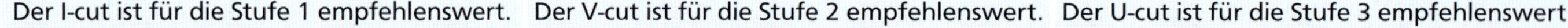

Der I-cut ist für die Stufe 1 empfehlenswert. Der V-cut ist für die Stufe 2 empfehlenswert. Der U-cut ist für die Stufe 3 empfehlenswert.

Zum Freilaufen dazu kann auch das spontane Backdoor (siehe taktische Optionen) gezählt werden. Oft kommen die Spieler selbst auf diese Lösung. Vor allem, wenn sie beginnen, die Positionen besser einzuhalten und das Angriffsspiel breiter wird und mehr offene Räume entstehen. Dazu aber mehr im Kapitel der taktischen Optionen (Kapitel 3.3.3, S. 104).

Etwas anders sieht das Freilaufen bei den Innenspielern aus. Sie stellen sich hauptsächlich am Trapez auf und verlangen den Ball im Stehen. Das nennt man aufposten. Je nachdem, wo der Verteidiger steht (hinten, oben oder unten), zeigt der Innenspieler, wo er den Ball sicher erhalten kann.

Die zweite Möglichkeit freizukommen ist das Schneiden durch das Trapez. Hier gelten die gleichen Regeln wie beim Außenspieler (Tempo- und Richtungswechsel). Allerdings ist der Raum kleiner, weil der Innenspieler meist schon am Trapez steht. Körpertäuschungen helfen in diesen Situationen, den Verteidiger aus dem Gleichgewicht zu bringen und so den entscheidenden Schritt Vorsprung zu erlangen.

Ist ein Spieler frei, soll er angespielt werden. Das geschieht mit einem Pass. Der einfachste Pass ist der zweihändige Brustpass, mit dem auch die meisten Pass-Kapitel beginnen. Dieser Pass ist zwar der genauste Pass, aber er ist nur dann anwendbar, wenn man nicht verteidigt wird. Dies mag bei den absoluten Anfängern noch der Fall sein, aber sobald der Verteidiger des Ballträgers beginnt, Druck zu machen, müssen andere Pass-Techniken gefunden werden.

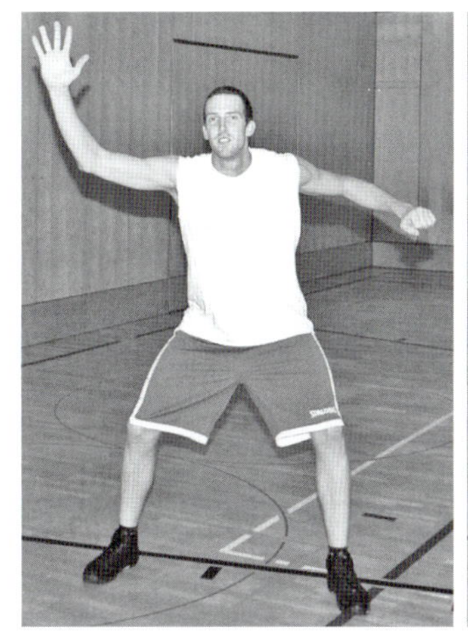

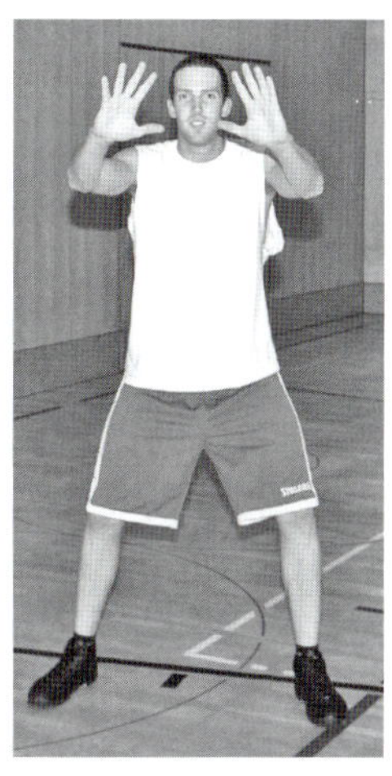

Überkopfpass

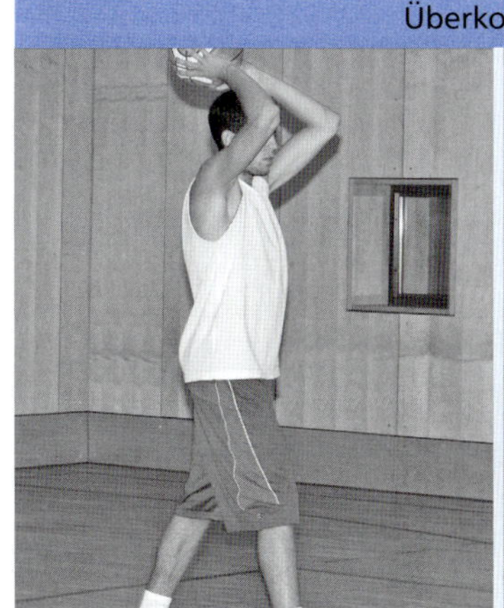

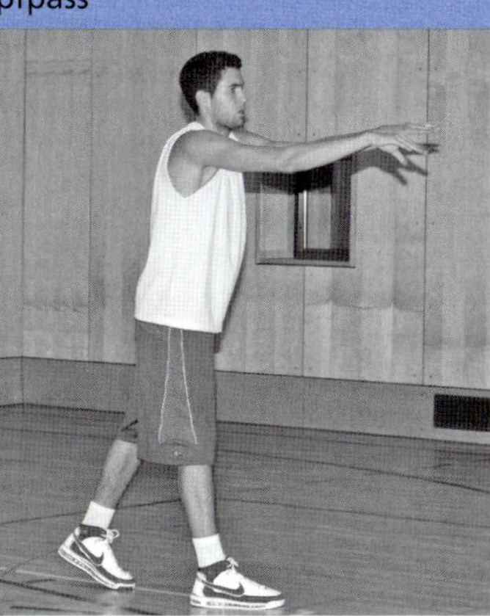

Kurvenpass

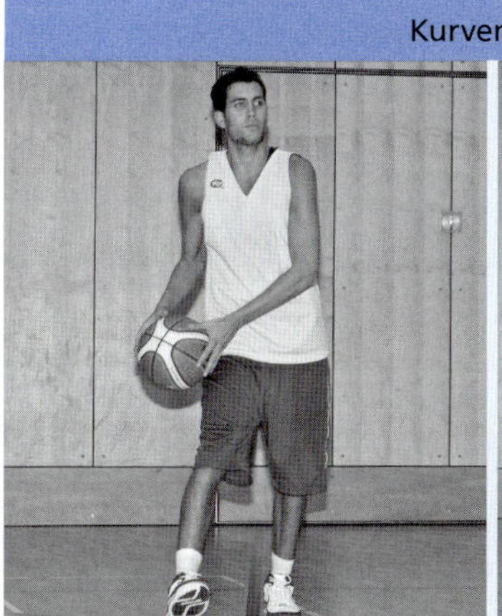

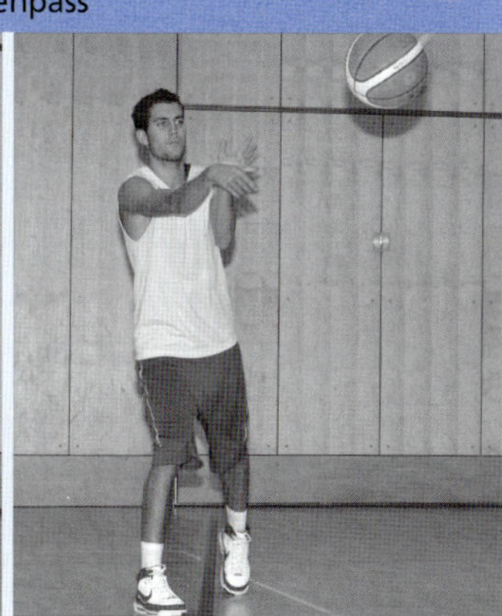

Baseballpass

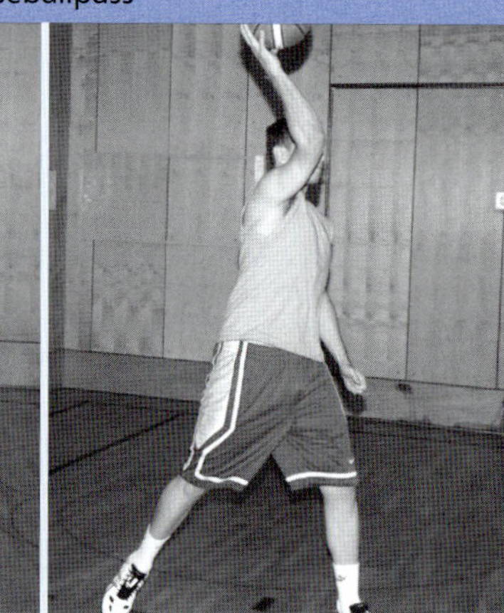

Der Bodenpass (meist kombiniert mit dem Kurvenpass)

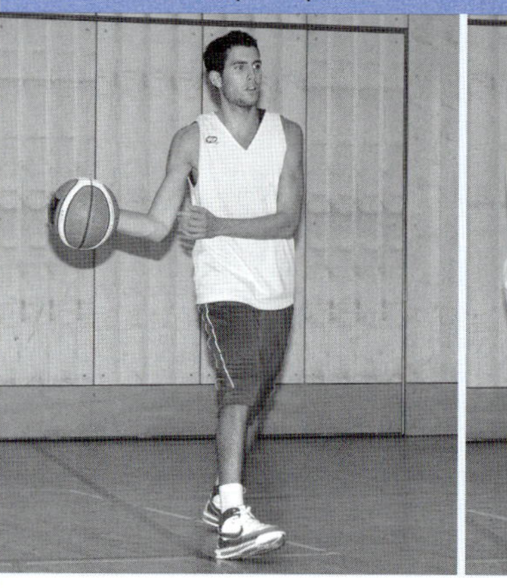

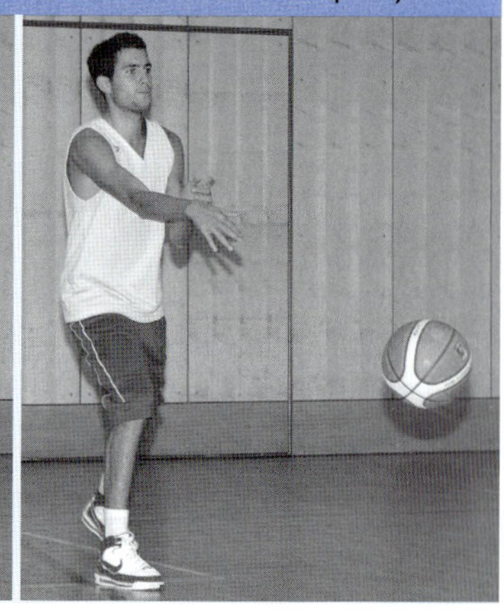

Der Brustpass

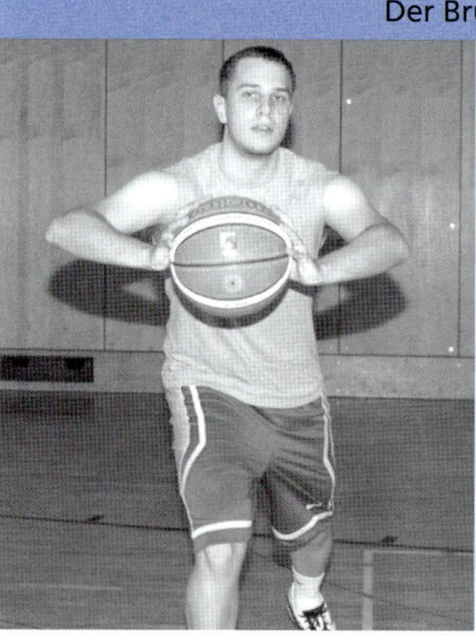

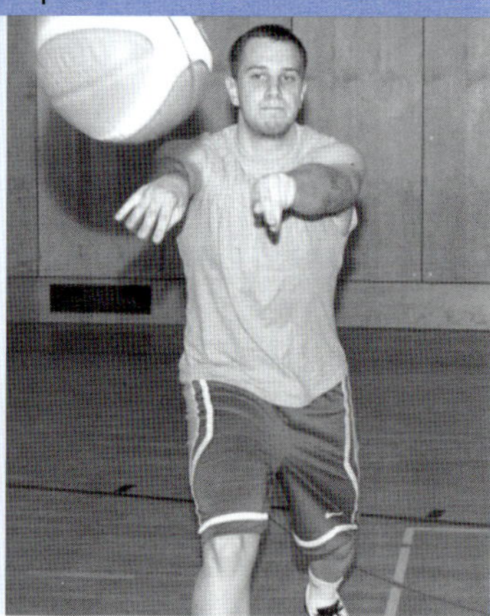

Allerdings gilt beim Passen auch der Grundsatz: Jeder Pass, der ankommt, ist ein guter Pass. Deshalb sollte vor allem dann an den Pässen gearbeitet werden, wenn sie nicht mehr ankommen. Dazu die wichtigsten Pass-Techniken (s. auch S. 97):

Allerdings nützen die besten Pass-Techniken wenig, wenn der eigene Verteidiger nicht überlistet werden kann. Auch hier haben wir also ein Duell 1 gegen 1. Auch in dieser Situation geht es darum, den Gegner zu lesen und zu täuschen.

Die Passtäuschungen haben das Ziel, die Hände und Arme des Verteidigers „auszuschalten", das heißt, an ihnen vorbei zu kommen. Deshalb sollte bei Passübungen nebst spielnahen Situationen schnell auch ein Verteidiger dazu kommen, auch wenn dieser zu Beginn sicher im Rollenspiel ist und noch nicht voll verteidigt.

Nr.	Name Ziele/Akzente	Idee/Beschreibung	Hinweise/Organisation
187	**Elementarteilchen-Spiel** Passen und sich bewegen	Je ein Team von 7 bis 12 Spielern pro Hallenhälfte. Der Ball wird möglichst zügig einander zugepasst. Wer gepasst hat, ist „entladen" und muss sich mit einer Berührung der Seitenlinie wieder „aufladen", um den nächsten Ball erhalten zu dürfen. Linien abwechseln und auf Passtechnik und Schrittfehler achten. Welches Team hat zuerst 50 Pässe? Oder wer hat mehr Pässe auf 1 Min.? Passtechniken vorgeben. • Zwei Bälle. • Zwei (oder mehr) Teams im gleichen Feld (verschiedene Bälle). • Auf ein Signal mit drei Pässen auf den Korb werfen.	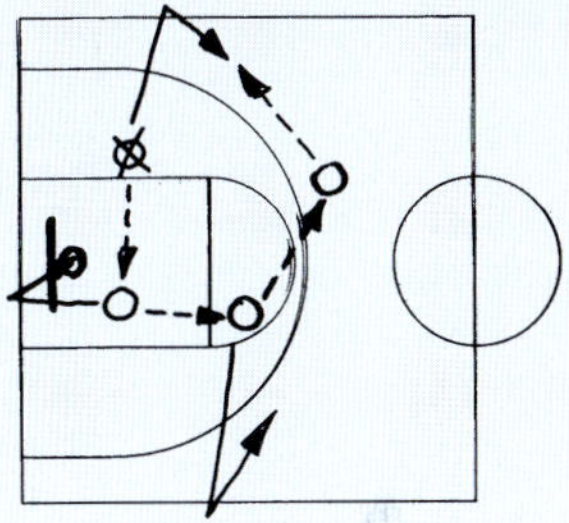
188	**Zahlenpassen** Die Situation schnell erfassen und passen	4er- bis 6er-Gruppen bilden und diese Spieler nummerieren durch, um sich nachher den Ball der Reihe nach in einem begrenzten Feld zu passen. Alle Spieler sind in Bewegung. Auf Pfiff der Lehrperson wechselt die Passrichtung, auf zwei Pfiffe muss der Ball so rasch wie möglich in den Korb gegenüber. Wer schafft am meisten Pässe in einer bestimmten Zeit? Auf Schrittfehler achten. • Nach jedem Pass muss eine Aufgabe gelöst werden (Liegestütz, Linie berühren, etc.). • Alle Teams im selben Feld. • 2 Bälle pro Gruppe.	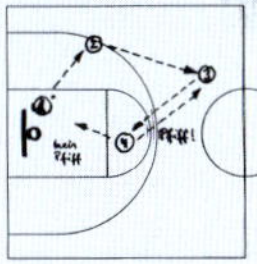 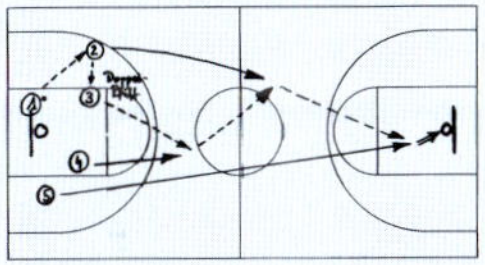
189	**Karussell** Passen aus dem Laufen und Pässe im Laufen annehmen	4 Passeure an allen Seitenlinien (Höhe Freiwurflinie) und 2 im Mittelkreis. Die anderen mit Ball unter den zwei Körben mit je einem eigenen Ball. Jeder mit Ball macht eine ganze Runde mit Pässen zu den Passeuren und ohne Dribblings. Bei den Körben wird abgeschlossen und der eigene Rebound geholt. Anschließen und auf eine neue Runde, wenn wieder zuvorderst. Seitenwechsel und Passeurwechsel nicht vergessen. • Nur eine halbe Runde und der nächste holt den Rebound beim Korbwurf und geht auf die nächste halbe Runde.	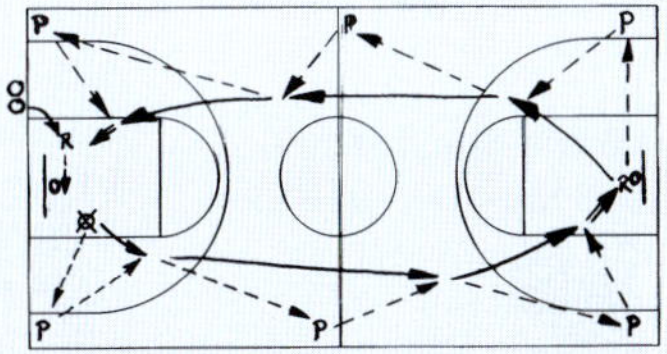

Nr.	Name Ziele/Akzente	Idee/Beschreibung	Hinweise/Organisation
190	**Freilaufen und Passen** Timing zwischen Freilaufen und Passen finden	Der ballbesitzende Spieler A steht mit einem Bein im Reifen und versucht mittels Sternschritt, B einen Pass zu geben. B' versucht dies mittels enger Manndeckung zu verhindern. B muss sich vom Verteidiger lösen. Nach erfolgtem Pass dribbelt B zum Reifen, A wird Verteidiger von B' usw. Varianten • der Verteidiger hält beide Arme auf dem Rücken. • der Verteidiger hält einen Arm auf dem Rücken. • die Position des Ballbesitzers/Zuspielers wird nicht mehr durch einen Reifen markiert, sondern darf frei gewählt werden.	A B' B
191	**Tennisbasketball** Das kleinere Spielgerät verbessert die Pass- und Fangfähigkeit	Zwei Teams spielen gegeneinander übers ganze Feld. Gespielt wird mit einem Tennisball. Dadurch werden die Spieler gezwungen, genauer zu passen und das Dribbling ist erschwert. Damit das Freilaufen noch mehr geübt werden kann, gehen immer zwei Spieler zusammen, die sich gegenseitig decken. Mit vier Teams kann gut in den Diagonalen auf die vier Seitenkörbe gespielt werden. Mit einem oder zwei Bällen. Vorsichtig beginnen und das Dribbling eventuell verbieten, damit es keine Zusammenstöße gibt. Der Ballträger darf nicht berührt werden. • Gutes Aufwärmspiel, um die Gruppe „abzuholen".	Achtung: • Auf Schrittfehler achten. • Genau beobachten bei den Treffern.
192	**Diagonalbasketball** Spielen nebeneinander und gegeneinander zugleich	Vier Teams spielen in den beiden Diagonalen jeweils gegeneinander mit je einem Ball. Wenn es keine Seitenkörbe hat, kann auch auf ein anderes Zielobjekt gespielt werden (z. B. ein Eimer auf einem Schwedenkasten). Besser und sicherer wird das Spiel, wenn man ohne Dribbling spielt. Auch hier sicherstellen, dass jeder weiß, wen er verteidigt. • Mit Dribbling.	TEAM 1 TEAM 4 TEAM 3 TEAM 2

Nr.	Name Ziele/Akzente	Idee/Beschreibung	Hinweise/Organisation
193	**Spiel ohne Dribbling** Passen statt dribbeln fördern, was bei den Einsteigern oft nötig ist	Um das Passen möglichst spielnah zu üben, eignet sich das Spielen ohne Dribbling sehr gut. Man kann hier sogar mehr als 5 Spieler pro Team gegeneinander antreten lassen, sofern es nicht zu eng wird. Für den Spielleiter ist es so auch einfacher, die Schrittregel anzuwenden, weil er besser beobachten kann. Auch für das Aufwärmen eignet sich diese Form hervorragend. Es sollte aber darauf geachtet werden, dass sich nicht alle unter dem gegnerischen Korb tummeln. Die Spielpositionen sollten immer wieder eingenommen werden. • Mit einem Tennisball spielen. Damit wird das genaue Passen und sichere Fangen noch wichtiger. • Mit 4 Teams und vier Seitenkörben diagonal spielen; gegeneinander – nebeneinander.	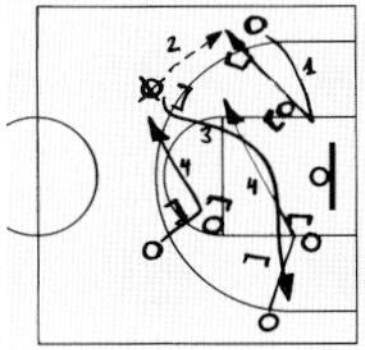 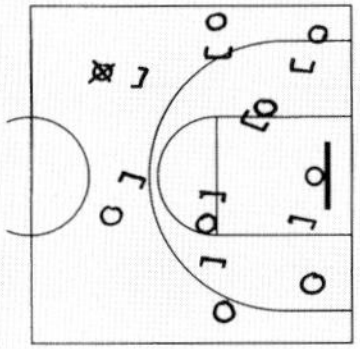
194	**Spiel ohne Dribbling: „Abstand"** Die Verteidigung lesen vorbereiten	Weil der Durchbruch zum Korb ohne Dribblings wegfällt, kann man eine Spezialregel einführen, nämlich: Immer wenn ein Spieler werfen will, kann er „Abstand" rufen und dann müssen die Verteidiger ihm den nötigen Raum lassen, dass er unbehindert werfen kann. Dadurch kann man sich spielgerecht verhalten und muss die nicht freien Würfe nicht forcieren. Dazu kann man die erlernte Wurftechnik in Ruhe anwenden. Nach dem Wurf ist der Ball wieder frei und das Spiel geht normal weiter. • Mit 4 Teams und vier Seitenkörben diagonal spielen; gegeneinander – nebeneinander.	Tipps für den Unterricht: • Geeignet zur Einstimmung, aber nicht zu lange spielen. • Erklären, wieso der Abstand: Wer nicht einen freien Wurf hat, soll nicht werfen, sondern vorbeigehen oder passen!
195	**Spiel mit einem sinnvollen Dribbling** Sinnvolle Dribblings fördern, andere unterbinden	Auch bei dieser Form ist das Passen immer noch dominant und trotzdem ist die Form sehr nah bei der Endform. Man darf nun ein Dribbling nehmen, aber nur, wenn man durchbricht und wirft. Dadurch kann das 1 gegen 1 auch miteinbezogen werden, was ja ein wichtiges Element im Basketball ist. • Mit 4 Teams und vier Seitenkörben diagonal spielen; gegeneinander – nebeneinander.	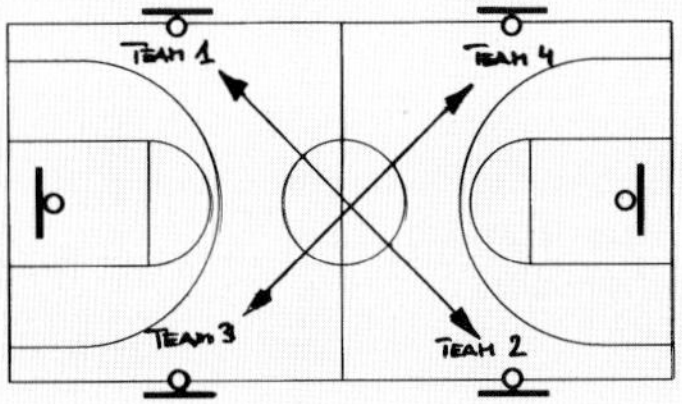 TEAM 1 TEAM 4 TEAM 3 TEAM 2

3

Nr.	Name Ziele/Akzente	Idee/Beschreibung	Hinweise/Organisation
196	**Affe in der Mitte** Passen unter Druck + Passtäuschungen anwenden	Zwei Angreifer stehen sich in einem Abstand von etwa 4 Metern in je einem Reifen gegenüber und passen sich den Ball zu. Ein Verteidiger steht dazwischen und versucht, den Ball abzufangen. Gelingt ihm dies, wird er neuer Angreifer. Berührt er den Ball, bekommt er einen Punkt und mit drei Punkten wird er auch neuer Angreifer, und der Verursacher vom letzten Punkt wird neuer Verteidiger. Der Verteidiger muss Druck auf den Ball machen, und der Angreifer am Ball muss warten, bis der Verteidiger bei ihm ist. Keine Lob-Pässe, ohne Dribbling und die Angreifer haben immer einen Fuß im Reifen.	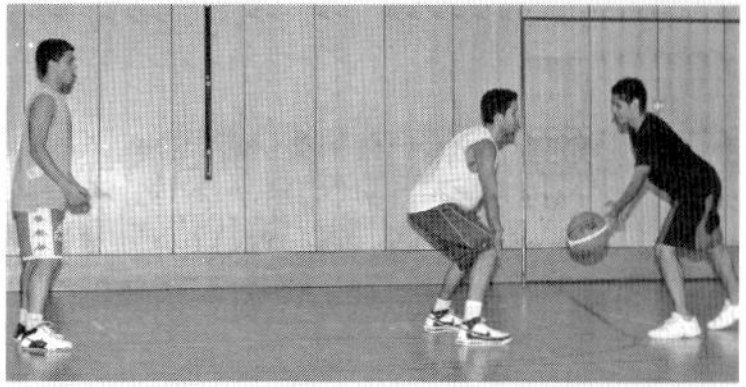
197	**Pass-Viereck** Pass-Technik üben und anwenden	Vier Angreifer und vier Verteidiger. Rollenwechsel nach drei Sequenzen. Die Angreifer spielen seitliche Kurvenpässe, die Verteidiger verhalten sich zu Beginn passiv und steigern sich nach einem Signal des Leiters. Nach dem Signal kann aber auch auf den Korb gespielt werden. Die Sequenz endet, wenn ein Korb erzielt wurde oder die Verteidiger den Ball erobert haben.	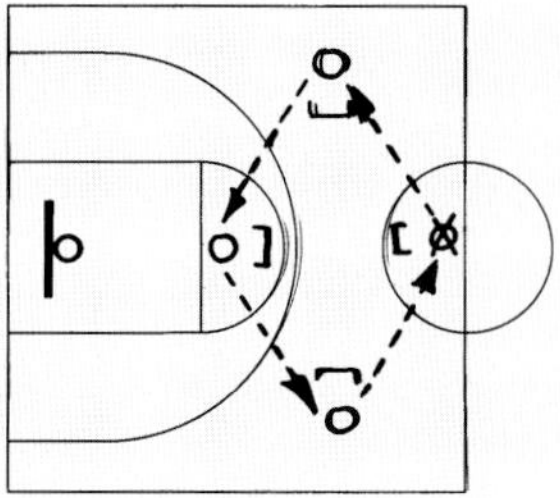
198	**Supermario-Passen** Pass-Techniken üben	Drei Kolonnen bilden wie auf der Grafik, die Bälle befinden sich in Kolonne A. Der Spieler A1 passt zu B1, sprintet in den Mittelkreis und dreht sich zum Korb. B1 passt zu C1, sprintet auf Höhe der Freiwurflinie auf die gegenüberliegende Seite und dreht sich ebenfalls zum Korb. C1 passt zu A1 und schneidet über die (jetzt) ballnähere obere Trapezecke zum Korb. Er erhält dort den Ball von B1, welcher diesen von A1 bekommen hat. C1 schließt ab und geht mit dem Ball in Kolonne A, A1 nach B und B1 nach C.	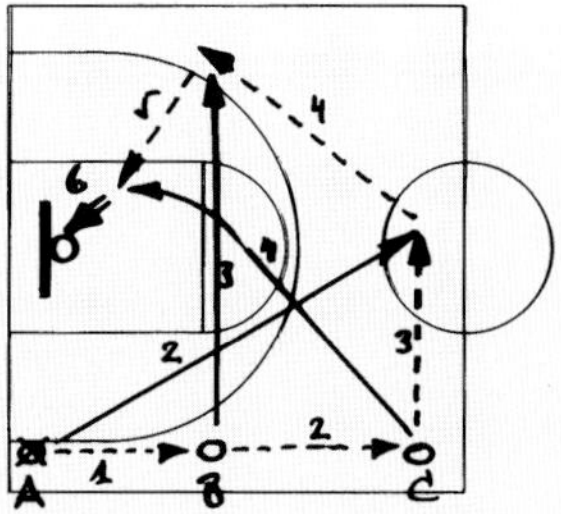

Nr.	Name Ziele/Akzente	Idee/Beschreibung	Hinweise/Organisation
199	**Oranje Halbfeld** Wurf-Pass-Übung mit einer hohen Intensität	Drei Kolonnen an der Mittellinie und je zwei Spieler mit Ball auf den Flügelpositionen. In der mittleren Kolonne (A) hat der erste Spieler (a) auch einen Ball und passt ihn auf eine seitliche Kolonne (B). Er läuft dem Pass nach und hinter dem jetzigen Ballträger (b) durch, welcher seinerseits den Ball auf den Spieler (c) der dritten Kolonne (C) gepasst hat. Während Spieler (c) zum Korb durchbricht und abschließt, bekommen die beiden anderen Spieler Pässe von den beiden Passeuren auf den Flügelpositionen. Sie werfen, gehen in den Rebound und werden zu den neuen Passeuren. Der Spieler, der zum Korb ging, nimmt seinen Ball und passt ihn in die mittlere Kolonne zurück und schließt auch dort an. Die beiden ehemaligen Passeure schließen an den anderen beiden Kolonnen an.	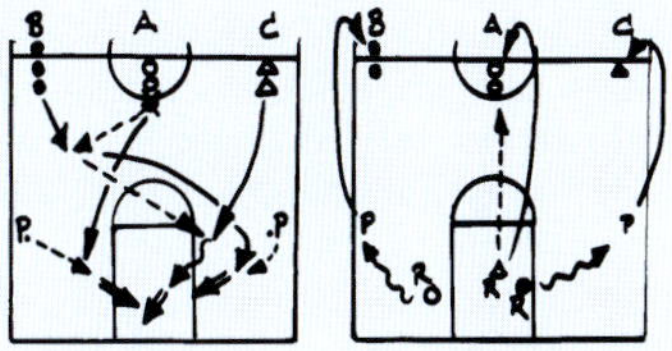
200	**Oranje Ganzfeld** Wurf-Pass-Übung mit einer hohen Intensität	Die gleiche Übung kann auch über das ganze Feld gespielt werden. Die Pass-Stationen bleiben auf den Flügel-Positionen. Auch hier beginnt der Spieler im mittleren Korridor, passt auf den Spieler an der Seitenlinie und schneidet hinter diesem durch für einen Wurf (diesmal beim gegenüberliegenden Korb). Der zweite Pass wird ein weiter Diagonalpass übers Feld werden. Dieser Pass wird vom dritten Spieler angenommen, welcher nun zum Korb dribbelt und abschließt. Die zwei anderen kommen zu je einem Wurf, holen den Ball und werden neue Passeure. Nun braucht es zusätzlich jemand, der den Rebound vom ersten Spieler abholt. Dieser Spieler kommt von der Freiwurflinie, holt den Rebound und geht mit den zwei neuen Spielern in zwei Pässen wieder zum anderen Korb, somit total 9 Spieler. • Es braucht auf diese Weise vier Passeure, drei Akteure und zwei Rebounder (die aber nicht zwingend sind), macht total 9.	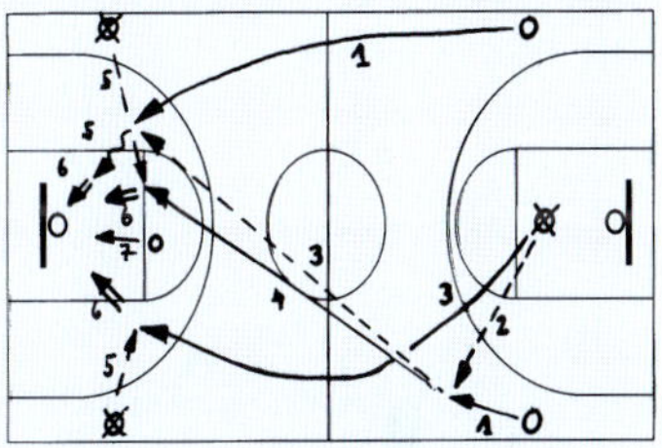
201	**Timing für den ersten Pass** Das Timing zwischen Aufbauer und Flügel für den ersten Pass üben	Zweiergruppen in einer Kolonne, der vordere hat einen Ball. Beide Spieler starten gleichzeitig. Spieler 1 dribbelt auf die eine Seite, kommt mit einem Handwechsel zurück und passt auf Spieler 2, welcher sich zur Seitenlinie gelöst hat und sich mit genügendem Abstand in Richtung Korb bewegt. Abschluss von Spieler 2 und Rebound von Spieler 2, Rollenwechsel. Aus dem Dribbling passen. • Mit einem Verteidiger auf Spieler 1 oder 2, dann mit Zwei.	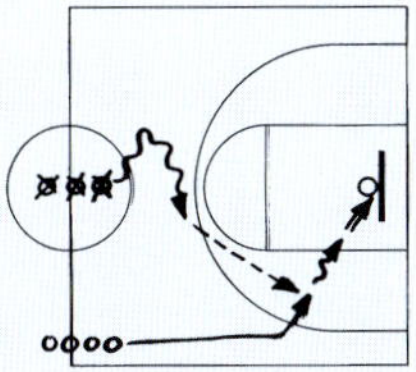

Die taktischen Optionen für den Einsteiger sollten weder zu umfangreich noch zu anspruchsvoll sein. Oft werden zu früh zu starre Systeme mit taktischen Elementen gespielt. Das führt dazu, dass die Spieler die Systeme vor allem durchlaufen, aber gar nicht spielen können. Leider merkt dies der Gegner oft nicht, so dass der Eindruck entsteht, dass die Systeme funktionieren.
Auch hier gilt das Motto: Lieber weniger Optionen, diese aber beherrschen.

Wir beschränken uns deshalb auf folgende taktische Elemente:

- Das 1 gegen O, vor allem das Backdoor (eine Bewegung aus dem Freilaufen; der Schnitt zum Korb).
- Das 1 gegen 1.
- Das Give and Go, der Doppelpass im Basketball.
- Der Schnitt durch das Trapez zum Ball, um den Ball im Trapez nah am Korb zu bekommen.
- Der Gegenangriff.

Das Backdoor

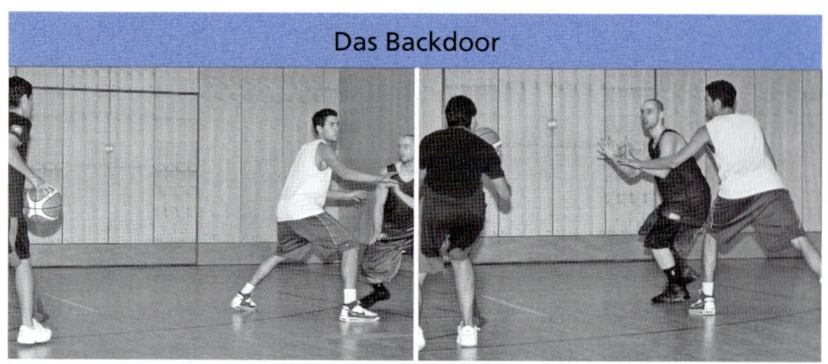

Das Give and Go (vor dem Verteidiger)

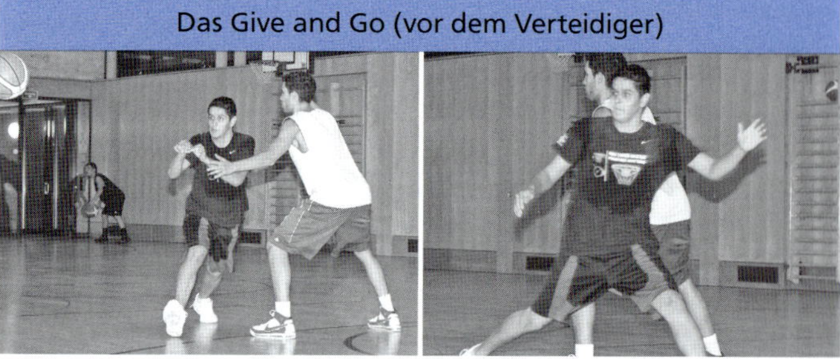

Das Give and Go (hinter dem Verteidiger)

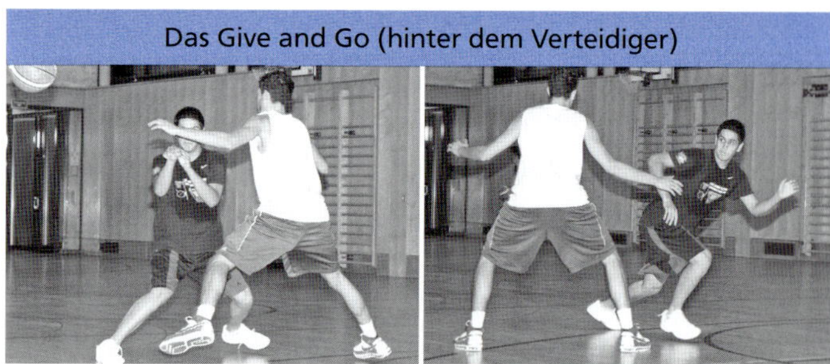

Nr.	Name Ziele/Akzente	Idee/Beschreibung	Hinweise/Organisation
202	**2 gegen 0, Doppelpässe**	Zu zweit mit einem Ball. Die beiden Spieler bewegen sich frei in der Halle, wobei der Spieler mit Ball dribbelt. Sobald er den Ball aufnimmt, spielt er einen Doppelpass (Give + Go) mit seinem Partner und dribbelt weiter. • Mit dem Give + Go zum Korbabschluss (mit weiteren Dribblings). • Mit dem Give + Go zum direkten Korbabschluss (ohne Dribbling). • Das Give + Go aus dem Dribbling versuchen.	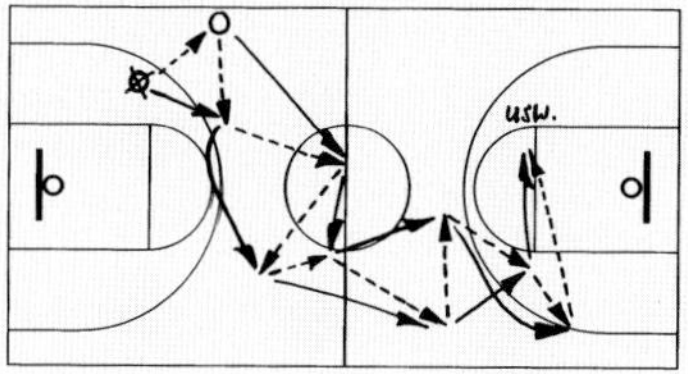 usw.
203	**2 gegen 0, Backdoor** Nebeneinander üben und ein Gefühl für die Bewegung bekommen	Zu zweit mit einem Ball. Passend und dribbelnd bewegen sich die beiden Spieler frei in der Halle. Die Spielpositionen sind bei allen Körben markiert. Sobald nun ein Spieler mit Ball auf einer solchen Position innehält, sich zum Korb ausrichtet und seinen Partner anschaut, läuft dieser auf eine Position links oder rechts vom Passeur. Er macht eine Körpertäuschung weg vom Korb, um dann Richtung Korb zu laufen. Er verlangt den Ball, bekommt ihn und schließt ab. Nach dem Abschluss gehen beide in den Rebound und werfen bis zum Korberfolg nach. Dann wählen sie einen anderen Korb. • Zuerst nicht aus dem Dribbling, dann aus dem Dribbling versuchen. • Kombinieren mit dem Give + Go und dem Schnitt zum Korb.	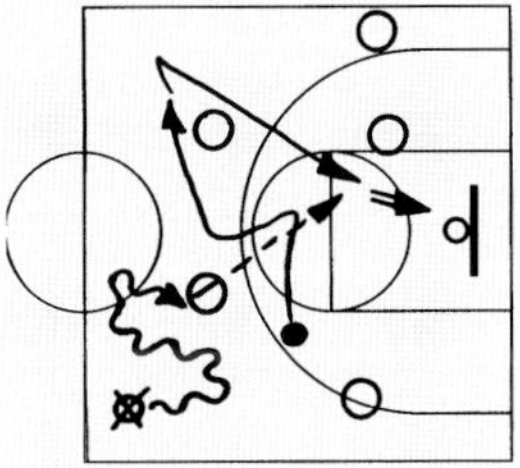
204	**2 gegen 0, Give + Go** Nebeneinander üben und ein Gefühl für die Bewegung bekommen	Zu zweit mit einem Ball. Passend und dribbelnd bewegen sich die beiden Spieler frei in der Halle. Die Spielpositionen sind bei allen Körben markiert. Sobald nun ein Spieler mit Ball auf einer solchen Position innehält und sich zum Korb ausrichtet, läuft sein Partner auf eine sinnvolle Pass-Position für ein Give + Go. Nach dem Abschluss gehen beide in den Rebound und werfen bis zum Korberfolg nach. Dann wählen sie einen anderen Korb. • Zuerst nicht aus dem Dribbling, dann aus dem Dribbling versuchen. • Kombinieren mit Backdoor und dem Schnitt zum Korb.	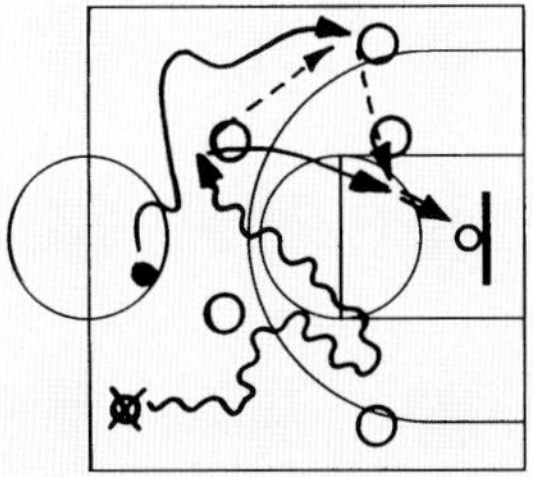

3

Nr.	Name Ziele/Akzente	Idee/Beschreibung	Hinweise/Organisation
205	**Zweimal halber Spiegel Give + Go vom Flügel** Doppelpass (Give + Go) von Spielpositionen üben	Eine Kolonne steht auf der Spielmacherposition. Die andere Kolonne (mit Bällen) befindet sich etwas tiefer als die Flügelposition auf der gleichen Feldhälfte. Der erste dieser Reihe passt dem ersten der oberen Kolonne den Ball, startet sofort Richtung Korb und bekommt den Ball sofort wieder zurück um abzuschließen. Nach dem Wurf sichert sich dieser Spieler den Ball, gibt ihn in die Flügelkolonne, schließt aber in der Spielmacherkolonne an. Der Passeur aus der oberen Kolonne geht nach seinem Zuspiel in die Flügelkolonne. Dieselbe Anordnung mit zwei weiteren Kolonnen auf der anderen Feldhälfte. Seitenwechsel nicht vergessen. Wichtig ist, noch auf der eigenen Feldhälfte abzuschließen, am besten mit einer zweibeinigen Abschlusstechnik. • Ein Verteidiger auf dem Flügelspieler, der eng verteidigt und sich dann schlagen lässt. • Ein zweiter Verteidiger beim Aufbauer für die Passerschwerung.	Tipps für den Unterricht: Am Anfang sollten die beiden Seiten die Übung alternierend ausführen (Zusammenstöße verhindern). Wenn es gut funktioniert, gleichzeitig. In dieser Form können pro Korb gut 12 Spieler üben.
206	**Zweimal halber Spiegel Backdoor** Schnitt zum Korb (Backdoor) bei enger Verteidigung üben	Zwei Kolonnen: der Spielmacher hat den Ball. Der Flügelspieler läuft sich bis über (!) die 3-Punkte-Linie frei, um dann dort explosiv zum Korb zurückzulaufen. Er erhält den Ball möglichst früh auf dem Weg zum Korb, damit er ihn noch kontrollieren kann, bevor er abschließt. Abschluss mit oder ohne Dribbling, aber sicher auf der eigenen Feldseite. Ein Bodenpass ist leichter anzunehmen. Ball sichern und Kolonnen wechseln. • Ein Verteidiger auf dem Flügelspieler, der eng verteidigt und sich dann schlagen lässt. Dann erst der zweite Verteidiger.	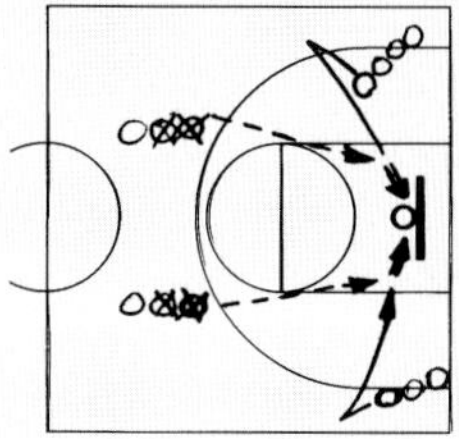
207	**Zweimal halber Spiegel Backdoor clear-out + return** Auffüllen nach Backdoor mit einem Pass auf den Innenspieler üben	Wie Übung 206, aber der Flügelspieler bekommt den Pass beim Hineinschneiden noch nicht, verlangsamt, dreht um und kommt zurück in Richtung Mid-Post-Position. Der Spielmacher dribbelt auf die Flügelposition und passt den Ball, sobald er auf der Flügelposition ist und der andere Spieler den Ball verlangt. Nun wird mit einer Innenspielerbewegung abgeschlossen und in die neuen Kolonnen gewechselt. Auch hier kann ein Verteidiger dazu genommen werden.	

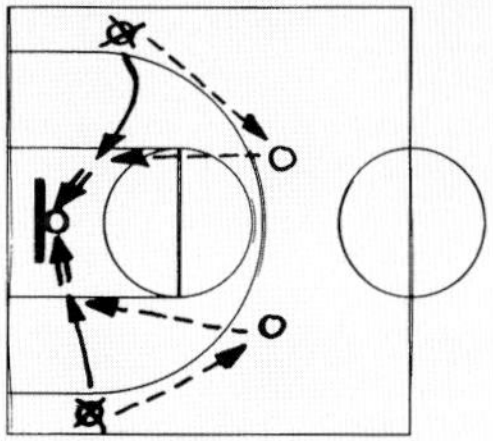

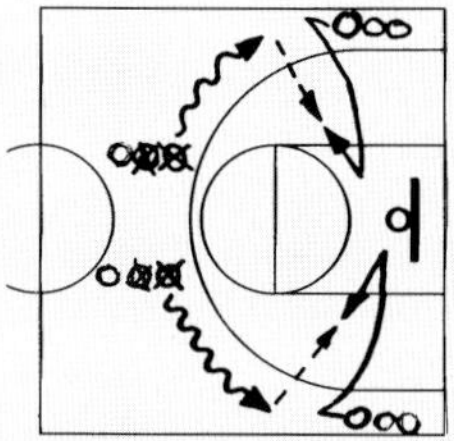

Nr.	Name Ziele/Akzente	Idee/Beschreibung	Hinweise/Organisation
208	**Optionen im 3 gegen 3 Rollenspiel auf einen Korb** Taktische Optionen gegen Verteidiger üben	Im Spiel 3 gegen 3 mit passiven Verteidigern können die taktischen Optionen meist gut gespielt werden, da mehr Platz vorhanden ist als im 5 gegen 5. Wichtig ist dabei aber, dass sich die Verteidiger sinnvoll verhalten. Beim Backdoor und beim Give + Go ist es wichtig, dass der Ballträger eng verteidigt wird, sonst kann das Element nicht korrekt geübt werden. Der Verteidiger spielt eng, lässt sich aber schlagen und verhindert die Pässe nicht. Damit ist das Rollenspiel nicht einfach und es braucht Zeit und Geduld, bis die Verteidiger dies so tun, damit die Angreifer gut üben können. Auch Verteidiger-Fouls müssen unterbunden werden, sonst gibt es zu viele Spielunterbrüche.	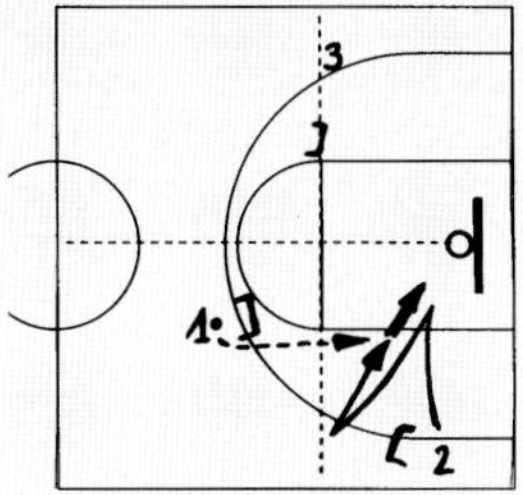
209	**Taktische Optionen im 3 gegen 3 mit dem neutralen Spieler** Taktische Optionen gegen volle Verteidigung mit einem Zusatzangreifer üben	Eine Lösung für das Üben der taktischen Optionen ist der neutrale Spieler (= Joker), welcher immer bei den Angreifern spielt, selbst aber nicht abschließt. Er hat keinen Verteidiger und kann sich ohne diesen Druck gut auf das Passen konzentrieren. Der Joker sollte Ruhe ins Spiel bringen und hauptsächlich passen. Er kann das Spiel aber auch dirigieren und als Aufbauer fungieren. Er sollte dafür aber ein guter Spieler sein, da sonst mehr Unruhe entstehen kann. Mit dem Zusatzspieler im Angriff können die Verteidiger nun voll verteidigen, sollten aber bei den taktischen Optionen nicht spekulieren. Auch hier gilt: Ziel dieser Form ist es, dass die Angreifer die Optionen erfolgreich üben können und damit das Vertrauen in diese Optionen bekommen. Auch die Verteidiger müssen dieses Ziel verstehen und ihr Verhalten etwas anpassen.	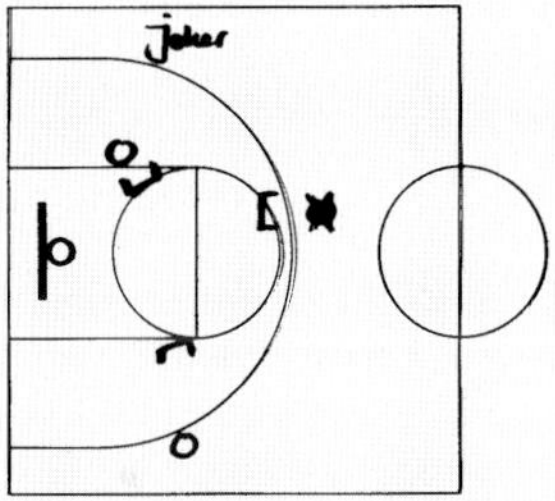 Joker
210	**Taktik belohnen im 3 gegen 3** Backdoor, Give + Go, Cut zum Ball werden belohnt	Nun wird voll auf einen Korb gespielt. Die Angreifer bekommen fünf Angriffe und jedes Mal, wenn sie mit einer taktischen Variante erfolgreich sind, bekommen sie zwei neue Angriffe dazu. Wenn sie eine taktische Option versuchen, aber nicht erfolgreich sind, dürfen sie noch einmal angreifen. Spielen sie keine taktische Option, haben sie einen Angriff weniger. Wenn sie ihre 5 Angriffe verspielt haben wird gewechselt. Wer gewinnt? • Normales Spiel, aber Körbe aus taktischen Optionen zählen doppelt.	

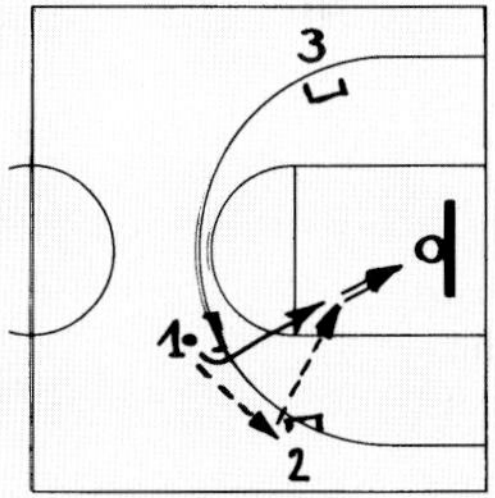

3.3.3.1 Abschlussvarianten im 3 gegen 3

Aus den taktischen Optionen ergeben sich verschiedene Abschlussvarianten, welche in der Folge beschrieben sind. Wenn solche geübt werden, sollte darauf geachtet werden, dass sie von den genauen und von sinnvollen Spielpositionen gespielt werden, so dass sie auch im Spiel mit Verteidigung erfolgreich angewendet werden können. Diese Optionen werden nur dann funktionieren, wenn die Abstände im Angriff (= Spacing) eingehalten werden. Wenn die Angreifer zu nahe aufeinander spielen, wird ein geordneter Spielaufbau kaum möglich sein.

Varianten mit drei Außenspielern: *Wann* (eignet sich diese Variante)? *Wie* (wird sie gespielt)? *Was* (wenn der Pass nicht geht)?

Backdoor vom Flügelspieler (2)

Wann?
- Wenn der Gegner versucht, den Pass auf den Flügelspieler zu verhindern.

Wie?
- 2 sollte seinen aggressiven Verteidiger bis über die 3-Punkte-Linie locken, damit er genügend Platz hat.
- Dann einen explosiven Richtungswechsel geradewegs zum Korb.
- Hände früh bereit, um den Ball zu erhalten.
- Sofort einen scharfen Pass spielen, damit ihn 2 früh genug erhält, denn er wird sofort frei oder gar nicht.
- Pässe nur spielen, solange 2 sich zum Korb bewegt. Danach ist ungünstig.

Was?
- Dann geht 2 weiter unter dem Korb durch auf die andere Seite, 1 dribbelt und füllt die Flügelposition auf und 3 rückt auf die Spielmacherposition nach.

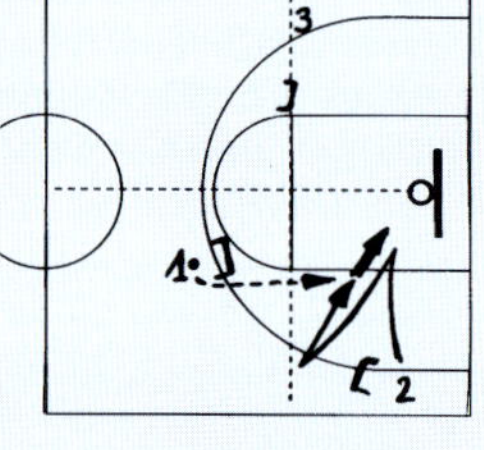

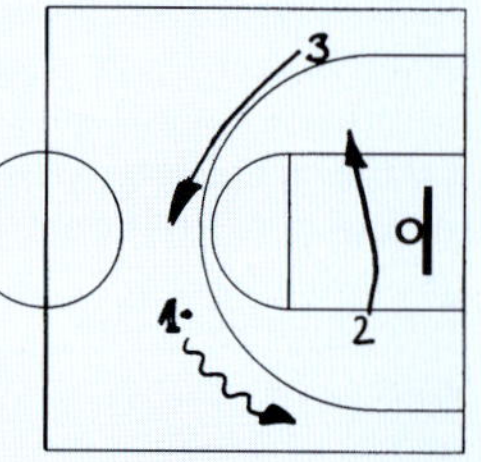

Spontanes **Backdoor** vom anderen Flügelspieler (3)

Wann?
- Ein spontanes Backdoor kann gespielt werden, wenn der Verteidiger zu nahe steht und/oder für einen Moment nicht aufpasst.

Wie?
- Direktes explosives Schneiden geradewegs zum Korb.

Was?
- 3 wird früh merken, ob er frei wird und kann gut auf seine Position zurückkehren, was sonst meist nicht gut ist. Aber ein Kreuzen mit dem anderen Flügelspieler dauert meistens zu lange und funktioniert nur, wenn dieser sehr aufmerksam ist. Ferner kann während des Kreuzens der Spielmacher kein 1 gegen 1 spielen.

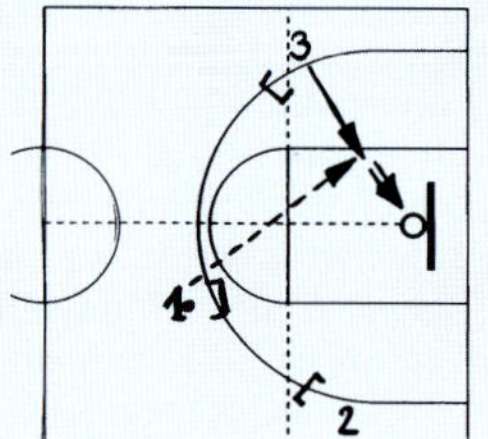

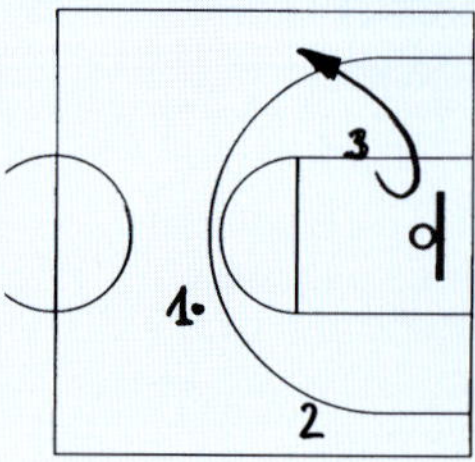

Backdoor vom Spielmacher (1), wenn der Ball beim Flügelspieler (2) ist

Wann? • Wenn der Pass auf 1 verhindert wird und/oder der Verteidiger zu nah steht und/oder für einen Moment nicht aufpasst.

Wie? • Direktes explosives Schneiden geradewegs zum Korb.

Was? • 1 schneidet weg vom Ball auf die schwache Seite und 3 rückt auf die Spielmacherposition nach.

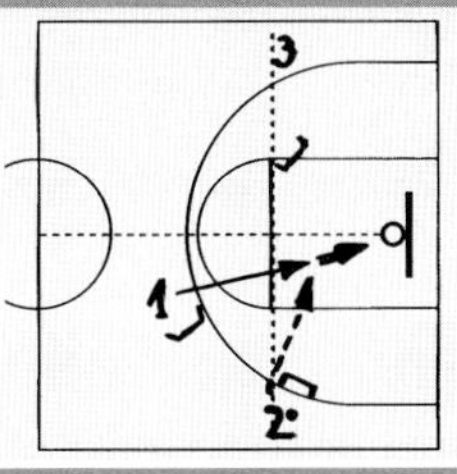

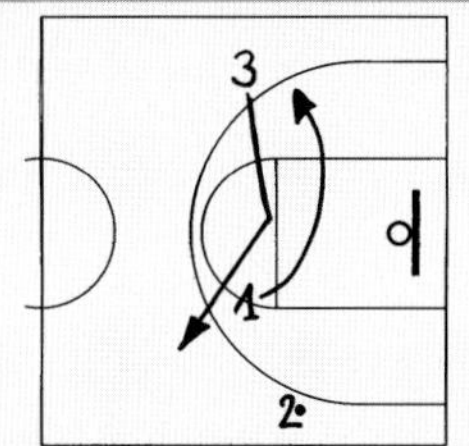

Give and Go vom Spielmacher (1)

Wann? • Wenn der Ballträger (1) eng verteidigt wird, selbst aber nicht zum Korb durchbrechen kann.

Wie? • Ein scharfer Pass mit einem offenen Ausfallschritt in Richtung Ball.

• Ein gerader Schnitt zum Korb. Wenn der Verteidiger zu spät zum Ball absinkt (= Jump to the Ball), dann schneidet 1 vor ihm zum Korb. Wenn der Verteidiger rechtzeitig (= mit dem Pass) zum Ball absinkt, geht 1 hinter ihm zum Korb.

• Ein scharfer zweiter Pass von 2 sofort nach Erhalt des Balles. Entweder ist 1 sofort an seinem Verteidiger vorbei oder dann meistens gar nicht mehr.

Was? • 1 schneidet weg vom Ball auf die schwache Seite und 3 rückt auf die Spielmacherposition nach.

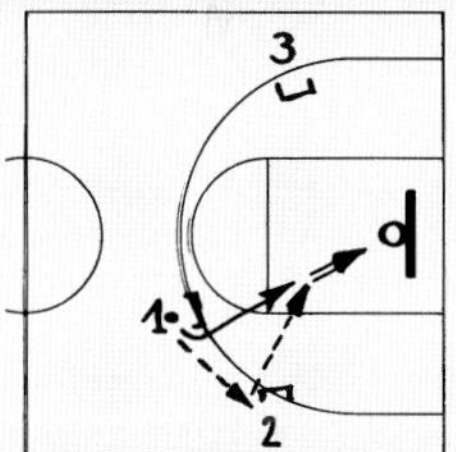

Give and Go vom Flügelspieler (2)

Wann? • Wenn der Ballträger eng verteidigt wird, aber sein 1 gegen 1 nicht spielen kann.

Wie? • Ein gerader Schnitt zum Korb. Wenn der Verteidiger zu spät zum Ball absinkt (= Jump to the Ball), dann schneidet 2 vor ihm zum Korb. Wenn der Verteidiger rechtzeitig (= mit dem Pass) zum Ball absinkt, geht 2 hinter ihm zum Korb.

• Ein scharfer zweiter Pass von 1 sofort nach Erhalt des Balles. Entweder ist 2 sofort an seinem Verteidiger vorbei oder dann meistens gar nicht mehr.

Was? • 2 wird früh merken, ob er frei wird und kann gut auf seine Position zurückkehren, was sonst meist nicht gut ist. Aber ein Kreuzen mit dem anderen Flügelspieler dauert meistens zu lange und funktioniert nur, wenn dieser sehr aufmerksam ist. Ferner kann während des Kreuzens der Spielmacher kein 1 gegen 1 spielen.

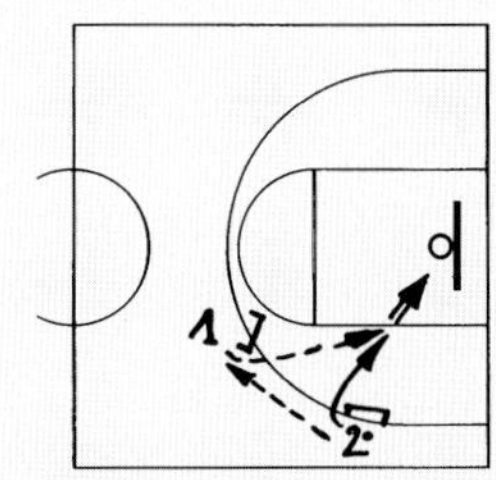

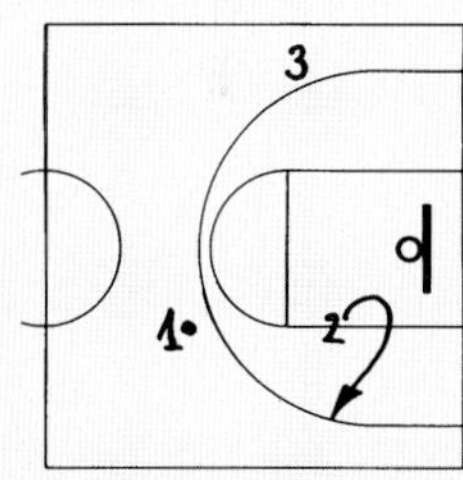

3

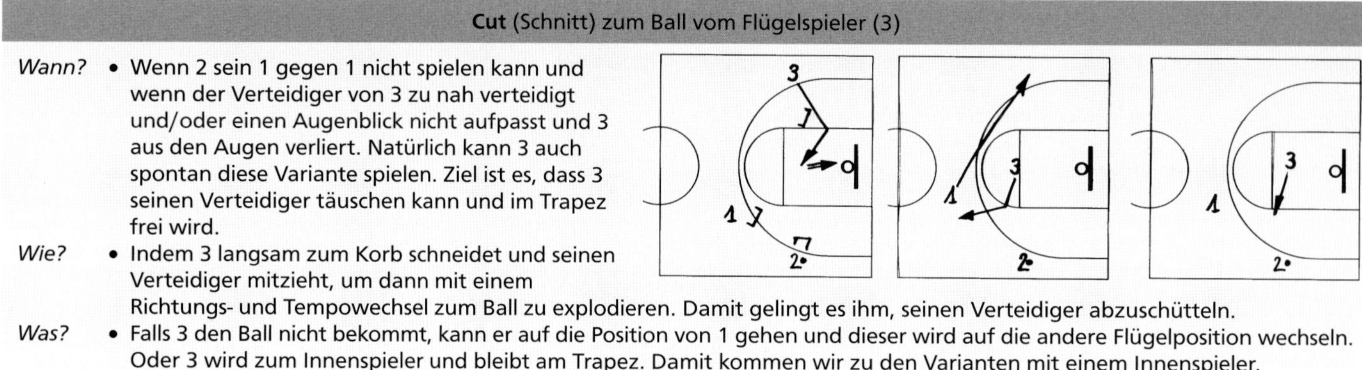

Cut (Schnitt) zum Ball vom Flügelspieler (3)

Wann? • Wenn 2 sein 1 gegen 1 nicht spielen kann und wenn der Verteidiger von 3 zu nah verteidigt und/oder einen Augenblick nicht aufpasst und 3 aus den Augen verliert. Natürlich kann 3 auch spontan diese Variante spielen. Ziel ist es, dass 3 seinen Verteidiger täuschen kann und im Trapez frei wird.

Wie? • Indem 3 langsam zum Korb schneidet und seinen Verteidiger mitzieht, um dann mit einem Richtungs- und Tempowechsel zum Ball zu explodieren. Damit gelingt es ihm, seinen Verteidiger abzuschütteln.

Was? • Falls 3 den Ball nicht bekommt, kann er auf die Position von 1 gehen und dieser wird auf die andere Flügelposition wechseln. Oder 3 wird zum Innenspieler und bleibt am Trapez. Damit kommen wir zu den Varianten mit einem Innenspieler.

Mit 2 Außenspielern und 1 Innenspieler:
Hier kann der Innenspieler grundsätzlich immer angespielt werden. Sinnvoll ist es aber vor allem, wenn er auf der Spielfeldhälfte des Balles ist.

Spezielle Varianten mit dem Innenspieler:

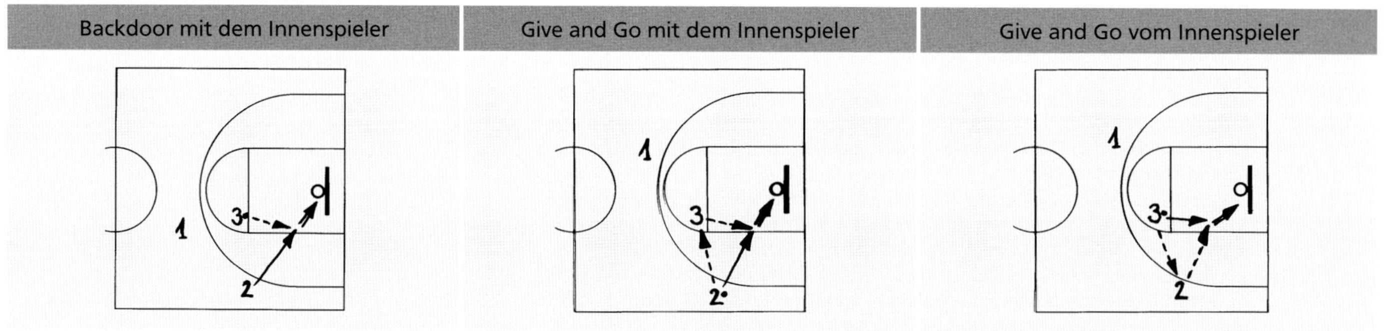

Backdoor mit dem Innenspieler	Give and Go mit dem Innenspieler	Give and Go vom Innenspieler

Dazu kommen auch verschiedene Kombinationen und Folge-Varianten, wenn die Verteidiger entsprechend reagieren.

3.3.3.2 Abschlussvarianten im 5 gegen 5 (4 Außenspieler und 1 Innenspieler)

Zu den verschiedenen Abschlussvarianten im 3 gegen 3 kommen im 5 gegen 5 noch ein paar dazu. Eine wesentliche Rolle spielt immer der Ort des Balles und der Standort des Innenspielers.

- Falls auf der Ball-Seite (nach Pass vom Spielmacher auf den Flügel) ein Innenspieler (High-Post) steht,
  1. „Give and Go" mit dem Innenspieler
  2. 1 : 1 Baseline, Innenspieler macht Platz

- Falls auf der Ball-Seite (nach Pass vom Spielmacher auf den Flügel) ein Innenspieler (Mid-Post) steht,
  1. Anspiel auf den Innenspieler, welcher den Abschluss sucht
  2. 1 : 1 in Richtung Freiwurf-Linie
  3. 1 : 1 zum Korb zu gehen, wenn der Weg frei ist, weil der Innenspieler auf die andere Seite geht
  4. Pass auf den anderen Flügelspieler, welcher durch das Trapez zum Ball schneidet, sobald der Innenspieler auf die andere Seite geht

- Falls auf der Ball-Seite (nach Pass vom Spielmacher auf den Flügel) kein Innenspieler steht,
  1. 1 : 1 zum Korb
  2. Pass auf den anderen Flügelspieler, welcher durch das Trapez zum Ball schneidet
  3. Pass auf Spielmacher zurück und „Give and Go"-Versuch (nachher zurück auf die gleiche Position)

- Falls Pass auf den Flügel nicht möglich ist, Pass auf den Innenspieler (auf dem High-Post), welcher dann verschiedene Optionen hat,
  1. Selbst den Abschluss suchen
  2. „Give and Go" mit dem Flügelspieler
  3. Pass auf den Flügelspieler für ein 1 gegen 1
  4. Pass auf einen Flügelspieler, welcher Backdoor zum Korb geschnitten ist

- Falls Pass auf den Flügel nicht geht, das 1 gegen 1 zum Korb suchen (wobei der andere Spielmacher und der Innenspieler Platz machen müssen)

- Falls Pass auf den Flügel nicht geht, Pass auf den anderen Spielmacher

Dieses Thema ist für den Basketball-Neuling und dessen Lehrperson wohl die größte Herausforderung.

Drei Begriffe aus dem Teamangriff:

1. Das Angriffs-System = Eine Kombination von taktischen Elementen und Laufwegen, in welcher meistens mehrere Abschlüsse (= Ausstiege) möglich sind.
2. Der Angriffs-Spielzug = Eine genau festgelegte Abfolge von taktischen Elementen und Laufwegen, welche meistens einem Spieler einen ganz bestimmten Abschluss von einem festgelegten Ort ermöglicht.
3. Die Angriffs-Regeln = Verhaltensregeln im Angriff, die den Angreifern sinnvolle Entscheidungsfreiheiten gestatten, aber doch ein kultiviertes Spiel fördern.

Tipps für den Unterricht:

- Für die Einsteiger können die beiden ersten Angriffs-Varianten durchaus zum Erfolg führen, wenn man den Erfolg mit Sieg gleichsetzt. Sie werden die Spielenden aber kaum entwickeln.
- Deshalb ist die dritte Möglichkeit für die Einsteiger sinnvoller.
- Entsprechende Regeln finden sich auf der nächsten Seite. Diese sind beim geführten Spiel immer wieder zu coachen. Der Leiter sollte sich und die Gruppe nicht überfordern und nicht zu viele Regeln auf einmal verlangen. Auch Übungen und Spielformen zu den einzelnen Regeln helfen, die Spieler zu sensibilisieren.
- Angriffe gegen 0 Verteidiger oder Angriffe in Überzahl sind nur zwei Möglichkeiten von vielen.

Nr.	Name Ziele/Akzente	Idee/Beschreibung	Hinweise/Organisation
211	**Blockwechsel** Schnelles Orientieren und sich im Team organisieren	Es wird in Angriffsblöcken à 3–5 Personen übers ganze Feld gespielt, aber fliegend gewechselt, sobald ein Korb fällt oder die Leiterin pfeift (wenn es zu lange dauert, max. 2'). Es werden immer alle Spieler beider Teams ausgewechselt und es wird sofort dort weitergespielt, wo der Ball liegt. Ballbesitz erhält das Team, das sich schneller den Ball sichern kann. Intensive und stimmungsvolle Spielform für große Gruppen ab 18 Spielern.	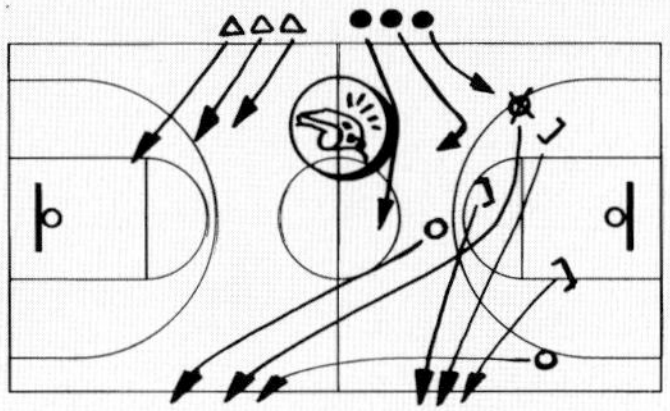
212	**3 gegen 0 Angriff** Laufwege, Pässe und Dribblings im Teamangriff koordinieren	3 gegen 0 auf einen Korb mit einem Ball von markierten Spielpositionen spielen. Mindestens 5-10 Pässe spielen, bevor man auf den Korb wirft. In den Rebound gehen und nachwerfen bis zum Korberfolg. Dann wieder neu beginnen. Spielpositionen respektieren und versuchen, den Raum auszunützen (nicht zu nah aufeinander stehen).	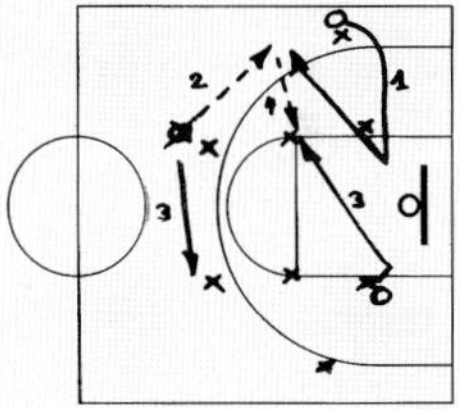 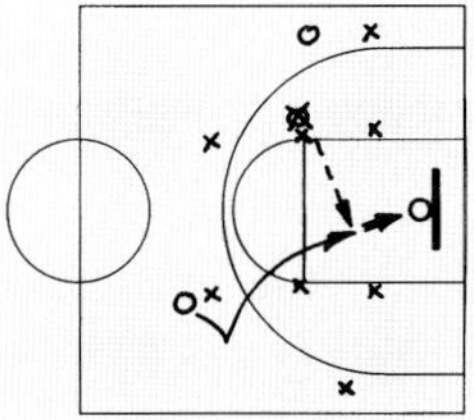
213	**3 gegen 0 nebeneinander** Passen, dribbeln und werfen nebeneinander	Drei Spieler mit einem Ball bei einem Korb. Sie bewegen sich auf den Spielpositionen und passen einander den Ball. Immer wieder dringen sie ins Trapez ein und schließen ab. In den Rebound gehen und nachwerfen bis zum Korberfolg. Dann wieder neu beginnen. Sobald dies klappt, kommt ein zweites Team zum gleichen Korb und beide Teams spielen gleichzeitig. • Ein drittes und viertes Team dazu. • Auch zu viert und zu fünft in den Teams.	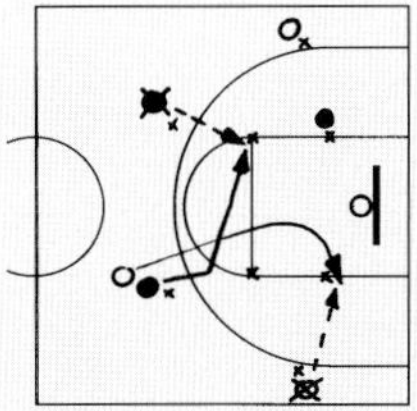

Nr.	Name Ziele/Akzente	Idee/Beschreibung	Hinweise/Organisation
214	**3 gegen 0 auf einen Korb – Teamplay** Laufwege, Pässe und Dribblings im Teamangriff koordinieren	3 gegen 0 auf einen Korb. Mit einem Ball von markierten Spielpositionen starten und mindestens 10 Pässe spielen, bevor man auf den Korb wirft. In den Rebound gehen und nachwerfen bis zum Korberfolg. Dann wieder neu beginnen. Grundverhaltensregel: Sobald jemand im Trapez den Ball bekommt, schließt er ab (im Spiel soll in dieser Situation auch abgeschlossen werden). Das bedeutet, dass vor allem außen herum und allenfalls ans Trapez (zum Innenspieler) gepasst werden kann. Sinnvolle Laufwege wählen und immer wieder auf die Positionen gehen. Es kann auch gedribbelt werden, aber sinnvoll (Seitenwechsel, Passwinkel verbessern, etc.). • Auch 4 gegen 0 und 5 gegen 0. • Die taktischen Optionen spielen. • Nebeneinander mehrere Teams auf den gleichen Korb.	
215	**Angriff mit neutralem Joker** Ruhe ins Spiel bringen und sich ohne Druck organisieren können	Spiel auf einen Korb, wobei das angreifende Team zusätzlich eine neutrale Anspielstation hat. Dieser Spieler darf selbst nur passen und nicht auf den Korb werfen. Er soll auch auf einer Spielposition stehen oder sich frei bewegen. Weil er nicht verteidigt wird, kann er das Spiel beruhigen und organisieren. • Der neutrale Spieler dribbelt und bewegt sich mehr. • Zwei zusätzliche neutrale Spieler. • Spielbar von 2 gegen 2 bis 5 gegen 5 mit Zusatzspieler.	
216	**3 gegen 3 mit 5 Teams** Spiel auf einen Korb mit 5 Teams im Wechsel	Spiel 3 gegen 3 (bis 5 gegen 5) auf je einen Korb mit einem Team an der Mittellinie. Dieses wartet, bis ein Sieger feststeht und wechselt dann für das Verlierer-Team ein. Der Wechsel kann nach einem Korb, einer Punkt- oder Korbanzahl stattfinden. Das Team draußen macht die Spielleitung. • Der Wechsel findet nach einer bestimmten Zeitdauer statt. • Das Team im Warteraum kann beschäftigt werden. • Kombiniert mit der Liga-Spielform.	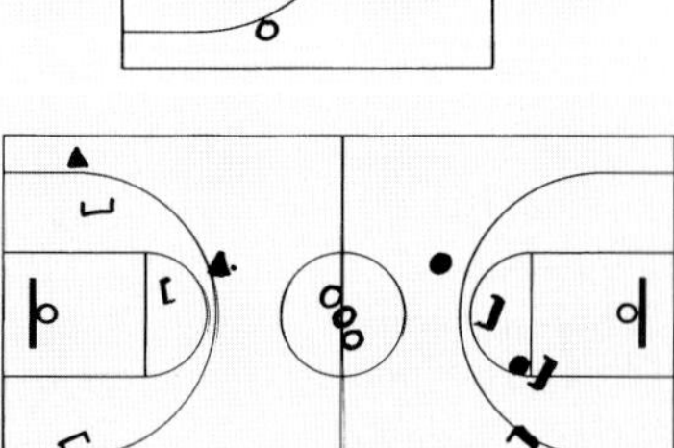

Nr.	Name Ziele/Akzente	Idee/Beschreibung	Hinweise/Organisation
217	**Brasilianische Welle – Basic** Fortlaufende Spielform	Spiel mit drei Teams à 3–5 Spielern. Team 1 startet an der Mittellinie und greift gegen Team 2 auf den einen Korb an. Bei Korberfolg oder Ballverlust geht Team 2 in den Angriff auf den anderen Korb gegen Team 3, während Team 1 bleibt, wo es sich jetzt befindet. Bei dieser Grundform greifen allerdings immer die gleichen Teams gegeneinander an. Deshalb sollte regelmäßig (alle 10 Angriffe) das eine Team zweimal angreifen (up and down). Verteidigt wird erst innerhalb der 3-Punkte-Linie. Korrekturen: • Einhalten der Angriffspositionen. • Sinnvolle Dribblings.	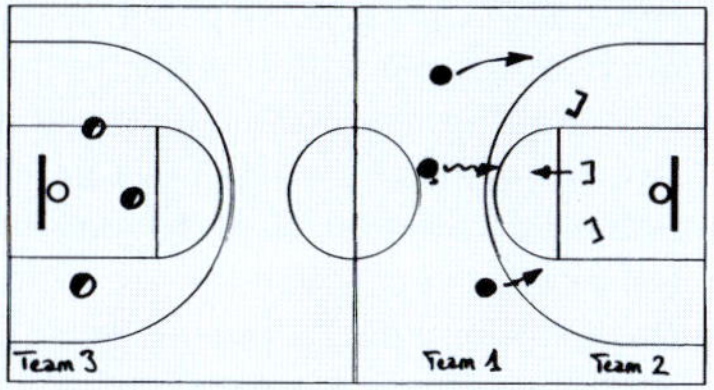 Team 3 Team 1 Team 2
218	**Brasilianische Welle – Winner stays** Wer den Korb erzielt, bleibt in Ballbesitz	Spiel 3:3:3. Team 1 startet an der Mittellinie und greift gegen Team 2 an. Bei Tor-/Korberfolg bleibt Team 2, wo es ist und Team 1 greift gegen Team 3 an. Solange jeder Angriff zum Erfolg führt, bleibt das Team immer im Angriff. Sobald eines der anderen Teams erfolgreich verteidigt, kommt dieses in den Angriff. Der erfolglose Angreifer nimmt dabei dessen Platz ein. • Die Teams zählen ihre gemachten Körbe selber. • Das Spiel kann auch mit 4er- oder 5er-Teams gespielt werden. • Ohne Dribbling spielen als Variante. • Nur dribbeln, wenn man zum Korb geht.	Tipps für den Unterricht: Diese Übung ist auch als Überzahl-Form denkbar. Dabei wartet immer ein Spieler der Verteidiger an der Seitenlinie und wechselt ein, sobald sein Team in den Angriff kommt.
219	**Brasilianische Welle – Pressing** Verteidigung ab der Mitte und bis zur Mitte	Wie die Grundform, es darf aber ab der Mitte und bis zur Mitte zurück verteidigt werden, also wie ein Pressing über das ganze Feld. Wer den Ball wieder erobert, setzt seinen ursprünglichen Weg fort. Auf Fouls achten. Wer hat zuerst 5 Körbe erzielt?	Tipps für den Unterricht: Auf die Fouls achten, da diese Form oft etwas hektisch wird. Solange der Korb noch nicht erzielt wurde, ist die Spielrichtung für das angreifende Team gegeben.

Das ist wichtig:

- Spielpositionen einhalten (Spacing) und nicht zu nah beieinander stehen (Abstand mindestens 2,5 m).
- Der Ball-Träger versucht als erstes, sein 1 gegen 1 anzuschauen und seinen Verteidiger zu lesen (= Read the defense) und wenn möglich auch zu spielen, außer wenn jemand frei in einer besseren Position steht.
- Die anderen beiden Spieler lassen dem Ball-Träger mindestens 3 Sekunden Zeit, sein 1 gegen 1 zu spielen, bevor sie sich in den „Korridor" des 1 gegen 1 des Ball-Trägers freistellen. Wenn sie sich im „Korridor" befinden, entfernen sie sich.
- Sobald sie merken, dass der Ball-Träger sein 1 gegen 1 nicht spielen kann, laufen sie sich frei und verlangen den Ball.
- Bei einem Wurf sollen immer mindestens zwei Angreifer in den Rebound gehen.
- Das Dribbling nur „sinnvoll" einsetzen, in erster Linie für den Durchbruch zum Korb (sonst nur noch für den Seitenwechsel und um den Passwinkel zu verbessern).
- Sinnvolle taktische Bewegungen: 1 gegen 1, Backdoor, Give and Go, Cut zum Ball.

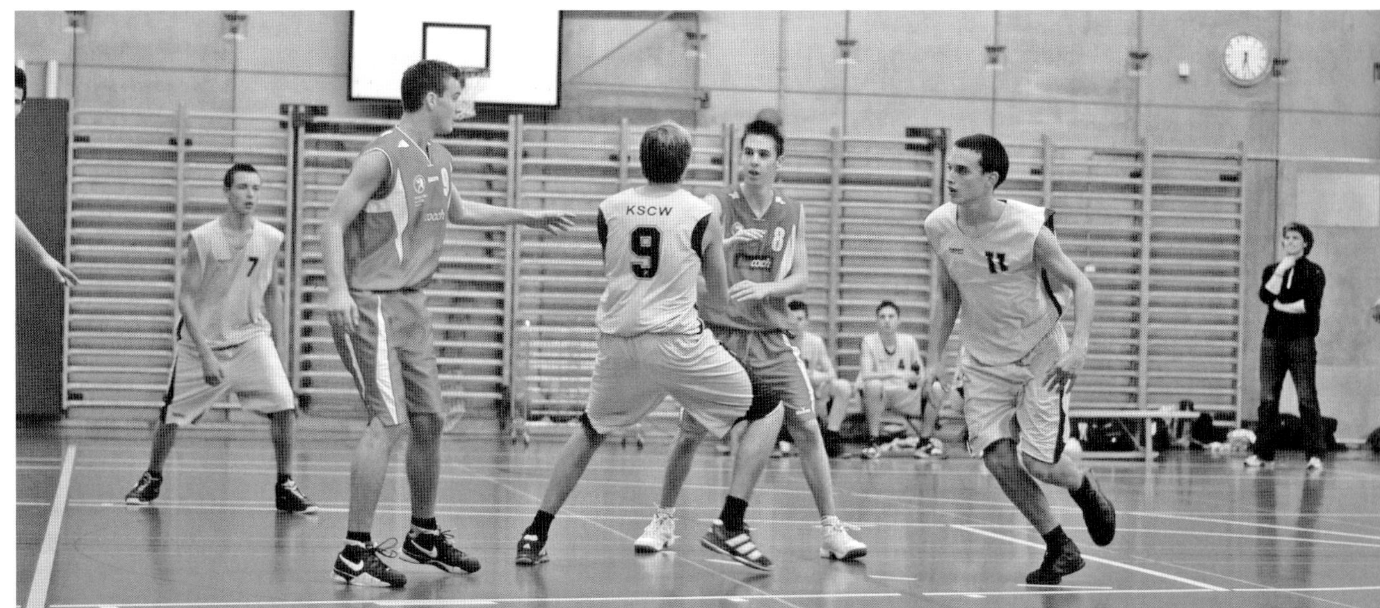

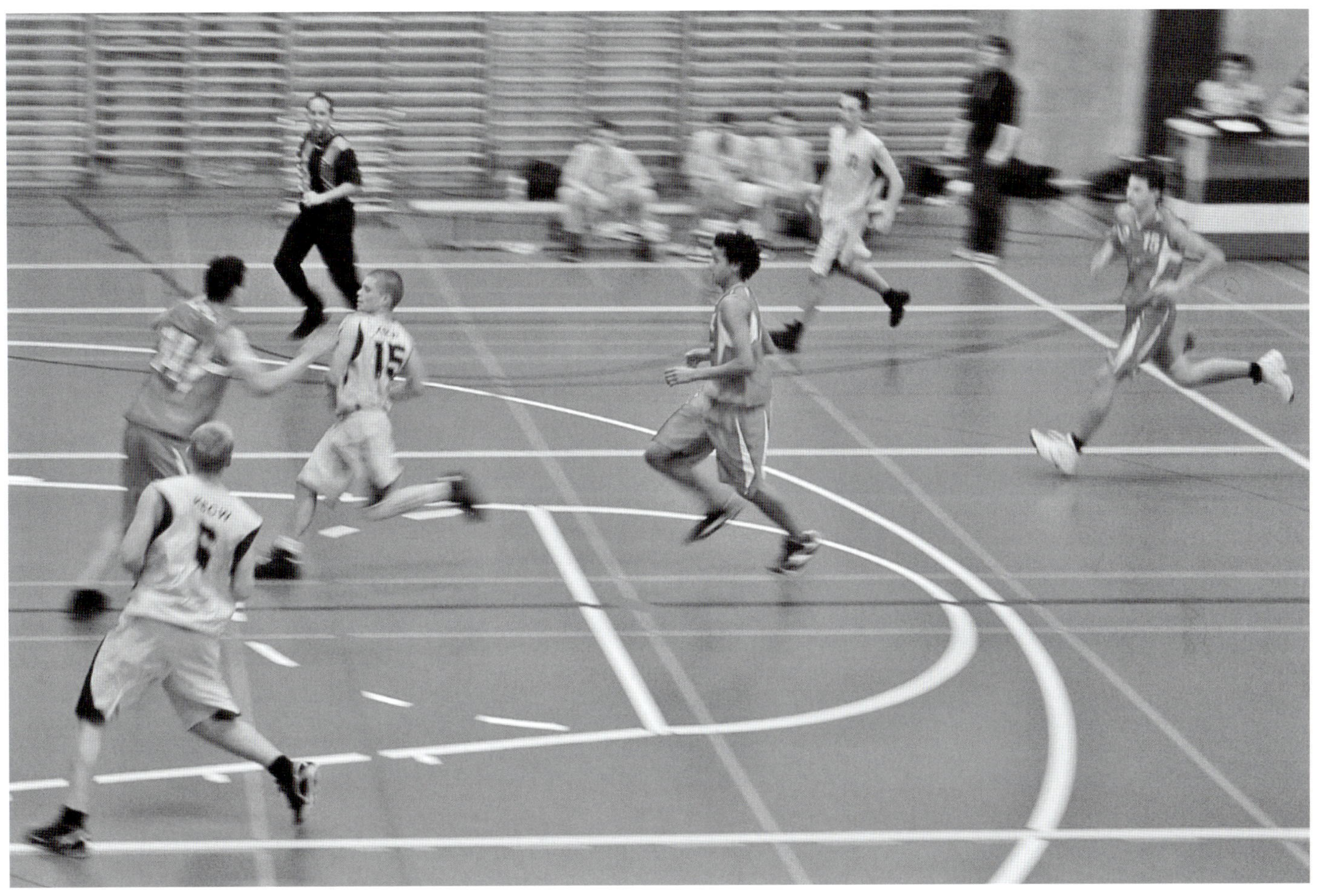

3.4 Der schnelle Gegenangriff (Fastbreak)

In jeder anderen Sportart gibt es nach einem Punkt oder Tor einen Unterbruch. Im Basketball dagegen geht das Spiel sofort weiter. Damit wird der schnelle Gegenangriff zu einem taktischen Element. In folgenden Situationen kann er angewendet werden.

- Nach einem Korb.
- Nach einem Defensiv-Rebound.
- Nach einem gestohlenen Ball.

In den meisten Situationen ist es ein improvisierter Gegenangriff und doch gibt es einige sinnvolle Verhaltensregeln, die es einzuüben gilt. Der schnelle Gegenangriff wird in der Schule zwar rege gespielt, aber leider meist nur von den besten Spielern, welche dieses Element meistens „solo" bestreiten. Um dies zu ändern, sind die Gegenangriffsregeln auf der nächsten Seite aufgelistet. Es wird empfohlen, sie in den Übungen anzuwenden und zu korrigieren (auch wenn sie bei den Übungen nicht jedes Mal aufgeführt sind).

Eine der wichtigsten Verhaltensregeln ist, mit dem Ballgewinn sofort umzuschalten und einen schnellen (aber dennoch sicheren) ersten Pass zu spielen.
Passen statt dribbeln gilt auch für den Gegenangriff, denn ein Pass ist immer schneller als ein gedribbelter Ball.
Die Abbildung zeigt die verschiedenen Phasen des schnellen Gegenangriffs:

1. Auslösung (Rebound und erster Pass)
2. Ballvortrag (Überbrückung des „Mittelfeldes")
3. Abschluss (ab der 3-Punkte-Linie)
4. Oder Übergang zum Positionsangriff (= Set up) (falls nicht abgeschlossen werden konnte)

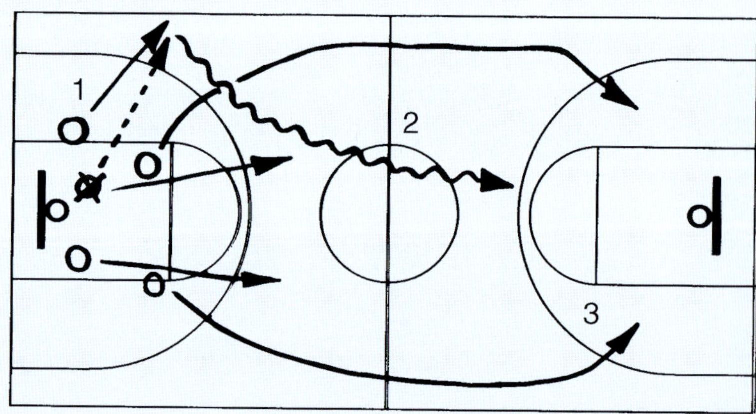

1. Der am nächsten beim Ball Stehende packt diesen und hält ihn (bei Fehlwurf) oben, oder springt hinter die Grundlinie (bei Korberfolg). Er passt diesen möglichst schnell zu einem freien Mitspieler, welcher sich nach außen (an die Seitenlinie) gelöst hat.

2. Nach dem Ausblocken sofort nach außen lösen und den Ball mit „Out“ verlangen (Körper nach vorne ausgerichtet, max. Höhe Freiwurf-Linie).

3. Der Vorderste auf dem Spielfeld sollte immer möglichst schnell den Ball erhalten (sofern er frei ist).

4. Grundsätzlich gilt: Passen statt dribbeln. Zuerst für den Pass nach vorne schauen und erst dann (falls nötig) dribbeln.

5. Die drei Korridore möglichst schnell besetzen, damit das Spiel in die Breite gezogen wird.

6. Nach der Mittellinie keine Korridore mehr wechseln und nicht über zwei Korridore passen (Ausnahme: der weite Baseball-Pass gleich nach dem Abwurf + der Querpass im 2:1).

7. Die erste Option ist der Durchbruch vom Flügel in Richtung Grundlinie. Jedes Mal versuchen, wenn der Verteidiger nicht voll zumacht.

8. Der Spielmacher kommt nach dem Pass auf die gleiche Seite, damit der Ball-Träger einen sicheren Pass zurückspielen kann.

9. Bei Überzahl muss ein kurzer Abschluss im oder am Trapez möglich sein.

10. Falls wir nicht abschließen können, stellen wir uns auf den Angriffspositionen auf und versuchen, das Spiel zu beruhigen.

Nr.	Name Ziele/Akzente	Idee/Beschreibung	Hinweise/Organisation
220	**Tic-Tac 3 gegen 0** Passen im Laufen und Korridore respektieren	Die Spieler stellen sich in drei Korridoren auf und bewegen sich mit kurzen Pässen ohne Dribblings von Korb zu Korb. Der letzte Pass wird an der 3-Punkte-Linie gespielt. Abschluss und evtl. Rebound, dann an den Seiten zurücklaufen und Kolonnen wechseln. • Mit zwei Bällen auf den Außenkorridoren, mit Dribblings. Mehr als eine Feldlänge (2- bis 3-mal hin und her).	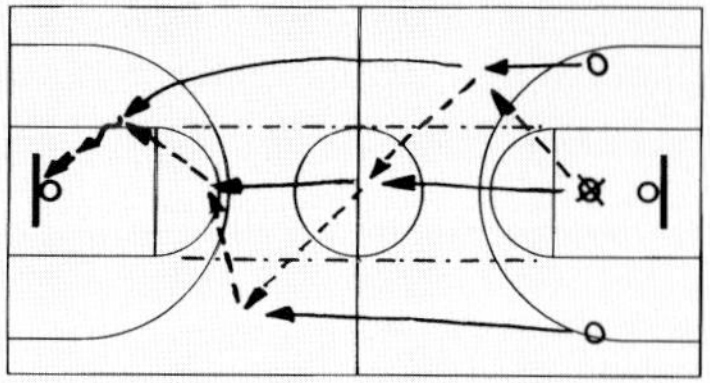
221	**Gegenangriff-2 Kolonnen-Angriff** Gegenangriff-Dribblingstechnik üben	Zwei Kolonnen. Je die ersten drei Spieler haben einen Ball. Nach jedem Abschluss die Kolonne wechseln. Zwei Markierungen an der Mitte. Spieler 1 umdribbelt die Markierung, macht einen Handwechsel und schließt möglichst schnell ab. Spieler 2 startet, sobald Spieler 1 die Markierung passiert hat. Als Steigerung beide Kolonnen gleichzeitig starten lassen. Gegenangriff-Dribblings = Ball nach vorne stoßen. • Anzahl Dribblings beschränken. • Verschiedene Abschlüsse.	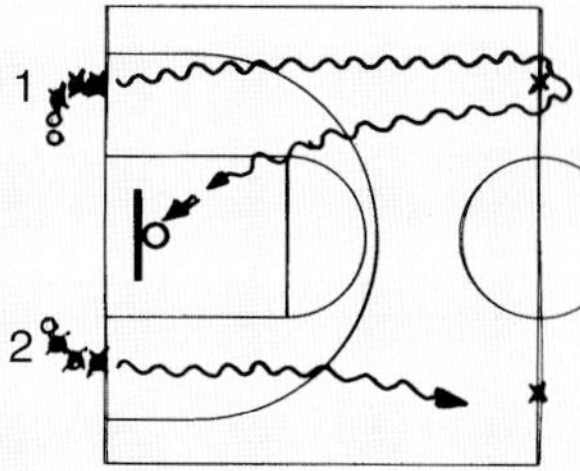 1 2
222	**Hol den Dribbler ein** Schnelles Reagieren und sofortiges Ausnützen von Zeitvorsprung	Ein Spieler mit Ball steht auf der Seite des Korbes an der Grundlinie; sein Partner an der Seitenlinie etwa 3 Meter von der Grundlinie weg. Sobald dieser Spieler vom anderen den Ball zugepasst bekommt, dribbelt er so schnell als möglich über das Feld und versucht, beim gegenüberliegenden Korb abzuschließen. Sein Partner versucht ihn abzufangen oder ihn beim Abschluss zu stören. Auf die andere Korbseite und nach einem Rollentausch wieder zurück. Nicht auf die andere Feldhälfte dribbeln, damit keine Zusammenstöße entstehen.	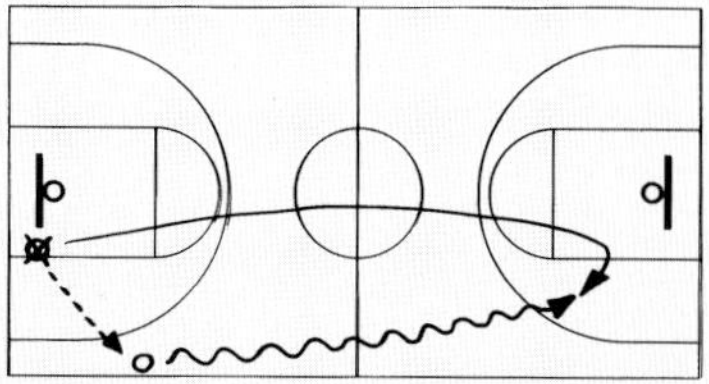

Nr.	Name Ziele/Akzente	Idee/Beschreibung	Hinweise/Organisation
223	**Robin Hood** In vollem Tempo dribbeln, Ball passen und annehmen. Abschluss aus dem Dribbling mit hohem Tempo	Zwei Kolonnen in den beiden Ecken, wobei die Bälle in der einen Kolonne sind. Nun starten die beiden ersten Spieler von jeder Kolonne. Während der Spieler mit Ball in den Anspielkreis dribbelt, läuft der andere an der Seitenlinie entlang. Beide wenden an der Mittellinie und bevor der Spieler ohne Ball an der 3-Punkte-Linie ist, passt der Ball-Träger ihm den Ball. Sofort beginnt der Spieler, mit maximal drei raumgreifenden Dribblings zum Korb zu ziehen und abzuschließen. Er holt seinen Ball und beide wechseln die Kolonnen. • Drei Pässe statt einen Pass. • Je eine Gruppe pro Korb: wer hat zuerst 20 Körbe erzielt?	
224	**Gegenangriff 3 gegen 0 mit langem Pass** Baseball-Passtechnik trainieren	Drei Spielergruppen stehen unter dem Korb. Die Spieler in der Mitte haben je einen Ball. Einer der Spieler wirft den Ball ans Brett. Einer der Spieler (A) sichert den Ball, die anderen laufen an die Seitenlinien. Einer von ihnen (B) erhält den Ball, der andere (C) sprintet in einem Bogen nach vorne und erhält den langen Baseball-Pass zum Abschluss. • Gleicher Ablauf, aber B läuft an der Seitenlinie nach vorne und erhält einen weiteren Pass von C, bevor der Korbabschluss erfolgt.	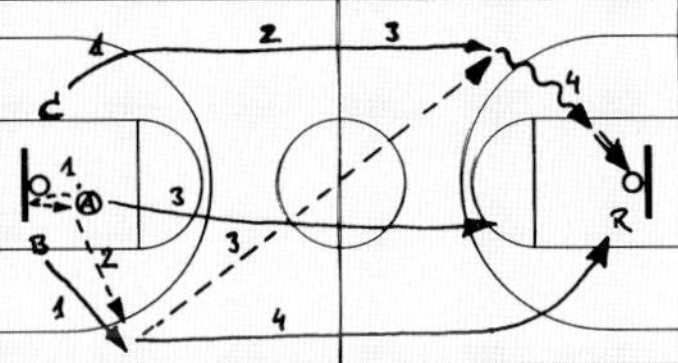
225	**Gegenangriff 3 gegen 0 mit Ballvortrag in der Mitte** Gegenangriff-Auslösung, Entwicklung und Abschluss	Drei Spieler (A, B, C) stehen nebeneinander im Trapez. A hat den Ball. Er wirft ihn ans Brett. Während dieser Zeit laufen B und C an die Seitenlinien. A sichert den Ball und passt ihn zu B. B spielt den Ball zu C, der in die Mitte des Spielfelds gelaufen ist. A ist hinter dem Rücken von C der Seitenlinie entlang nach vorne gelaufen; nun kann C ihn A oder B zuspielen. Derjenige mit dem Ball schließt ab. • A, B und C stellen sich in einem Verteidigungsdreieck unter dem Korb auf. Der Lehrer wirft den Ball ans Brett. Der am günstigsten positionierte Spieler sichert den Rebound, die anderen laufen an die Seitenlinien, usw. • A, B und C bewegen sich frei laufend im Trapez, bis der Lehrer den Ball wirft.	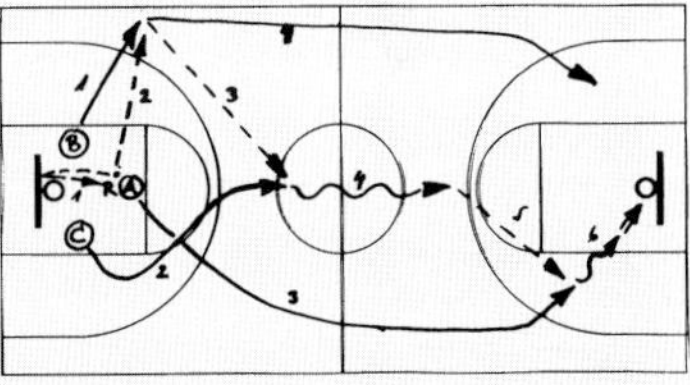

Nr.	Name Ziele/Akzente	Idee/Beschreibung	Hinweise/Organisation
226	**Criss Cross und 2 gegen 1** Schnelles Umschalten im Angriff und Überzahl ausnützen	Start hinter der Basketball-Grundlinie in drei Kolonnen (links, Mitte, rechts). Die mittlere Kolonne hat den Ball. Es wird bis zur Mittellinie Criss and Cross gespielt. Wer auf der Höhe der Mittellinie den Ball hat, legt ihn ab und verteidigt. Die andern beiden holen sich den Ball und greifen an. Spiel 2 gegen 1 bis zum Korberfolg, oder bis der Verteidiger den Ball erobert. Vor Neubeginn der Übung Positionswechsel.	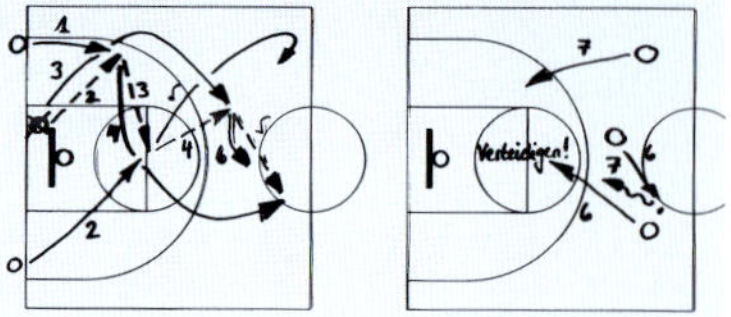
227	**Tic-Tac + 3 gegen 2** Passen in Bewegung und Überzahl ausnützen	Start hinter der Basketball-Grundlinie in drei Kolonnen (links, Mitte, rechts). Die mittlere Kolonne hat den Ball. In der 2. Platzhälfte hat es 2 Verteidiger, die ab der Mittellinie bis zum Korb verteidigen. Es wird bis zur Mittellinie Tic-Tac gespielt (immer abwechselnd Doppelpass li/Doppelpass re). Ab der Mittellinie freier Angriff 3 gegen 2 bis zum Korberfolg oder bis die Verteidiger den Ball erobert haben. Vor Neubeginn der Übung Positionswechsel.	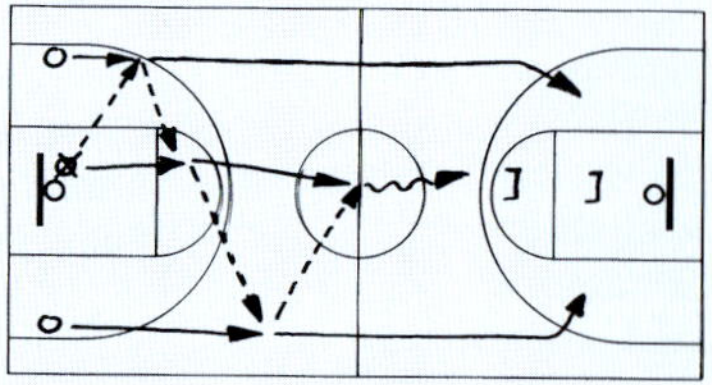
228	**2 gegen 1 gegen 1 gegen 1** Sich geschickt verschieben, so dass kein Verteidiger zwischen zwei Angreifer (in einer Linie) steht	Zwei Angreifer-Kolonnen an der einen Grundlinie, eine mit Bällen. 3 Verteidiger in den drei Kreisen des Basketballfeldes plus noch eine Verteidiger-Kolonne an der Seitenauslinie auf der Höhe des letzten Kreises. Die beiden ersten Angreifer laufen los und versuchen, die drei Verteidiger auszuspielen, welche ihre Kreise nicht verlassen dürfen. Am Ende soll der Korb erzielt werden. Der Werfer geht in die Verteidigerkolonne, der andere nimmt den Ball mit und geht wieder in eine Angreiferkolonne. Nach jedem Angreiferpaar rücken die Verteidiger einen Kreis vor und der hinterste Kreis wird von der Verteidiger-Kolonne aufgefüllt. Der vorderste Verteidiger geht in eine der Angreiferkolonnen. • Zuerst mit Dribblings, dann ohne Dribblings. • Zuerst müssen die Verteidiger beide Füße im Kreis haben, dann nur noch einen.	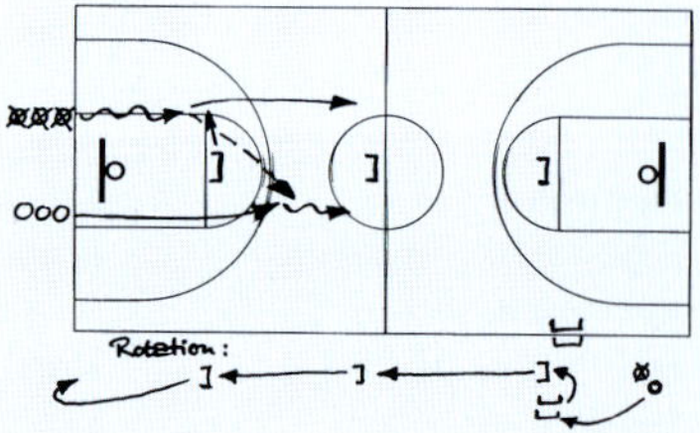 Rotation:

Nr.	Name Ziele/Akzente	Idee/Beschreibung	Hinweise/Organisation
229	**2 gegen 0 im Kreisverkehr** Korridore respektieren und Abschlüsse aus vollem Tempo üben	In 2er-Gruppen. Spieler 1 passt den Ball von hinter der Grundlinie nach außen zu Spieler 2, welcher den Ball mit „Out" verlangt. Dieser dribbelt in die Mitte bis zur gegenüberliegenden Freiwurflinie. Nach dem Pass sprintet Spieler 1 sofort in den äußeren Korridor (wo Spieler 2 den Ball angenommen hat) und versucht, den Dribbelnden zu überholen. Sobald er dies geschafft hat, bekommt er den Ball zugepasst und schließt mit einem Korbleger oder kurzem Wurf ab. Er läuft weiter unter dem Korb durch auf die andere Seitenlinie und verlangt den Ball mit „Out". Sein Mitspieler holt den Rebound, um (falls es ein Treffer war) sofort wieder einzuwerfen. Das Ganze geht also im Kreisverkehr weiter. Kurze Pässe und immer in Angriffsrichtung.	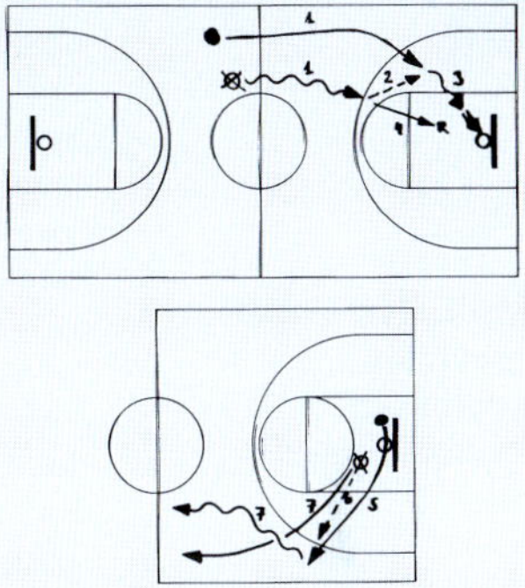
230	**Gegenangriff 3 gegen 2 – Temporär** Kurzfristige Überzahl ausnützen oder Spiel beruhigen	In 3er-Gruppen. 3 Angreifer stehen an der Grundlinie, drei Verteidiger ihnen gegenüber auf Höhe der Freiwurflinie. Der Trainer wirft auf den Korb und der Spieler beim Korb sichert sich den Rebound. Sofort starten die Angreifer zum schnellen Gegenangriff. Der Verteidiger, welcher dem Angreifer gegenüberstand, welcher den Ball bekommen hat, muss zuerst die Grundlinie berühren. Dann erst darf er zurück in die Verteidigung. Die beiden anderen Verteidiger dürfen sofort zurück. • Der Trainer passt den Ball einem der drei Verteidiger zu.	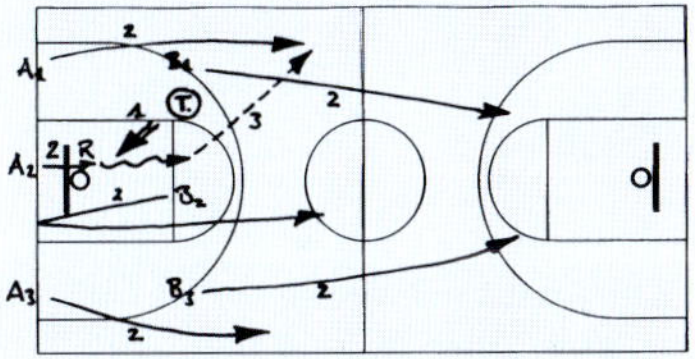
231	**1 gegen 0 bis 5 gegen 5 – Überzahl up and down** Orientieren und Überzahl ausnützen. Wechsel zwischen Überzahl und Gleichzahl realisieren	Zwei Teams à 5 Spieler stehen sich an den Grundlinien gegenüber. Ein Spieler von Team A beginnt mit dem Ball, dribbelt übers Feld und schließt ab. Sobald er getroffen hat, kommt ein Spieler vom Team B dazu und es geht 1 gegen 1 zurück übers Feld. Nach Korb oder Ballverlust gehts wieder auf den anderen Korb, aber diesmal 2 gegen 1. Es kommt also bei jedem Richtungswechsel ein Spieler dazu, bis zum 5 gegen 5, welches mit einem Korb endet. Wer hat mehr Körbe erzielt? Die neuen Spieler wechseln von unter dem Korb ein. • Nur temporäre Überzahl. Sobald der Ball die 3-Punkte-Linie überquert, darf der neue Spieler an der Seite der Mittellinie in die Verteidigung eingreifen. • Nach dem 5 gegen 5 wieder zurück bis zum 1 gegen 0.	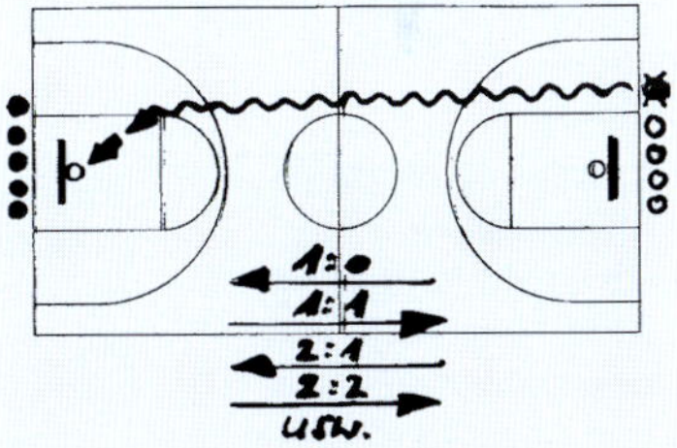 1:0 1:1 2:1 2:2 usw.

3

Nr.	Name Ziele/Akzente	Idee/Beschreibung	Hinweise/Organisation
232	**Brasilianische Welle – Überzahl** Fortlaufend den Gegenangriff anwenden	Spiel mit drei Teams à 3–5 Spielern. Team 1 startet an der Mittellinie und greift gegen Team 2 auf den einen Korb an, wobei immer ein Spieler der verteidigenden Teams an der Seitenlinie (Höhe Freiwurflinie) wartet, bis sein Team angreift. Bei Korberfolg oder Ballverlust löst Team 2 (mit dem Spieler an der Seitenlinie) den Gegenangriff aus und greift möglichst schnell auf den anderen Korb gegen Team 3 an, während Team 1 bleibt, wo es sich jetzt befindet (und ein Spieler wieder an die Seitenlinie rausgeht). Bei dieser Grundform greifen allerdings immer die gleichen Teams gegeneinander an. Deshalb sollte regelmäßig (alle 10 Angriffe) das eine Team zweimal angreifen (up and down). Korrekturen: • Schnelle Auslösung auf die Seite. • Füllen der drei Korridore. • Schnelles Überbrücken des Mittelfeldes durch Pässe.	
233	**Brasilianische Welle – Temporäre Überzahl** Unter Zeitdruck Überzahl ausnützen	Wie Brasilianische Welle-Überzahl, aber nur temporäre Überzahl. Der Spieler an der Seitenlinie darf in die Verteidigung, sobald der Ball die 3-Punkte-Linie überquert hat.	Das ist wichtig: • Die Teams zählen ihre erzielten Körbe selber. • Fouls und Schrittfehler beachten.
234	**Brasilianische Welle – Temporäre Überzahl + Pressing** Unter Zeitdruck Überzahl ausnützen und nach Abschluss gleich verteidigen	Wie Brasilianische Welle-Temporäre Überzahl, aber nun darf die Auslösung des Gegenangriffs bis zur Mittellinie verteidigt werden. Erobert das verteidigende Team den Ball, darf es gleich noch einmal gegen das gleiche Team angreifen. Auch darf schon ab der Mitte verteidigt werden.	Das ist wichtig: • Auf Fouls achten, da diese Form oft hektisch wird. • Schrittfehler beachten. • Ohne Dribbling spielen. • Die Teams zählen ihre erzielten Körbe selber.

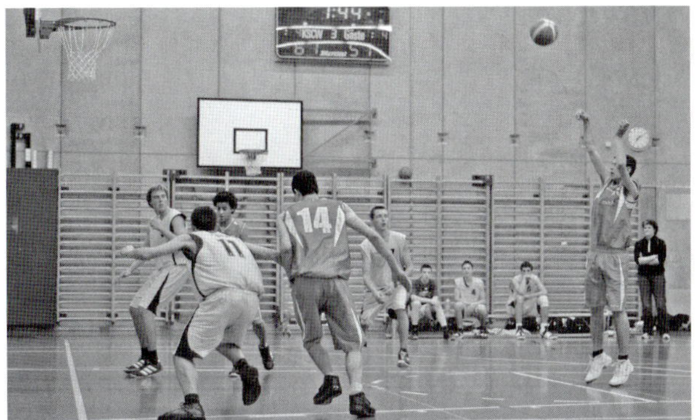

Reboundchance beim Freiwurf

Auch mit viel Training der Abschlüsse ist die Trefferquote meist unter 50%. Das bedeutet aber, dass der Rebound ein entscheidender Faktor für den Spielverlauf werden kann. Da es für dieses Spielelement andere Grundfähigkeiten braucht als Ballgefühl, können hier auch Spieler zum Zug kommen, welche ansonsten wenig ins Spiel eingreifen können. Der Offensiv-Rebound ist ein wichtiges Angriffselement, mit dem sich das angreifende Team oft mehrere Abschluss-Chancen erarbeiten kann.

Technik des offensiven Rebounds

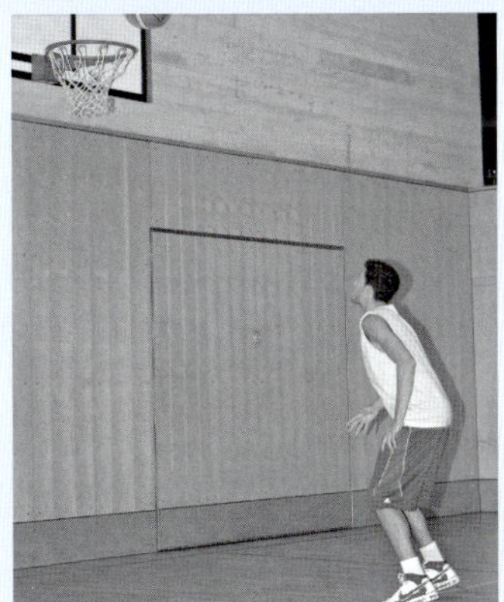

Sich in eine gute Position begeben, mit Vorspannung im Körper bereit für den Sprung machen

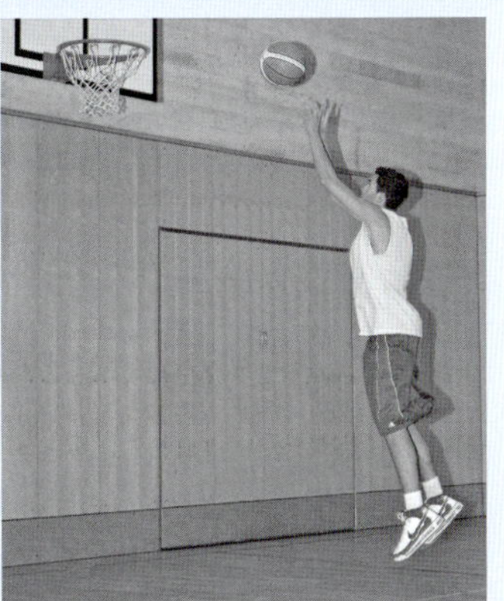

Im Gleichgewicht explosiv abspringen und den Ball am höchsten Punkt greifen

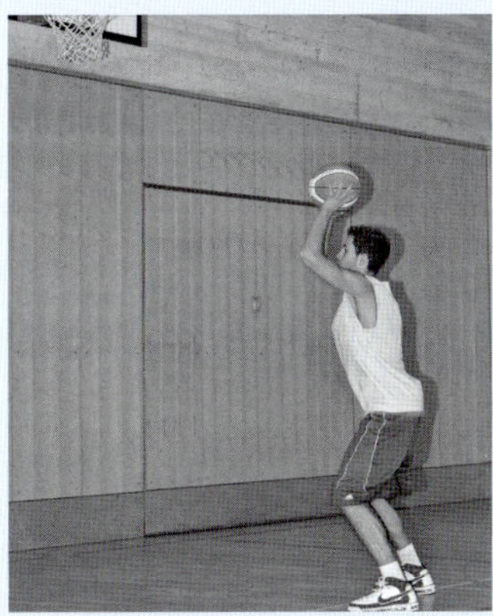

Im Gleichgewicht landen und den Ball über dem Kopf behalten. Die Situation klären und wenn möglich sofort werfen

Nr.	Name Ziele/Akzente	Idee/Beschreibung	Hinweise/Organisation
235	**Rebound-Einführung** Reboundtechnik erlernen	Den Ball hochwerfen, beidbeinig abspringen, möglichst im höchsten Punkt beidhändig fangen und mit Sprungstopp landen. • Den Ball gegen die Wand werfen. • Den Ball gegen die Sprossenwand werfen (als Reaktionsübung). • Den Ball auf den Korb werfen, welcher mit einer „Gummispinne" bedeckt wurde.	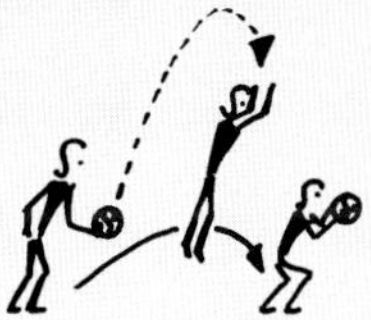
236	**Pärchen-Rebound** Reagieren und Rebounden	Zwei Spieler stehen hintereinander vor der Wand (Abstand ca. 5 m) mit dem Blick zur Wand. A wirft den Ball an die Wand, B versucht ihn im höchsten Punkt zu fangen. • B steht mit dem Rücken zur Wand. Sobald A geworfen hat, dreht sich B sofort um und hechtet nach dem Ball.	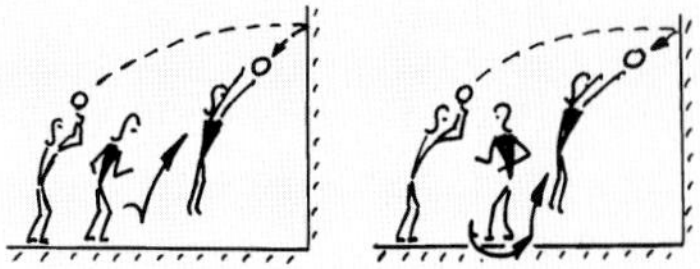
237	**Krokodil** Beobachten, Reagieren und Rebounden	Zwei Spieler stehen nebeneinander mit dem Blick zur Wand, ein dritter steht hinter ihnen. Dieser wirft den Ball an die Wand und die beiden anderen Spieler versuchen, den abprallenden Ball zu fangen. Der erfolgreiche Spieler tritt an die Stelle vom Werfer. • Die beiden Rebounder stehen mit dem Rücken zur Wand. Sobald der Ballträger geworfen hat, dürfen sie sich umdrehen.	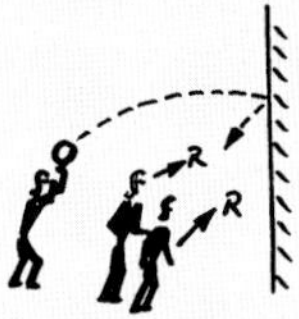
238	**Rebound 1 gegen 0 und Auslösung Gegenangriff** Ball beobachten und schnell reagieren	Zwei Spieler passen sich bei einem Korb den Ball zu, dribbeln und versuchen auch zu werfen. Sobald einer von ihnen geworfen hat, stellt sich der andere in eine günstige Rebound-Position und versucht, den Rebound zu holen. Sein Partner läuft derweil an die nähere Seitenlinie, um dort den Pass zu bekommen. • Beide Spieler kämpfen um den Rebound. Der, der ihn nicht bekommt, läuft an die nähere Seitenlinie für den Pass.	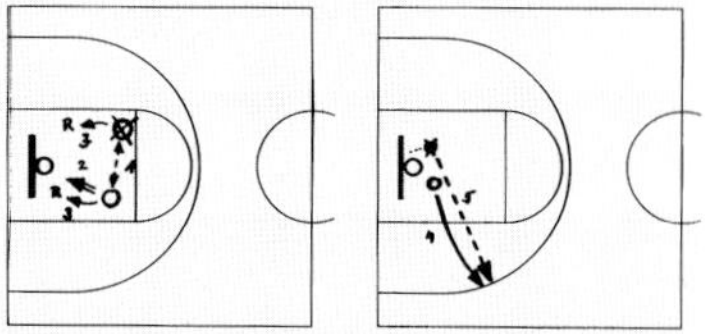
239	**Rebound kurz und Auslösung Gegenangriff** Ball rebounden und schneller 1. Pass	Zu zweit mit einem Ball: A steht an der Freiwurflinie, B auf gleicher Höhe an der Seitenlinie. B läuft an, bekommt einen Pass von A und wirft auf den Korb. Dann holt er den Rebound und passt zu A, der an die Seitenlinie gelaufen ist. • Beide kämpfen um den Rebound; der Verlierer läuft an die Seitenlinie.	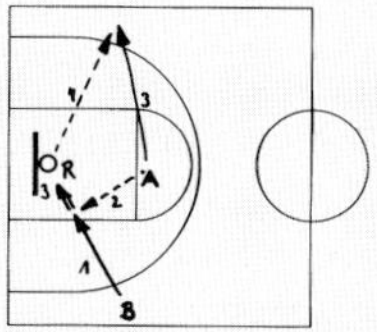

Nr.	Name Ziele/Akzente	Idee/Beschreibung	Hinweise/Organisation
240	**Brettball** Offensiv-Rebound-Technik üben	Zwei Teams (bis zu 12 Spieler) versuchen nur mit Passen bis zum gegnerischen Korb zu kommen. Dort können sie Punkte erzielen, wenn sie sich Pässe über das Brett zuspielen können. Der Ball darf aber nicht zu Boden fallen. Nach einem Punkt bekommt das andere Team den Ball für einen Abwurf. Der Ballträger darf nicht berührt werden (Foulregel). Es ist auf das Einhalten der Schrittregel zu achten. Den Sternschritt als Hilfe anbieten. • Der Passende selbst darf den Ball nicht fangen. • Nach einem Punkt geht das Spiel gleich weiter. • Bei vielen Spielern mit 2 oder 3 Bällen spielen.	
241	**Hol den Rebound Alle gegen Alle** Werfen, Dribbeln, Verteidigen und Rebounden kombiniert	Ein Drittel der Spieler ohne Ball. Es darf auf alle Körbe geworfen werden. Nach einem Treffer muss dribbelnd ein anderer Korb angelaufen werden. Wer erzielt zuerst 10 Treffer? Wer keinen Ball hat, muss versuchen, einen Rebound zu holen oder einen Ball zu stehlen, aber nicht zu zweit und ohne Foul. Doppeldribbling führt zu Ballverlust. • Mit oder ohne Nachwerfen bei Fehlwurf, +/– Punkte beim Nachwerfen. • Anzahl Bälle variieren, je mehr desto anspruchsvoller.	Tipps/Hinweise: • Auf Fouls achten. • Auf Schrittfehler achten. • Auf Körperkontrolle bei Rebound achten
242	**Eigenpass und Rebound** Flugbahn des Balles einschätzen, reagieren und Rebounds treffen	Jeder hat einen Ball und dribbelt frei in der Halle. Immer wenn ein Spieler zu einem Korb kommt, stoppt er auf einer Seite des Korbes, etwa im 45° Winkel und 1 m Distanz. Nun wirft er den Ball über das Brett auf die andere Seite des Korbes, läuft nach und versucht den Rebound zu holen. Dann wirft er sofort und geht wieder in den Rebound, bis er trifft. Danach sucht sich der Spieler dribbelnd einen neuen Korb.	

Nr.	Name Ziele/Akzente	Idee/Beschreibung	Hinweise/Organisation
243	**Goldnugget** Reboundtechnik anwenden	3 bis 4 Paare pro Sprungkreis. In der Mitte liegt ein Basketball. Der Verteidiger steht am Kreis mit dem Rücken zum Ball. Auf den Ruf „Wurf" versuchen die Angreifer den Basketball zu berühren. Die Verteidiger versuchen, dies durch Abdrängen (Ausblocken) zu verhindern. Schaffen es die Angreifer, den Ball innerhalb von 4 Sekunden zu berühren, erhalten sie einen Punkt. Wenn nicht, erhalten die Verteidiger einen Punkt. Nach 5 Durchgängen die Rollen tauschen.	
244	**Ball ans Brett** Reboundtechnik trainieren	Je 1 Einerkolonne mit 5 bis 10 Spielern pro Korb steht frontal zum Brett. Der vorderste Spieler hat einen Ball, springt hoch und wirft ihn ans Brett. Er geht sofort nach außen und schließt wieder hinten an. Der nächste Spieler springt, fängt den Ball möglichst hoch und landet. Er behält den Ball über dem Kopf, springt sofort wieder hoch und spielt den Ball für den nächsten Spieler ans Brett. • Auch Schrittfehler korrigieren. • Steigerung: Den Ball in der Luft fangen und in der Luft gleich wieder ans Brett spielen.	
245	**Ball übers Brett** Reboundtechnik trainieren	Pro Korb eine 4er- bis 6er-Gruppe. Die Hälfte der Spieler steht am linken, die andere Hälfte am rechten Zonenrand, ca. 45° zum Korb. Spieler 1 spielt den Ball via Brett zu Spieler 2 der anderen Kolonne und schließt auch dort an. Spieler 2 fängt den Ball möglichst hoch in der Luft, landet, springt und spielt den Ball in der Luft weiter zu Spieler 3. Steigerung: Den Ball in der Luft fangen und in der Luft gleich wieder ans Brett spielen. • Als Wettbewerb. Welche Gruppe schafft am meisten Pässe oder macht am wenigsten Fehler? • Nach 10 Pässen den Ball in den Korb werfen. • Ball in der Luft fangen und noch in der Luft wieder passen.	

Nr.	Name Ziele/Akzente	Idee/Beschreibung	Hinweise/Organisation
246	**Rebound 1 gegen 1** Um den Rebound kämpfen	Drei Spieler passen sich unter einem Korb den Ball zu, dribbeln und werfen. Sobald einer geworfen hat, stellen sich die beiden anderen in günstigen Reboundpositionen auf und versuchen, den Rebound zu holen. Der dritte Spieler läuft an die Seitenlinie. • Alle drei versuchen, den Rebound zu holen.	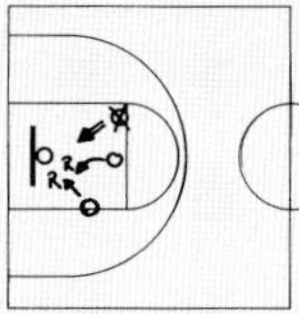
247	**Dummy Defense Rebound**	Zu dritt: B'und C' stehen als „Dummy Defense"-Spieler mit dem Rücken zum Korb im Trapez. A dribbelt außerhalb am Ort und bricht zum Korb durch, oder wirft aus mittlerer Distanz auf den Korb. B' und C' drehen sich danach sofort um und versuchen, den Rebound zu holen. A läuft an die Seitenlinie und bekommt dort einen Pass. • Alle kämpfen um den Rebound.	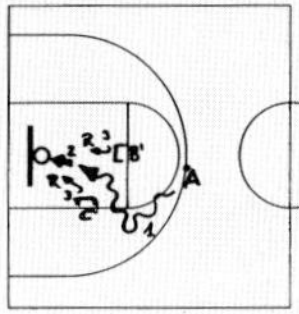
248	**Rebound „King of the court"** Reboundtechnik trainieren	Spiel 2:2 auf einen Korb. Nach einem Wurfversuch versuchen die Angreifer sich den Rebound zu sichern. Die Verteidiger verhalten sich passiv. • Alle kämpfen um den Rebound. Siegreiches Team bleibt oder geht in den Angriff.	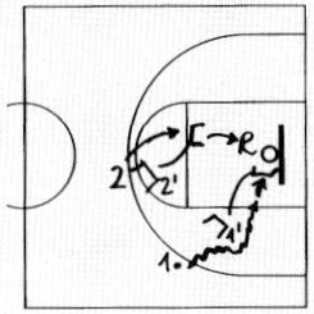
249	**Rebound-Orientierung im 3 gegen 0** Reagieren und Rebound + Bereit machen für den Gegenangriff	Drei Spieler bewegen sich mit dem Rücken zum Korb (Abstand zum Korb ca. 3 m, Abstand untereinander ca. 2 m) ständig vor und zurück, sowie seitwärts nach links und nach rechts. Ein Spieler (oder der Lehrer) wirft plötzlich einen Ball ans Brett. Sofort drehen sich die drei Spieler um, bilden ein Dreieck und sichern den Rebound. Derjenige, der den Ball erwischt, sichert diesen. Die anderen beiden laufen zu den Seitenlinien. Der Ball wird zu einem der beiden gespielt. Dieser dribbelt zur Mittellinie, die andern beiden laufen an den Seitenlinien mit. Die nächste 3er-Gruppe stellt sich auf.	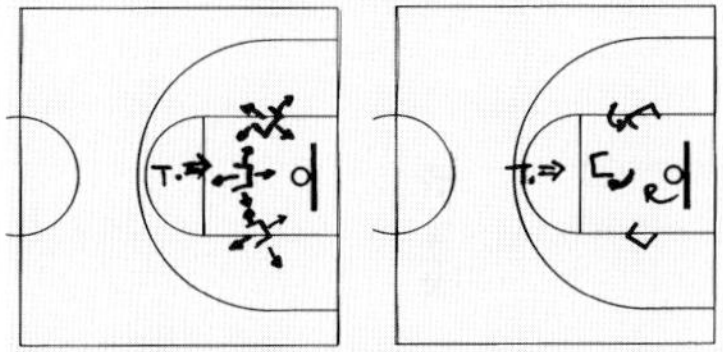
250	**3 gegen 3 + Gegenangriff 3 gegen 0** Rebound sichern	Spiel 3 gegen 3 auf einen Korb. Nach einem Wurfversuch reagieren die Verteidiger wie in Übung vorher, führen diesen 3er-Lauf aber zum gegenüberliegenden Korb aus und werfen dort ein. Die Angreifer werden Verteidiger und die nächste 3er-Gruppe stellt sich für den Angriff auf.	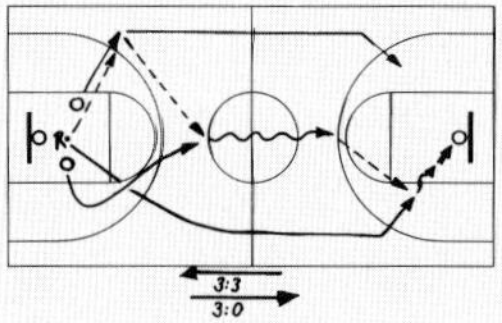 3:3 3:0

Nr.	Name Ziele/Akzente	Idee/Beschreibung	Hinweise/Organisation
251	**„Utah"** Reboundtechnik anwenden	1 gegen 1 bis 5 gegen 5 auf einen Korb. Ein Team in der Verteidigung, das andere im Angriff. Der Lehrer wirft. Nach dem Wurf folgt der Kampf um den Rebound. Gewinnt das angreifende Team, darf es sofort versuchen nachzuwerfen. Gewinnt das verteidigende Team, erfolgt ein Pass zum Lehrer und die Übung beginnt von vorne. Für einen defensiven Rebound erhält man 1 Punkt, für einen offensiven Rebound 2 Punkte und für jeden Korb nochmals 1 Punkt. Es gewinnt das Team, welches zuerst 12 Punkte hat.	
252	**„Tip-In"** Reboundtechnik + Ballhandling trainieren	In 2er-Gruppen. Ein Spieler wirft den Ball ans Brett, der andere Spieler versucht, den Ball im Sprung direkt aus der Luft in den Korb zu werfen. Rollenwechsel nach jedem Wurf. Welche Gruppe erreicht zuerst 10 Körbe? • Versuchen, den Ball nur mit einer Hand in den Korb zu tippen. • Als Erleichterung den Ball sich selbst ans Brett spielen.	
253	**„Tip-In" spezial** Reboundtechnik + Ballhandling anwenden	Wie „Tip-In". Ein Spieler wirft den Ball von außerhalb des Trapezes auf den Korb. Trifft er, zählt der Korb und der andere Spieler nimmt den Ball für den nächsten Wurf. Bei einem Fehlwurf versucht der zweite Spieler einen „Tip-In". Welche Gruppe erreicht zuerst 10 Körbe?	Hinweis: Bei einem erfolgreichen Wurf auch den Rebound sichern und nachwerfen.

Nr.	Name Ziele/Akzente	Idee/Beschreibung	Hinweise/Organisation
254	**„War"** Kampf 1 gegen 1 gegen 1 um den Rebound	Eine 3er-Gruppe pro Korbanlage. Das Spiel beginnt jeweils mit einem Freiwurf. Die anderen beiden Spieler stehen sich gegenüber am Zonenrand. So lange der Spieler von der Freiwurflinie trifft, darf er weiter werfen. Für einen Treffer erhält er einen Punkt. Geht der Wurf daneben, ist das Spiel eröffnet und alle spielen gegen alle. Wer einen Korb erzielt, erhält einen Punkt und darf wieder von der Freiwurflinie starten. Wer erreicht zuerst 5 Punkte? Gefährliche Fouls untersagen, aber Körperkontakt erlauben. Maximal 3 Dribblings pro Ballbesitz. • Größere Wurfdistanz (3-Punkte-Würfe) ergibt ganz andere Reboundsituationen.	
255	**Freiwurf-Rebound** Rebound-Technik beim Freiwurf	Ein Spieler wirft Freiwürfe und max. 5 Spieler stellen sich korrekt am Trapez auf und kämpfen um den Rebound. Hat ein Verteidiger den Rebound, bekommt sein Team 1 Punkt, erobert sich der Angreifer den Rebound, bekommt sein Team 2 Punkte. Ferner soll er sofort wieder werfen. Wenn er nun trifft gibt es noch einmal 2 Punkte. Wenn er nicht trifft, kann er wieder in den Offensiv-Rebound und weiter punkten. Welches Team hat zuerst 10 Punkte? • Der Werfer wirft mit seiner schwächeren Hand. • Der Korb ist „vernagelt" mit einer Gummispinne. • Der Trainer wirft die Freiwürfe (absichtlich daneben).	
256	**Rebound-Maschine** Rebound-Training und schnelles Orientieren beim Wurf	Zu dritt mit zwei Bällen bei einem Korb, ein Innenspieler als „Rebounder" und zwei Außenspieler als Werfer. Ein Außenspieler wirft und der Innenspieler geht auf den Rebound. Er sichert den Ball und wirft nach, bis er trifft, egal ob der Wurf von außen erfolgreich war oder nicht. Jetzt passt er hinaus zu dem Außenspieler, der geworfen hat. Nun wirft der andere Außenspieler. Der Innenspieler bleibt 10 Würfe im Rebound, dann werden die Rollen getauscht. Die Außenspieler stehen und bewegen sich auf sinnvolle Positionen. • Verschiedene Abschlüsse mit und ohne Dribblings üben. • Die Außenspieler werfen nicht abwechslungsweise.	

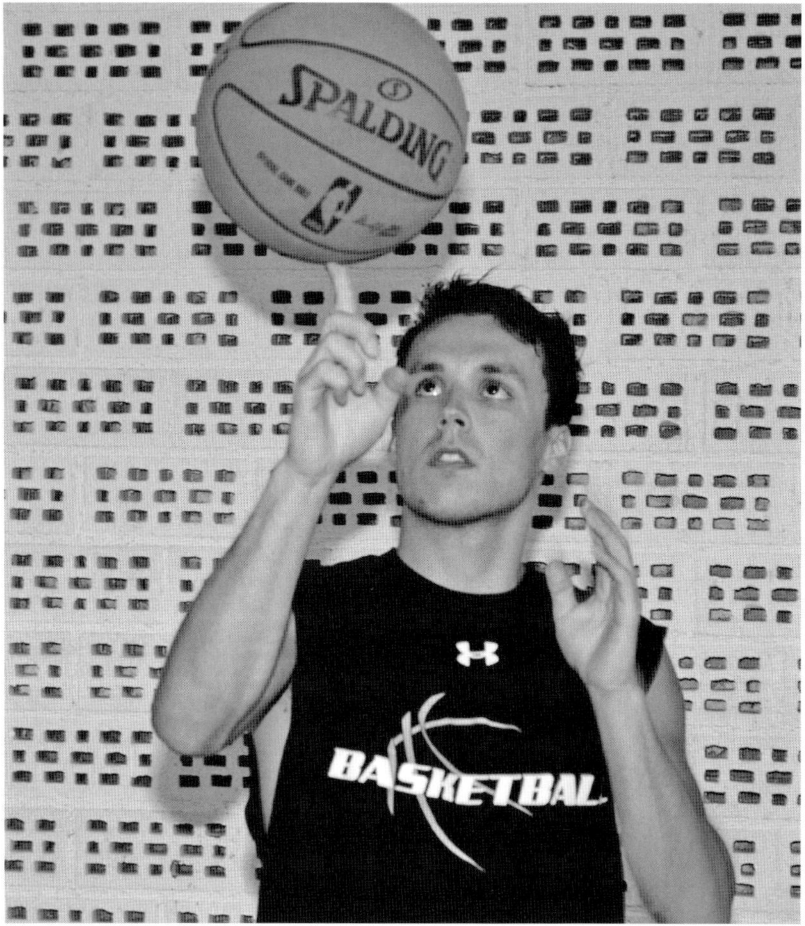

Ein Gefühl für das Spielgerät zu entwickeln ist auch im Basketball sehr wichtig. Allerdings dürfen Spielereien mit dem Ball nicht zum Selbstzweck werden. Kunststücke alleine machen noch keine Körbe und gewinnen auch keine Spiele, aber es ist wichtig, das Spielgerät kontrollieren zu können. Die nachfolgenden Übungen helfen, dieses Ziel zu erreichen.

Sie eignen sich auch gut für das Aufwärmen oder Einstimmen. Falls nicht genug Basketbälle vorhanden sind, können die meisten Übungen auch mit anderen Bällen gemacht werden.

Weitere Ideen siehe "137 Basisspiel- und Basisübungsformen für Basketball u. a."

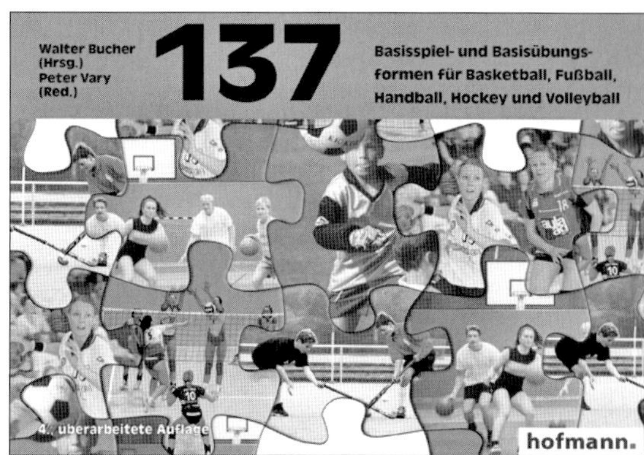

Nr.	Name Ziele/Akzente	Idee/Beschreibung	Hinweise/Organisation
257	**Ball-Touché** Ball schützen beim Dribbling	Jeder gegen jeden: In einem begrenzten Raum dribbeln etwa 6–8 Schüler. Jeder versucht nun, den Ball eines anderen Spielers zu berühren (nicht auf den Ball schlagen und nur von vorne angreifen), wobei jeder seinen eigenen Ball schützen muss. Wer kann am meisten Bälle berühren in einer bestimmten Zeit, ohne seinen eigenen Ball zu verlieren?	
258	**Ballklau** Dribbling trainieren + Ball schützen	Wie Übung 257, aber nun versuchen die Spieler, sich gegenseitig die Bälle wegzuspielen, so dass der Ball das Spielfeld verlässt. Dann muss der Spieler ohne Ball seinen Ball wieder holen, eine Zusatzaufgabe lösen und darf dann wieder zu den anderen. Pro geklauten Ball erhalten die „Diebe" einen Punkt. Verliert man den Ball, Minuspunkt. Verliert man während der „Klauaktion" seinen eigenen Ball, minus zwei Punkte. Auf Foulregel achten: die Gegner nicht berühren.	
259	**Liga-Dribbling** Dribbling trainieren + Ball schützen	Wie Übung 258, aber mit Liga-Spiel kombiniert, z. B. in den vier Volleyballfeldabschnitten. Wer den Ball verliert, steigt ab, wer einen Ball wegspielen kann, steigt auf. In der obersten Liga kann man Punkte sammeln, in der untersten Liga kann man nicht ausscheiden. • Wer seinen eigenen Ball während einer Angriffsaktion verliert, steigt zwei Felder ab.	NLA NLB 1. L 2. Liga
260	**Hasenjagd** Dribbling trainieren + Ball schützen	Jeder Spieler hat einen Ball und ein Spielband in der Hose. Ein Fänger ohne Ball versucht, den anderen Spielern die Spielbänder zu stehlen. Wer das Spielband verliert, wird zum Fänger und gibt den Ball dem erfolgreichen Fänger. Gruppen von 6–8 Spielern. • Alle einen Ball. • Wer das Band verliert, wird auch zum Fänger (immer mehr Fänger). • Das Spielband ist an einem bestimmten Ort am Körper.	
261	**Liga-Hasenjagd** Dribbling trainieren + Ball schützen	Die Hasenjagd mit Auf- und Absteigen; mit zwei Spielbändern pro Person. Wer ein Band verliert, steigt ab, wer nochmals verliert, löst eine Zusatzaufgabe, bekommt wieder zwei neue Bänder und steigt wieder ein. Wer eines stehlen kann, muss das neue Band auch befestigen und steigt auf.	

Nr.	Name Ziele/Akzente	Idee/Beschreibung	Hinweise/Organisation
262	**Telefon-Dribbling** Die Aufmerksamkeit vom Ball lösen	Alle stehen mit einem eigenen Ball in einem großen Kreis (Abstand zum Nachbar etwa 0,25 m) und prellen möglichst synchron. Durch diverse akustische, taktile und visuelle Signale werden verschiedene Aufgaben gestellt, welche sofort gelöst werden sollen, ohne das synchrone Prellen zu unterbrechen. So sollen beim Aufrufen des Namens eines Beteiligten beispielsweise alle eine Position nach links (oder rechts) wechseln. Die Bälle werden aber nicht mitgenommen, sondern bleiben auf den angestammten Orten. Eine Hand hochhalten (durch die Lehrperson) bedeutet: Eine 360°-Drehung am Ort ausführen und weiterprellen. Taktile Signale wären etwa: dem Nachbarn mit dem eigenen Fuß auf seinen Fuß tippen. Dieses Signal wird dann sofort weitergegeben, bis es wieder bei der leitenden Person ankommt. Verschiedene Signale können jetzt kombiniert und hintereinander geschaltet werden, mit ansteigendem Schwierigkeitsgrad. Es kann auch ein Schüler als Spielleiter bestimmt werden.	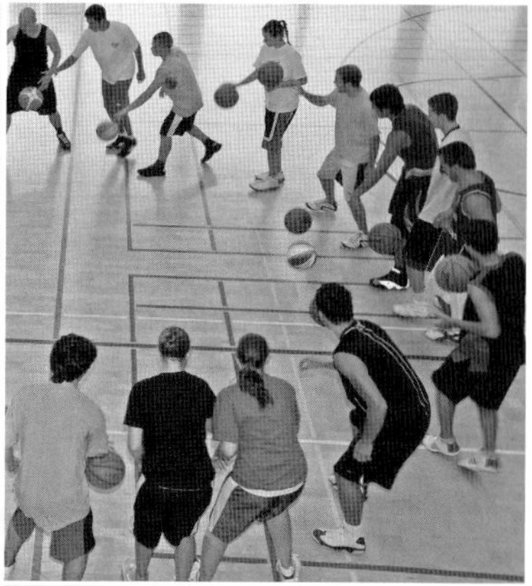
263	**Call Ball** Passen mit Ablenkung	Die Spielenden stellen sich in einem Kreis auf. Der Spielleiter hat einen Behälter mit Bällen hinter sich. Er passt zunächst einen Ball zu einem Mitspieler und ruft dessen Namen. Auf diese Weise wird der Ball weiter gepasst, bis jeder Mitspieler diesen genau einmal hatte. Jedes Mal muss dabei der Name des Angespielten gerufen werden. Gleichzeitig müssen sich alle Spielenden merken, von wem sie den Ball erhalten haben und an wen sie ihn weiter gepasst haben. Bei der zweiten Runde muss der Ball genau demselben Weg folgen. Nun bringt die Spielleiterin immer mehr verschiedene Bälle ins Spiel. Dabei gelten folgende Regeln: wenn ein Spieler einen Ball fallen lässt, muss er ihn so rasch als möglich holen und weiter passen. Wenn der Spieler, den ich anspielen will, bereits einen Ball hat, warte ich, bis er ihn weiter gepasst hat, bevor ich ihm den nächsten Ball zuspiele. • Den eigenen Namen rufen (Vereinfachung). • Auf Signal der Spielleiterin werden die Bälle in umgekehrter Folge gespielt (zuerst nur mit 3–4 Bällen ausprobieren). • zwei Bälle laufen vorwärts, zwei rückwärts. • einen „VIP-Ball" einwerfen: Der darf in freier Reihenfolge gepasst werden.	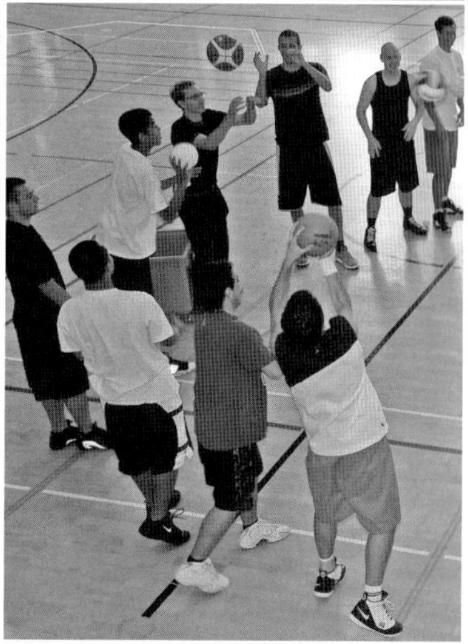

Nr.	Name Ziele/Akzente	Idee/Beschreibung	Hinweise/Organisation
264	**Kennenlern-Dribblings**	Jeder dribbelt seinen Ball mit der linken Hand und bewegt sich im halben Basketballfeld. Sobald zwei Spieler Blickkontakt haben, schütteln sie die rechten Hände und stellen sich einander vor, während sie immerzu am dribbeln sind. Sie unterhalten sich kurz und gehen weiter.	
265	**Passen nebeneinander** Passen aus der Bewegung und aus dem Dribbling	Zu zweit oder zu dritt mit einem Ball: Die Gruppen laufen und dribbeln frei in der Halle herum und spielen sich den Ball aus dem Dribbling auf verschiedene Arten zu. • In verschiedenen Raumaufteilungen (Hallenhälfte, Trapez, etc. trainieren) • Stoppen, bevor man passt.	Korrekturen: • Auf Ballannahmen und Starts achten. • Ball immer mit zwei Händen annehmen.
266	**Socialize Dribbling** Blick während des Dribblings vom Ball lösen	Dribbling mit verschiedenen Bällen im freien Raum mit folgenden Aufgaben: • Bei Blick-Kontakt – Ball-Wechsel (Ball übernehmen) • Bei Blick-Kontakt – „High-Five" und Ball-Wechsel mit dem Gegenüber • Bei Blick-Kontakt – „High-Ten" und Ball-Wechsel • Bei Blick-Kontakt – „High-Ten", 360°-Drehung um die eigene Achse und Ball-Wechsel • Auf Pfiff eigenen Ball verlassen, einen neuen suchen und sofort Dribbling weiterführen (Ziel: Kein Ball kommt zum „Erliegen"). Je größer die Gruppe, desto anspruchsvoller ist diese Übung. *Hintergrund-Info* Die verschiedenen Anweisungen sollen vor allem dazu dienen, dass der Blick vom Ball gelöst wird. Die Organisationsform „Nebeneinander" erfordert zusätzliche Aufmerksamkeit, ohne zu stark unter Druck zu kommen. Damit ist sie eine wichtige Vorstufe für das Gegeneinander. *Technik-Tipp beim Dribbling:* Den Blick vom Ball lösen, den Ball lange begleiten und eher am Ball ziehen (statt stoßen).	

Nr.	Name Ziele/Akzente	Idee/Beschreibung	Hinweise/Organisation
267	**Kastengarten** Grundtechniken nebeneinander mit Hindernissen trainieren	Verschiedene Kasten stehen in der Halle, teils in Korbnähe, teils frei verstreut. Die Spieler dribbeln, werfen den Ball an einen Kasten, fangen mit Sprungstopp, führen Sternschritt aus und brechen am Kasten vorbei. Ist ein Korb in Wurfnähe, wird geworfen und gereboundet. Danach mit Dribbling zu einem anderen Kasten. Ansonsten wird direkt nach dem Durchbruch weiter gedribbelt. • Starten offen oder überkreuz, links oder rechts am Kasten vorbei, verschiedene Abschlusstechniken.	
268	**Securitas** Orientieren während des Dribblings	Spieler mit Ball vor einem Reifen: Vor- und Rückwärtsprellen in Vorschrittstellung (Dribbling rechts: linkes Bein vorne und umgekehrt). Auf gute Deckung des Balles durch den Körper achten. Der Blick ist immer auf den Reifen gerichtet. • Seitwärts, mit 2 Reifen. Dribbling nach links mit rechter Hand und umgekehrt.	
269	**Running Securitas** Korrektes Dribbling am Gegner vorbei	Dribbling mit Hand- und Beinwechsel den Reifen entlang. Der Ball wird immer auf der dem Reifen abgewandten Seite geprellt. • Bei jedem Reifen: langsames Rückzugsdribbling, mit oder ohne Handwechsel am Reifen vorbei dribbeln. • Durchbruch mit Korbwurf kombinieren.	
270	**Die kalte Schulter** Grundtechniken trainieren	Jeder Spieler hat einen Ball: Alle bewegen sich frei prellend in der Halle. Zwischendurch erfolgt ein Wurf gegen die Wand, Ballannahme mit Sprungstopp, Abdrehen von der Wand mit Sternschritt und Ball schützen. Weiterprellen.	Sprungstop

Nr.	Name Ziele/Akzente	Idee/Beschreibung	Hinweise/Organisation
271	**Scheitelwurf** Ballhandling	Ball mit beiden Händen von vorne über den Kopf nach hinten werfen, hinter dem Rücken auffangen und zurückwerfen (der Ball muss nicht hoch, sondern nur knapp über den Scheitel geworfen werden).	
272	**Achterzug** Ballhandling + Rumpf- und Beinkraft	Den Ball in einer Achterbewegung zwischen den gegrätschten Beinen durchgeben (Ball in stark angewinkeltem Handgelenk halten), Oberkörper bleibt aufrecht, Beine sind dadurch stark gebeugt. Blick vom Ball lösen. • Mit Richtungswechseln.	
273	**Mixer** Ballhandling, Aufwärmen	Ball um die Hüfte kreisen lassen, ohne dass er den Körper berührt. Blick vom Ball lösen. • Möglichst schnell, mit Richtungswechseln. • Wechsel zwischen Kreisen um Hüfte, Knie und Kopf.	
274	**Wechselgriff** Ballhandling	In Grätschstellung den Ball zwischen den Beinen halten. Eine Hand hält ihn von vorne, eine von hinten. Möglichst schnell den Griff wechseln, ohne dass der Ball zu Boden fällt. • Beide Hände halten den Ball jeweils vorne und hinten.	
275	**Fall-Griff** Kunststücke mit dem Ball	Ball in Hochhalte über dem Kopf, nach hinten fallen lassen und blitzschnell auf Gesäßhöhe wieder auffangen. • Zwischen den gegrätschten Beinen durchgreifen und Ball auf Kniehöhe wieder fangen. Man darf sich nicht zu früh bücken, sonst prallt der Ball am Rücken ab.	

Nr.	Name Ziele/Akzente	Idee/Beschreibung	Hinweise/Organisation
276	**Vorschritt-Manöver** Dribbel-Technik trainieren	Im Schwarm. Jeder dribbelt mit einem Ball in Vorschrittstellung an Ort neben dem Körper. Sich dribbelnd langsam vorwärts, seitwärts oder rückwärts bewegen. • Den Blick vom Ball lösen. • Beide Hände trainieren. • Mit dem anderen Arm den Ball schützen. • Normal gehen und keine Nachstellschritte.	
277	**Abpraller** Grundtechniken im Nebeneinander trainieren	Frei in der Halle dribbeln, zwischendurch in der Nähe einer Wand stoppen (Abwechseln zwischen Schritt- und Sprungstopp) (Abstand ca. 4 m), Sternschritt machen, den Ball mit verschiedenen Pass-Techniken gegen die Wand spielen, ihn wieder fangen (mit Sprung- oder Schrittstopp) und mit bewusstem Startschritt (Kreuz- oder offener Start) weiter dribbeln.	
278	**Bienen-Schwarm** Dribbel-Technik trainieren	Freies Dribbeln in der Halle und mit verschiedenen Dribbling-Varianten (Verzögern, Kontroll-, Rückzugs- und Gegenangriff-Dribbling, Handwechsel) aneinander vorbei. • Raum verkleinern, viele Spielende arbeiten auf kleinem Raum nebeneinander. • Auf ein Signal zum nächsten Korb und abschließen.	Technik-Hinweise: • Blick vom Ball lösen. • Ball lange mit Hand begleiten. • Maximal bis Hüfthöhe dribbeln.
279	**Luftikus** Rebound-Vorübung + Grundtechniken nebeneinander trainieren	Freies Prellen in der Halle, in der Nähe einer Wand stoppen, den Ball hoch und stark gegen die Wand passen, Ballannahme in der Luft, Sprungstopp, Sternschritt und weiter dribbeln. Wichtig: den zurückprallenden Ball möglichst hoch in der Luft annehmen und für den Sternschritt oben halten. Für den erneuten Start, auf der Seite des Körpers nach unten nehmen. Vor allem die Reboundtechnik korrigieren.	
280	**Amerikanischer Bauchkiller** Rumpfstabilisation	Leichte Grätsche, beide Hände stützen sich auf den am Boden liegenden Ball. Nun den Ball langsam nach vorne rollen, bis eine Liegestützposition erreicht ist. Dann den Ball wieder zurückrollen. • Wer kommt am weitesten nach vorne ... und wieder zurück.	

Nr.	Name Ziele/Akzente	Idee/Beschreibung	Hinweise/Organisation
281	**Kreisel** Kunststücke mit dem Ball	Den Ball mit der Hand in eine Eigenrotation versetzen und ihn auf dem gestreckten Zeigefinger kreisen lassen (auch mit den anderen Fingern versuchen). • Gelingt es auch auf anderen Fingern? • Wer schafft es links und rechts?	
282	**Pendel** Ballgefühl trainieren	Den Ball vor dem Körper nur aus den Handgelenken hin und her spielen. Die Distanz zwischen den Händen ständig vergrößern, bis der Ball über dem Kopf von einer Hand in die andere gespielt wird.	
283	**Prell-Auf** Ballgefühl trainieren	Versuche, einen ruhenden Ball durch Prellen vom Boden wegzubekommen. Tipp: mit leichtem Schlag auf den Ball beginnen! • Gelingt es auch mit der schwächeren Hand?	
284	**Achterprellen** Dribblingtechnik trainieren	In einer Grätschstellung den Ball immer zwischen den Beinen durch in einer 8er-Figur nach vorne und zurück prellen. Blick vom Ball lösen. • Mit 4 Dribblings eine Runde machen (Ziehen am Ball notwendig). • Mit 2 Dribblings eine Runde machen.	
285	**Knie-Fall** Dribblingtechnik trainieren	Einbeiniger Kniestand: Mehrmaliges Dribbeln links und rechts; dazwischen unter dem vorgestellten Bein durchprellen. Ziehen am Ball und nicht den Ball Richtung Boden drücken. Blick vom Ball lösen.	

Nr.	Name Ziele/Akzente	Idee/Beschreibung	Hinweise/Organisation
286	**Prellmarsch** Dribbling trainieren	Den Ball marschierend prellen, dabei versuchen, den Ball zwischen den Beinen durch zu prellen. • Den Ball mit möglichst gestrecktem Arm hinter dem Rücken durch prellen.	
287	**2 Ball Dribbling** Dribbling beidseitig trainieren	Dribbling mit zwei Bällen, mehrere Kolonnen nebeneinander • mit gleichzeitigem Dribbling. • mit gegengleichem Dribbling. • im Lauf vorwärts oder rückwärts. • im freien Raum laufend mit vielen Richtungs- und Rhythmuswechseln. • im Lauf die beiden Bälle an einen Partner übergeben. • mit Handwechsel vorne.	
288	**Klavierspielen** Ballgefühl aufbauen	Kauernd am Boden den Ball jeweils nur mit einem Finger dribbeln. So wandert der Ball vom kleinen Finger der rechten Hand über alle Finger beider Hände zum kleinen Finger der linken Hand und wieder zurück. Das Dribbling ist ganz schnell und klein. • Blick vom Ball lösen. • Das Ganze im Liegen.	
289	**Dribbel-Storch** Ballgefühl trainieren	Auf einem Bein mit geschlossenen Augen den Ball prellen. • Auch auf dem anderen Bein.	
290	**Body-Dribbling** Kunststücke mit dem Ball	Dribbling in verschiedenen Körperstellungen: sitzend, kniend, liegend, auf allen vieren. • Nach jedem Prellen die Positionen wechseln. Wer schafft die meisten Positionswechsel ohne Dribblings-Unterbrechung?	

Nr.	Name Ziele/Akzente	Idee/Beschreibung	Hinweise/Organisation
291	**Schulterwurf** Ballhandling	Den Ball schwungvoll mit einer Hand von hinten über die Schulter nach vorne werfen und mit der anderen Hand vorne auffangen.	
292	**Ball-Liegestütze** Rumpfkraft + Koordination	Liegestütz auf einem Ball. Knie am Boden, Hohlkreuz vermeiden. Langsame und kontrollierte Ausführung. • Die Knie nicht am Boden (anspruchsvoll). • Auf zwei Bällen (unter jeder Hand einen Ball). • Auf einem Ball: vom Boden wegstoßen und dann wieder auffangen.	
293	**Balltransport** Kraft + Koordination	Mehrere lange Reihen bilden und in Rückenlage aneinander anschließend auf den Boden liegen. Den Ball zwischen die Füße einklemmen. Aufrichten (sit up), Beine anwinkeln, den Ball mit beiden Händen greifen, hinter dem Kopf auf den Boden zwischen die Füße des Nächsten legen, damit dieser den Ball wieder zwischen die Beine einklemmen kann. • Auch als Stafettenform für das Aufwärmen.	
294	**Sitz! Bleib!** Koordination	Ball auf dem Boden nach vorne rollen, nachlaufen, den Ball überspringen und mit dem Hintern (sitzend) stoppen. • Mit zusätzlicher halber Drehung. • Mit dem Fuß stoppen.	
295	**Rücken an Rücken**	Zwei Spieler sind Rücken an Rücken und übergeben sich einen Ball auf verschiedene Art und Weise. So etwa in einer Achter-Figur oder abwechslungsweise über dem Kopf und zwischen den Beinen durch. Ziel ist es, eine bestimmte Anzahl Übergaben möglichst schnell zu absolvieren.	

Nr.	Name Ziele/Akzente	Idee/Beschreibung	Hinweise/Organisation
296	**Fußball-Basket** Dribbeln, ohne auf den Ball zu achten	Alle Spieler haben einen Ball und dribbeln. Zwei Teams spielen gegeneinander Fußball auf Langbänke. Man darf den Fußball nur dann spielen, wenn man seinen Basketball kontrolliert dribbeln kann. Soft-Fußbälle eignen sich sehr gut, da der Fußball nicht immer gut kontrolliert werden kann.	
297	**Basket-Fußball** Orientierung im Raum und schnelles Umschalten	Auf der einen Platzhälfte wird Basketball gespielt, auf der anderen Hälfte Fußball. Das Spiel wechselt jeweils auf der Mittellinie. Wird die falsche Technik angewendet, erhält das gegnerische Team den Ball. Auf der Fußballhälfte wird ohne „out" gespielt (Wände als Banden benutzen). Nach einem Tor gibt es Beginn am Mittelpunkt, nach einem Korb Einwurf hinter der Grundlinie. In der Halbzeit wechseln die Teams die Seiten. • Es wird auf dem ganzen Platz dieselbe Sportart gespielt. Auf Pfiff wird diese fliegend gewechselt! • Es wird diagonal gespielt. Auf der einen Diagonalen wird Fußball gespielt (mit zwei Unihockeytoren), auf der anderen Diagonalen Basketball auf die zwei Seitenkörbe. Auf Pfiff wird die Diagonale gewechselt.	Tipp: Mindestens so lange spielen, bis der Wechsel gut klappt.
298	**Tennisball-Basket** Dribbeln, ohne auf den Ball zu schauen	Alle Spieler haben einen Basketball und dribbeln. Dazu kommt noch ein Tennisball, welcher in den Korb geworfen werden muss. Man darf den Tennisball nur spielen, wenn man seinen Basketball dribbelnd unter Kontrolle hat. Man darf den Tennisball nur passen, nicht dribbeln. • Man darf auch mit dem Tennisball dribbeln. • Mit dem Tennisball wird nicht auf den Korb geworfen, sondern Pässe über das Brett gespielt.	Anregung: Die Spielenden entwickeln und erproben eigene Dribbel-Kombinations-Varianten.

Obwohl sich dieses Buch hauptsächlich auf den Angriff konzentriert, damit das Spiel auch gelingt, gehört ein Kapitel mit den wichtigsten Übungen und Spielformen in der Verteidigung zur Vollständigkeit dazu. Nicht zuletzt auch für den Fall, dass sich der Angriff gut entwickelt und die Angreifer etwas mehr Gegenwehr brauchen, um sich weiter verbessern zu können.

Die Grundlage für alle Verteidigungen ist die individuelle Verteidigung, bei der jeder Spieler einen bestimmten Angreifer zu verteidigen hat. Er folgt diesem, egal wohin sich dieser auch bewegt. Vor allem die Verteidigung des Ballträgers und das Aushelfen sind zwei wichtige Bereiche. Das Verhindern des Passes sollte bei Einsteigern nicht zu stark geübt werden, da sonst das Angriffsspiel nicht mehr funktioniert. Deshalb finden sich einige Übungen aus den Kapiteln 1 gegen 1, Gegenangriff und Rebound in diesem Kapitel wieder. Auch bei Übungen mit Rollenspiel können die korrekten Verteidigungs-Bewegungen trainiert werden, aber mit einer entsprechenden Zurückhaltung.

Für die Verteidigung braucht es weniger koordinative Fähigkeiten, weil man den Ball nicht beherrschen muss. Deshalb gelingen hier schneller Fortschritte. Vor allem weniger talentierte Spieler lassen sich mit diesem Bereich sehr gut motivieren und finden hier ihre Bestätigung.
In der Verteidigung des Ballträgers unterscheiden wir drei Situationen: Vor, während und nach dem Dribbling. Ferner ist entscheidend, wo sich der Angreifer befindet: Ist er weit vom Korb weg (und somit nicht besonders gefährlich) oder befindet er sich in Wurfdistanz?
Wenn der Angreifer nicht „gefährlich" ist, kann der Abstand zu ihm auch größer sein.
In den folgenden Situationen befindet sich der Angreifer in einer möglichen Wurfdistanz zum Korb.

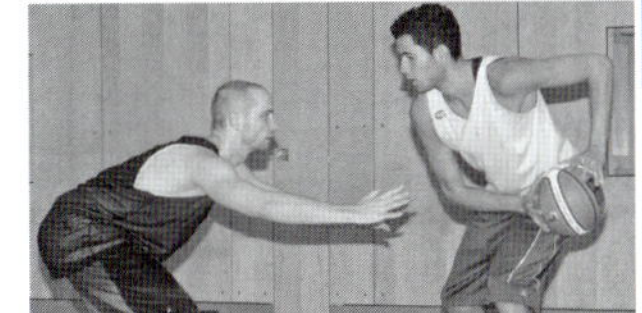

1. Vor dem Dribbling

- Zwischen dem Angreifer und dem eigenen Korb stehen, die Nase auf Ballhöhe.
- Abstand etwa eine Armlänge des Angreifers.
- Die Konzentration ist auf die eigenen Füße gerichtet, um sich schnell verschieben zu können.
- Eine Hand folgt dem Ball, die andere kontrolliert das eigene Gleichgewicht.
- Wenn der Angreifer den Ball nach oben nimmt, Distanz zu ihm verkürzen.
- Wenn der Angreifer den Ball nach unten nimmt (um durchzubrechen), Distanz vergrößern und bereit sein für einen Schritt seitwärts.

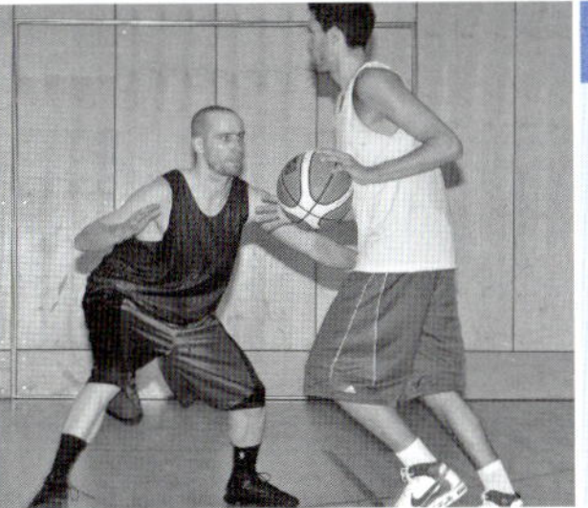

2. Während des Dribblings

- Zwischen dem Angreifer und dem eigenen Korb bleiben.
- Tief bleiben und auf den Fußballen, um sich schnell bewegen zu können.
- Die Nase bleibt auf Ballhöhe.
- Die Konzentration ist auf die eigenen Füße gerichtet, um sich schnell verschieben zu können.
- Versuchen, vorher dort zu sein, wo der Angreifer hin möchte.

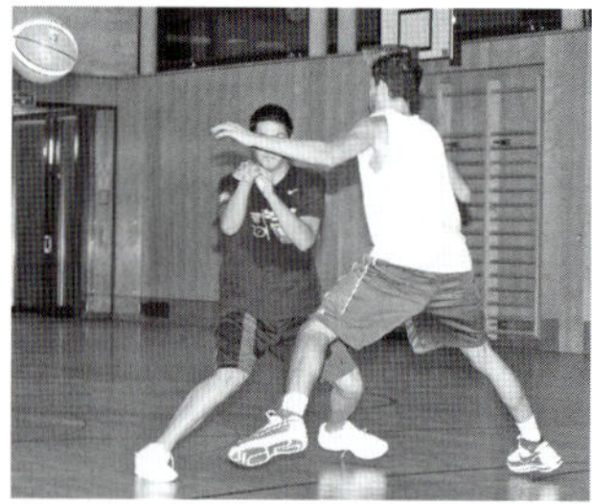

3. Nach dem Dribbling

- Distanz verkürzen und versuchen, den Pass abzulenken oder (nach einem Wurf) den Angreifer auszublocken.
- Bei einem Pass sofort in Richtung Ball und Korb abspringen, um den Schnitt des Angreifers zum Korb zu verhindern.
- Je weiter weg der Ball ist, desto mehr in Richtung Ball absinken, aber immer zum eigenen Angreifer ausgerichtet bleiben (Brust zeigt immer zum eigenen Angreifer).

Die folgenden Skizzen stellen die korrekten Positionen der Verteidigung in der individuellen Verteidigung dar. Sie sind hilfreich für Teamverteidigungsübungen wie den Shell Drill (vgl. Nr. 314 ff., S. 152). Sie basieren auf der 4–1 Angriffsaufstellung, welche sich für den Basketball-Einsteiger gut eignet.

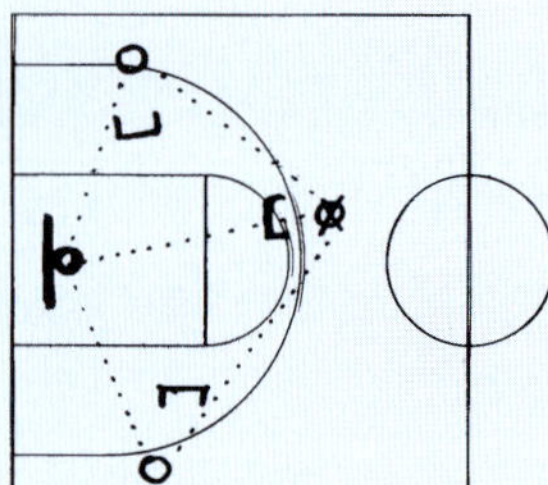

Zu dritt (drei Außenspieler)

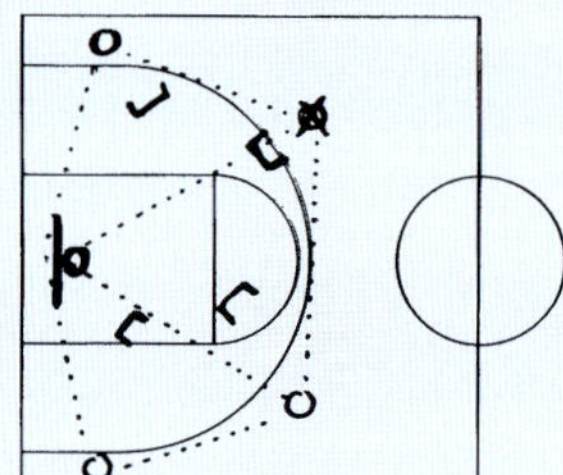

Zu viert (vier Außenspieler)

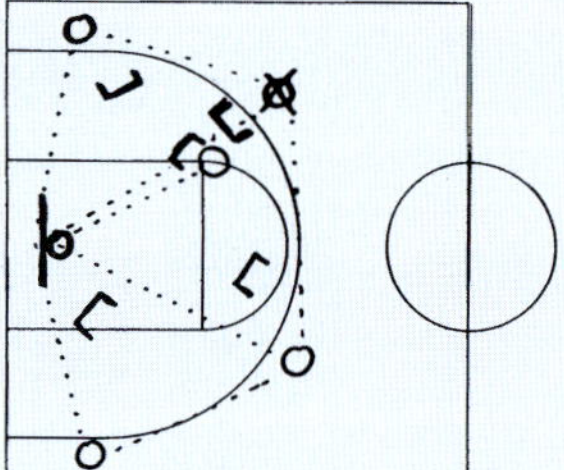

Zu fünft (vier Außenspieler, ein Innenspieler)

In diesen Abbildungen sieht man, wie die Verteidiger in Richtung Ball und Korb „absinken“, je weiter der Ball von ihrem eigenen Angreifer weg ist. Dieses Absinken ist die Grundlage für das Aushelfen. Wird der Ballträger nun von seinem Angreifer geschlagen, kann der nächste Verteidiger helfen und versuchen, den Weg zum Korb zu blockieren. Sobald der geschlagene Verteidiger wieder bei seinem Angreifer ist, kann der Aushelfende wieder zurück zum eigenen Angreifer (= help and recover oder zu deutsch: aushelfen und wieder übernehmen). Bei den Einsteigern sollte der Pass zunächst nicht zu stark verhindert werden damit das Angriffsspiel aufgezogen werden kann.

Ein wichtiges Element in der Verteidigung ist das Ausblocken beim Wurf. Im Kapitel des Rebounds wurde erwähnt, dass die Trefferquote auch bei guten Spielern oft nicht über 50% liegt. Damit wird der Rebound im Angriff zu einer wichtigen Waffe. Diesen zu unterbinden ist damit automatisch auch ein entscheidendes Element in der Verteidigung.

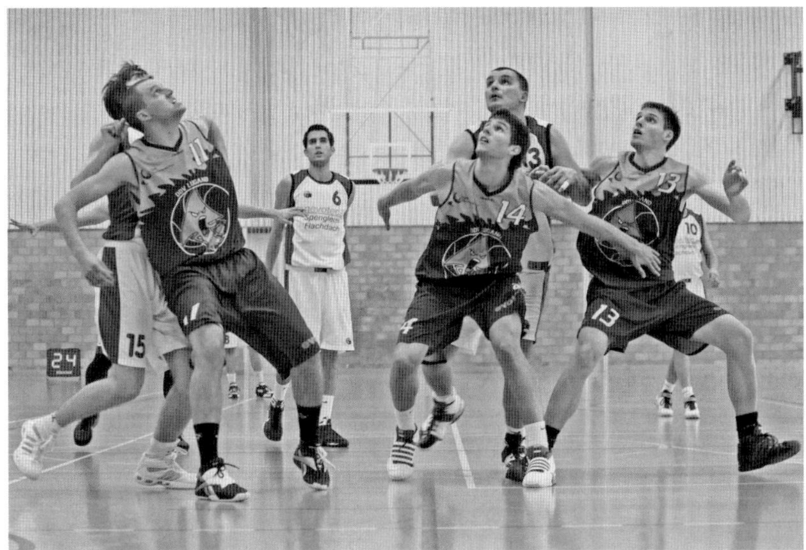

Die wichtigsten Merkmale für das Ausblocken des Ballträgers sind:

- Beim Wurf zum Angreifer „Wurf" rufen, damit auch die Mitspieler ausblocken, welche den Ball aus den Augen verloren haben.
- Distanz zum Angreifer weiter verkürzen und den Kontakt suchen. Den Gegendruck zum Angreifer aufbauen, wenn dieser in den Rebound will und ihn blockieren. Mit dem Kontakt einen Fuß zwischen die Füße des Angreifers platzieren und sich um 90° drehen.
- Den Kontakt zum Angreifer halten und drehen, falls er auf der Körperrückseite zum Korb will. Ihn im Rücken halten und sich zum Ball orientieren. Falls er vorne durch zum Korb will, den Kontakt (mit dem Unterarm) mit unveränderter Körperhaltung behalten und sich zum Ball orientieren.
- Wenn der Ball in Reichweite kommt, sich vom Angreifer lösen und den Ball sichern. Wenn der Ball in eine andere Richtung springt, Kontakt halten bis der Ball gesichert ist.

Die wichtigsten Verhaltensregeln einer guten Verteidigung:

- Jeder ist für einen Angreifer verantwortlich und sieht diesen immer. Nie den eigenen Angreifer im Rücken haben
- Es gilt, dem Angreifer den Weg zum Korb zu versperren, insbesondere dem Ballträger.
- Wenn möglich den eigenen Angreifer und den Ball sehen, ohne den Kopf zu drehen.
- Mit jedem Pass Richtung Korb und Ball abspringen und absinken.
- Dem Mitspieler aushelfen, wenn sein Angreifer an ihm vorbei gedribbelt ist und zum Korb will und nach dem Aushelfen wieder möglichst schnell zurück zum eigenen Angreifer.
- Verhindere freie Würfe und blocke deinen Angreifer nach dem Wurf aus.
- Verhindere einfache Anspiele zu deinem Angreifer mit einer Hand in der Passlinie.

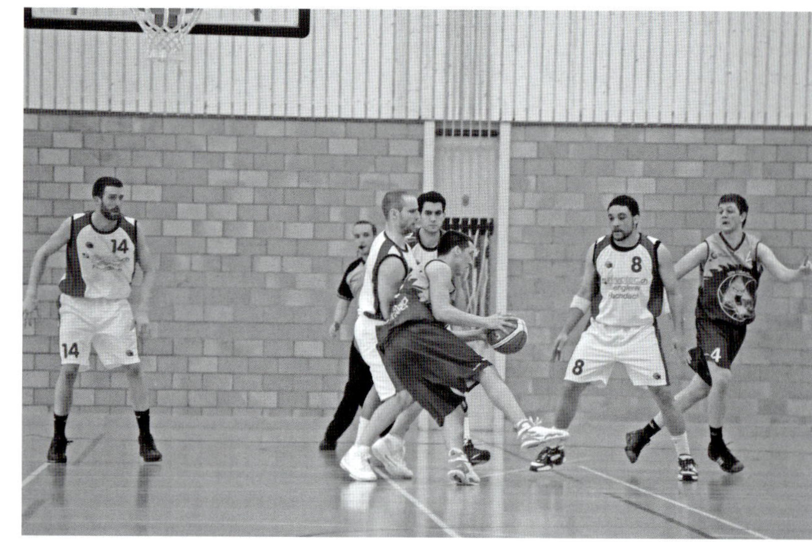

Nr.	Name Ziele/Akzente	Idee/Beschreibung	Hinweise/Organisation
299	**Wärter von Alcatraz** Verteidigungs-Technik individuell und zu zweit anwenden	Es werden zwei Teams gebildet; ein quadratisches Feld wird mit Malstäben definiert (Gefängnis). Das verteidigende Team stellt sich auf den Linien zwischen den Malstäben auf (Wärter). Das angreifende Team startet im „Gefängnis". Jeder Angreifer hat einen Ball, dribbelt und versucht, aus dem Gefängnis auszubrechen. Das Dribbling darf dabei nicht unterbrochen werden. Wer den Ball verliert, muss sofort ins Gefängnis zurück. Wer es schafft, aus dem Gefängnis auszubrechen, darf zu einem der Körbe dribbeln und einmal werfen. Für jeden Treffer gibt's einen Punkt, danach muss der Spieler ins Gefängnis zurückkehren und den nächsten Versuch starten. Nach drei Minuten wechseln die Teams die Rollen. Sieger ist das Team mit den meisten Punkten.	
300	**Affe in der Mitte** Druck auf den Ballträger und Ablenken vom Pass	Zwei Angreifer stehen sich in einem Abstand von etwa 4 Meter in je einem Reifen gegenüber und passen sich den Ball zu. Ein Verteidiger steht dazwischen und versucht, den Ball abzufangen. Gelingt ihm dies, wird er neuer Angreifer. Berührt er den Ball, bekommt er einen Punkt und mit drei Punkten wird er auch neuer Angreifer. Der Verursacher des letzten Punkts wird Verteidiger. Der Verteidiger macht Druck auf den Ball und der Ballträger wartet bis der Verteidiger bei ihm ist. Keine Pässe über Kopfhöhe und die Angreifer haben immer einen Fuß im Reifen. • Sich mit dem Pass und möglichst wenig Schritten zum neuen Angreifer bewegen. • „Ball" rufen, wenn man zum Angreifer geht.	
301	**Defense-Fänge** Seitwärts- und Rückwärtsverschiebungen trainieren	Zwei Fänger auf 10 Spieler in einem halben Feld. Die Fänger haben links und rechts unter den Armen jeweils einen Ball, was sie beim Fangen etwas behindern soll. Die Ballträger versuchen, die anderen durch Berühren zu fangen, wobei sich die Flüchtenden nur rück- und seitwärts bewegen dürfen. Bei Berührung gibt es Rollentausch. • Die Gefangenen werden auch Fänger. • Als Paarspiel mit 2 Bällen pro Paar. • Die Fänger dürfen sich auch nur sw und rw bewegen.	

Nr.	Name Ziele/Akzente	Idee/Beschreibung	Hinweise/Organisation
302	**Linien verteidigen** Raum verteidigen können, Angreifer lesen können	Gruppen à drei bis sechs Spieler. Die Aufstellung wie auf der Abbildung. Die Aufgabe der Verteidiger ist es nun, die Angreifer daran zu hindern, zwischen den Markierungen (Abstand ca. 3 Meter) durchzudribbeln. Wenn ein Angreifer durchkommt, darf er zum Korb, um abzuschließen. Trifft er, bekommt er einen Punkt. Wird sein Durchbruch vom Verteidiger verhindert, soll er mit Rückzugsdribblings rückwärts wieder in den Warteraum an der Feldmitte und der Verteidiger bekommt einen Punkt. Nach einer bestimmten Zeitdauer wird gewechselt und das andere Team greift an.	
303	**1 gegen 1 Reifen-Defense** Ziele verteidigen können, Angreifer lesen lernen	Spiel 1 gegen 1 auf 2 Reifen: Jeder Spieler verteidigt 2 Reifen. Der Angreifer versucht, den Ball in einen der gegnerischen Reifen hinein zu dribbeln bzw. zu legen. Je größer die Distanz zwischen den Reifen, desto schwieriger wird die Übung.	
304	**2 Schätze bewachen** Fokus auf die Beinarbeit, ohne Ball	Spieler 1 hat zwei Bodenmarkierungen in etwa 1 Meter Abstand zu bewachen. Spieler 2 versucht mit Körpertäuschungen, einen der beiden Markierungen zu berühren. Spieler 1 versucht durch Seitwärtsverschiebungen, immer zwischen Spieler 2 und der Markierung zu sein. Gelingt ihm dies, ist die Markierung „beschützt" und der Angreifer muss einen neuen Versuch starten. Wichtigster Tipp für den Verteidiger ist die volle Konzentration auf seine Füße (und nicht auf die Hände). Die Einhaltung der Foulregel beachten. • Markierungsabstand variieren.	

Nr.	Name Ziele/Akzente	Idee/Beschreibung	Hinweise/Organisation
305	**Stopp den ersten Schritt** Aktive Verteidigung auf den Ballträger	Verschiedene 2er-Gruppen auf Spielpositionen. Der Angreifer hat einen Ball und versucht, nah am Verteidiger zum Korb durchzubrechen. Der Verteidiger versucht, mit einem schnellen ersten Schritt, den Weg zu schließen (90° zur Laufrichtung des Angreifers) und das Stürmerfoul zu provozieren. Zuerst dosiert der Angreifer im Rollenspiel seinen ersten Schritt, ab der zweiten Serie (= 5 Wiederholungen) versucht er auch, durchzubrechen und den Korb zu erzielen. Rollenwechsel nach einer Serie.	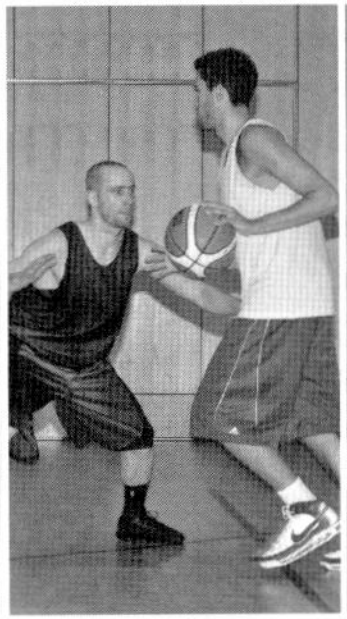 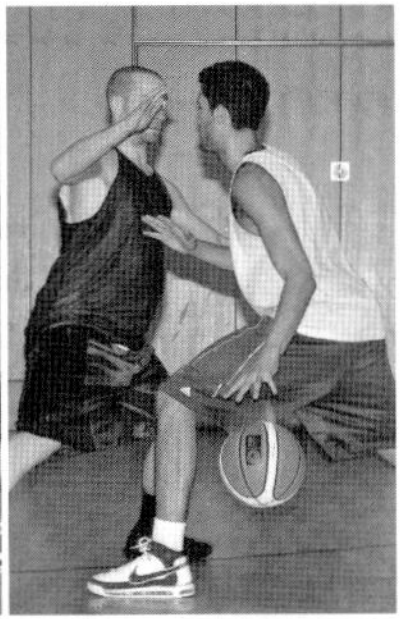
306	**Hoch-Tief, Links-Rechts** Verteidigungsbewegungen am Ball üben	Ebenfalls verschiedene Paare auf den Spielpositionen. Wenn der Angreifer den Ball auf Hüfthöhe hält, weicht der Verteidiger von einer Armlänge auf 1,5 Armlängen zurück (kleiner Sprung). Nimmt der Angreifer den Ball hoch in die Wurfauslage, verringert der Verteidiger den Abstand auf 0,5 Armlängen. Der Verteidiger bleibt immer tief und versucht, mit einer Hand dem Ball zu folgen. Der Angreifer wechselt mit dem Ball auch öfters die Seite, und der Verteidiger versucht mit einem Handwechsel zu folgen. Nach maximal 10 Bewegungen erfolgt ein Rollenwechsel. • Diese Übung mit Übung 305 „Stopp den ersten Schritt“ kombinieren.	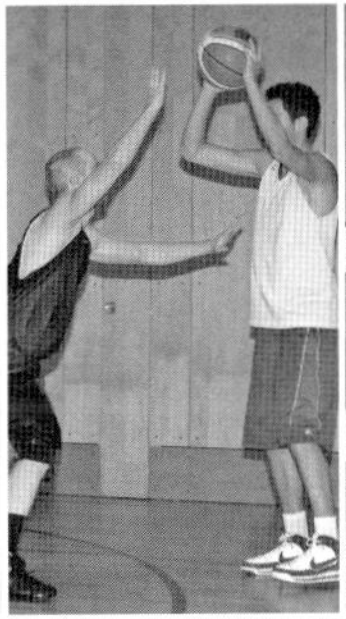 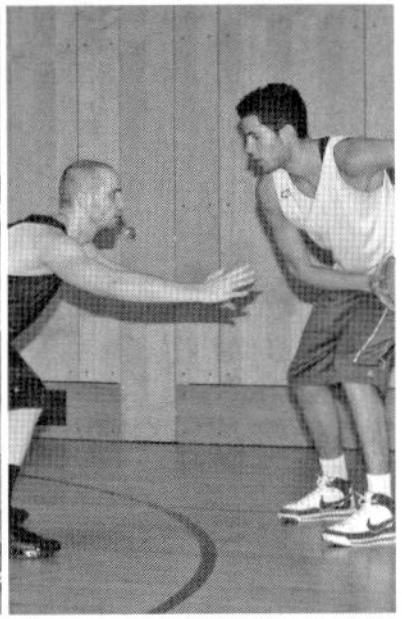
307	**Schatz bewachen** Ausblock-Technik üben	3 bis 4 Schülerpaare pro Sprungkreis. In der Mitte liegt ein Basketball. Der Verteidiger steht am Kreis mit dem Rücken zum Ball. Auf den Ruf „Wurf“ versuchen die Angreifer, den Basketball zu berühren. Die Verteidiger versuchen, dies durch Abdrängen (Ausblocken) zu verhindern. Schaffen es die Angreifer, den Ball innerhalb von 4 Sekunden zu berühren, erhalten sie einen Punkt. Wenn nicht, erhalten die Verteidiger einen Punkt. Nach 5 Durchgängen die Rollen tauschen.	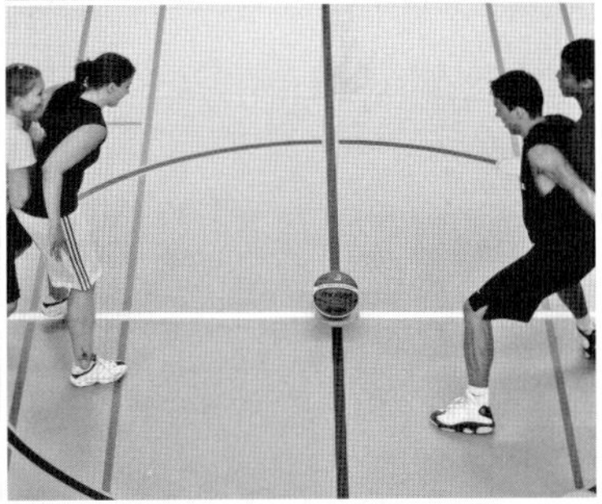

Nr.	Name Ziele/Akzente	Idee/Beschreibung	Hinweise/Organisation
308	**1 gegen 1 im Korridor** Verteidigungstechnik des Drehens üben	Die Halle wird längs geteilt und es entstehen zwei Korridore. Es wird im einen hinauf, im anderen hinunter gespielt. Der Angreifer mit Ball dribbelt kontrolliert im Korridor, und der Verteidiger versucht, ihn an die Seitenlinien des Korridors zu bringen. Dort dreht der Angreifer und die beiden gehen im Zickzack bis zur 3er-Linie. Nun geht der Angreifer „voll" und versucht, am Verteidiger vorbeizukommen und den Korb zu machen. In die andere Richtung erfolgt ein Rollenwechsel.	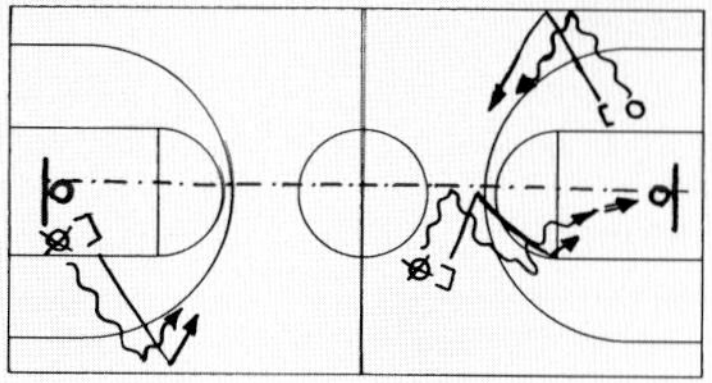
309	**„Wurf" und Box-out** Ausblocken und Sprechen in der Verteidigung	Der Verteidiger steht beim Korb und passt den Ball hinaus zum Angreifer, welcher auf einer Spielposition steht und bereit für einen Wurf ist. Mit dem Pass sprintet der Verteidiger zum Angreifer hinaus und ruft zuerst „Ball". Der Angreifer wirft und geht in den Rebound. Der Verteidiger ruft „Wurf" und versucht, den Angreifer auszublocken. Für den Angreifer ist es eine Wurfübung unter Zeitdruck und für den Verteidiger eine Ausblockübung. Nach 10 Würfen folgt ein Rollenwechsel. • Es kann auch 1 gegen 1 aus dieser Situation gespielt werden. Dann muss der Verteidiger noch kontrollierter hinauslaufen, damit er nicht zu einfach geschlagen wird.	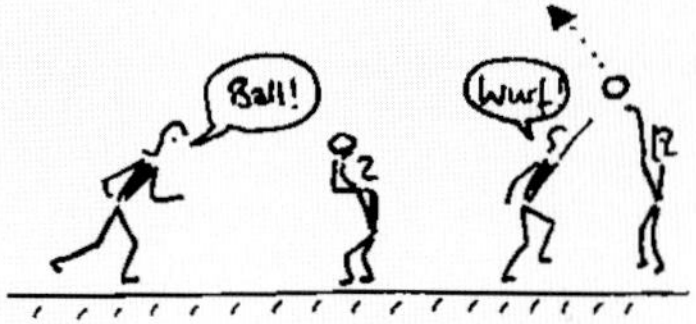 Ball! Wurf!
310	**1 gegen 1 mit Passeur** Pass verhindern und 1 gegen 1 verteidigen	Ein Passeur mit Ball, meist auf der Spielmacherposition. Ein Angreifer, welcher sich auf der Flügelposition freistellt und ein Verteidiger, der versucht, dies zu verhindern. Der Angreifer soll den Ball auf der Flügelposition erhalten und dann gegen den Verteidiger 1 gegen 1 spielen. Nach 5 Angriffen rotieren (Passeur – Angreifer – Verteidiger) und neue Rollen einnehmen. Ziel des Verteidigers ist es, den Pass innerhalb der 3-Punkte-Linie zu verhindern. Falls der Pass ankommt, umspringen auf die Linie zwischen dem Korb und dem Angreifer und den Weg versperren. • Wenn der Angreifer zu Beginn im Ballbesitz ist, dann ist auch ein Give and Go möglich, und der Verteidiger verhindert dies, indem er mit dem Pass den Laufweg des Angreifers versperrt.	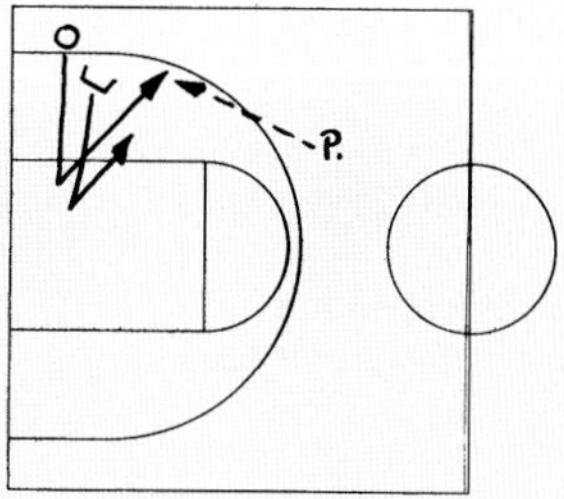 P.

Nr.	Name Ziele/Akzente	Idee/Beschreibung	Hinweise/Organisation
311	**3 gegen 3 gegen 3 – 3x gut verteidigen** Nur wer gut verteidigt, darf in den Angriff	Drei Teams pro Korb. Zwei Teams spielen 3 gegen 3 und das dritte ist an der Mittellinie bereit. Das Team in der Verteidigung hat drei Punkte; mit jeder erfolgreichen Verteidigung (= Ballbesitz ohne Foul) geht es einen Punkt runter. Wenn die Verteidiger auf Null sind, kommen sie in den Angriff und das angreifende Team muss in die Verteidigung. Wenn die Angreifer punkten, kommt wieder ein Punkt dazu, aber es geht nie höher als drei Punkte. Die Angreifer wechseln sich nach jedem Angriff ab. Ein Foul im Wurf gibt immer einen Punkt für die Angreifer. • Ein Offensiv-Rebound gibt auch einen Punkt für die Angreifer. • Kann auch mit 4er- oder 5er-Teams gespielt werden.	
312	**1 gegen 2 im Korridor** Ballträger zu zweit unter Druck setzen	Ein Angreifer greift gegen zwei Verteidiger in einem engen Korridor (zwischen Basketballseitenlinie und Volleyballseitenlinie) an und versucht, an ihnen vorbeizukommen. Schafft er es, wartet er dribbelnd, bis die Verteidiger wieder in Position sind und versucht es erneut. Auf Höhe der 3er-Linie geht er zum Korb und schließt ab. • Wenn der Angreifer die Verteidiger schlägt, zieht er direkt zum Korb. • Organisationsform: Rundlauf. Korrektur-Tipps: Nicht versuchen, den Ball zu stehlen, sondern den Angreifer dazu zwingen, den Ball aufzunehmen (Foulregel beachten). Linien mit dem Fuß darauf richtig „schließen".	
313	**2 gegen 2 mit Passeur** Wechseln zwischen Pass verhindern und absinken	Ein Passeur auf der Spielmacherposition und zwei Flügelspieler mit ihren Verteidigern. Der Passeur bewegt sich von links nach rechts und von rechts nach links auf der Spielmacherposition. Das bedeutet für die Verteidiger, dass sie auf der Ballseite den Pass verhindern müssen und auf der Hilfeseite Richtung Ball absinken sollen. Wenn der Pass auf einen Angreifer gespielt wird, versucht dieser, seinen Verteidiger zu schlagen und zum Korb zu ziehen.	

Nr.	Name Ziele/Akzente	Idee/Beschreibung	Hinweise/Organisation
314	**Shell Drill – Basic** Grundübung, um das Verschieben in der Verteidigung zu üben	In dieser Übung geht es um die korrekten Positionen und Verschiebungen in der Verteidigung. Die Angreifer bleiben an ihren Positionen und die Verteidiger fangen die Pässe nicht ab. Mit jedem Pass verschieben sich die Verteidiger Richtung Ball und Korb. Immer wieder kontrolliert der Trainer die neuen Positionen und gibt erst dann wieder ein Zeichen für den nächsten Pass. Es kann 3 gegen 3, 4 gegen 4 oder 5 gegen 5 geübt werden. Die verschiedenen Grundpositionen finden sich zu Beginn dieses Kapitels.	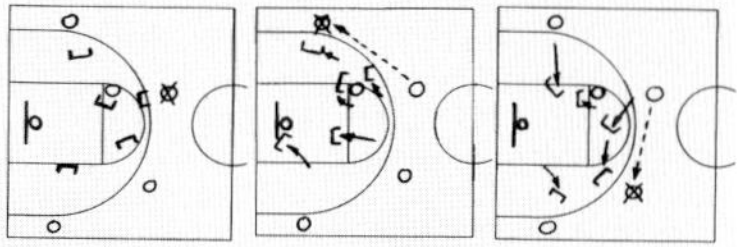
315	**Shell Drill – Box-out** Verschiebungen in der Verteidigung und das Ausblocken bei einem Wurf üben	Sobald sich Verteidiger korrekt positionieren und bewegen, kann die Pass-Frequenz erhöht werden. Allerdings sollte nicht länger als 1 Minute ohne Unterbruch geübt werden, da die Übung intensiv werden kann. Nun kann jederzeit ein Spieler werfen, und alle Verteidiger rufen „Wurf", suchen den Kontakt zu ihren Angreifern und blocken diese aus. Wenn ein Angreifer den Ball bekommt, wirft er gleich wieder und es wird wieder ausgeblockt. Die Angreifer gehen jeweils moderat in den Offensiv-Rebound.	Rebound – das ist wichtig: • Hand früh nach oben + „Wurf" rufen. • Zum Angreifer hin + Kontakt suchen. • Kontakt halten und zum Ball orientieren. • Zum Ball lösen und ihn sichern, sofern er in die Nähe fällt.
316	**Shell Drill – Help and Recover** Aushelfen und wieder übernehmen	Auf dieser Stufe darf der Ballträger an seinem Verteidiger vorbeiziehen (dieser lässt sich schlagen) und dann sollte die Hilfe der anderen Verteidiger erfolgen. Der nächste sollte aushelfen und den Angreifer mit Ball stoppen. Erfolgt dies, passt der Angreifer auf einen Mitspieler und alle gehen wieder zurück auf ihre Ausgangspositionen. Wird er nicht gestoppt, macht er den Korb.	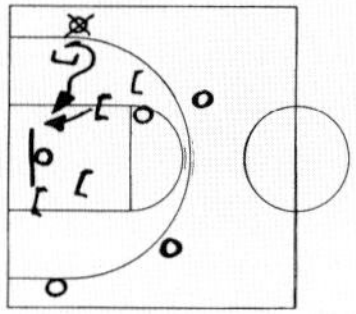
317	**Shell Drill – Cut** Den Schnitt verteidigen	Nun kann der Angreifer gegenüber vom Ballträger durch das Trapez zum Ball schneiden. Dieser Schnitt (= cut) sollte vom entsprechenden Verteidiger verhindert werden. Wird dies erreicht, wird weiter gepasst und auf die frei gewordene Angriffsposition nachgerückt, damit der „Geschnittene" wieder auf eine Angriffsposition gehen kann.	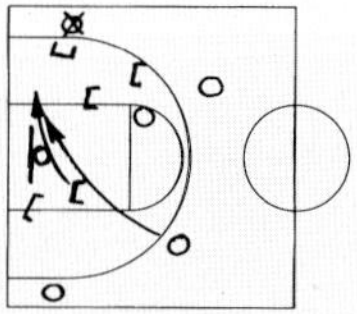
318	**Shell Drill – Total**	In dieser Form werden alle Stufen kombiniert, und die Angreifer können wählen, welche Varianten sie spielen wollen. Die Pässe werden aber immer noch zugelassen und die Varianten sind gegeben.	• Immer schneller passen. • Maximal 45 Sekunden, dann Abschluss.

4 Tipps und Tricks für den Unterricht

Übungen und Spielformen für den Unterricht findet man heute vielerorts. Die Herausforderung besteht darin, geeignete Formen auszuwählen und diese gut vermitteln zu können. In diesem Kapitel wird versucht, die wesentlichen Hinweise beim Vermitteln herauszuarbeiten, um den Lehrpersonen didaktische Hilfestellung zu bieten.

Wie in der Einleitung schon erwähnt, möchten wir uns vor allem mit basketball-spezifischen Übungen befassen, wobei wir bei diesen möglichst spielnah bleiben wollen. Wir gehen auf den Begriff der Spielnähe ein, weil dieser die Grundlage bildet, um auch selbst Übungen und Spielformen zu gestalten. Genau dazu sollen die Leser dieses Buches angeregt werden, denn Rezepte gibt es bekanntlich nicht.

Jede Lehr- und Lernsituation ist verschieden. Dies bedingt, dass die Lehrperson in der Lage sein muss, Übungen und Spiele zu verändern, zu erleichtern, zu erschweren. Im Optimalfall kreiert der Trainer seine Übungen sogar selber, denn nur so kann perfekt auf die individuelle Situation einer Gruppe eingegangen werden.

Wir stellen in der Praxis immer wieder fest, dass Übungen und Spielformen oft viel zu passiv geleitet werden. Meist begnügt man sich damit, dass die Übung begriffen wurde und reibungslos läuft. Aber genau jetzt beginnt die interessante Arbeit. Korrigieren, Unterstützen, Motivieren sind entscheidende Aufgaben, die wahrgenommen werden sollten, um Fortschritte zu ermöglichen.

In der Gestaltung des Basketball-Unterrichtes sind einige Umstände zu berücksichtigen. Entscheidend ist, dass man spielnah trainiert und die Rahmenbedingungen maximal ausnützt. Die Rahmenbedingungen ausnützen heißt, dass man möglichst alle Körbe in der Halle nutzt, denn das Zielobjekt sollte möglichst früh und möglichst oft einbezogen werden.

Weiter gilt es, wenn immer möglich (und natürlich sinnvoll), die zu Unterrichtenden mit einem eigenen Basketball üben zu lassen. Dazu eignet sich das Spielen und Üben „Nebeneinander" am besten, was im nächsten Kapitel genauer ausgeführt wird.

Sinnvoll ist es auch, wenn die Mädchen mit dem Damenball (Größe 6) und alle unter 13 Jahren mit dem Miniball (Größe 5) trainieren können.

„Spielen lernt man durch Spielen" ist ein wichtiges Prinzip. Dies sollte bei der Unterrichtsplanung berücksichtigt werden. Das heißt, dass jede Basketball-Stunde auch mindestens zur Hälfte aus Spielformen bestehen sollte. Aber nicht unbedingt die Endform des Spieles, sondern Zwischenformen, bei denen sich alle am Spiel beteiligen und somit profitieren können.

Im Unterricht mit unter 13-Jährigen sollte noch mehr mit Spielformen gearbeitet werden. Vor allem das Kapitel 3.6 „Stark am Ball" hält viele passende Formen für diese Altersstufe bereit.

Weiter ist für diese Könnensstufe eine sportspielübergreifende Spielerziehung geeignet. In 137 Basisspiel- und Basisübungsformen von Peter Vary (Herausgeber Walter Bucher) findet der Leser viele konkrete Anregungen und Spielformen zu diesem Thema (siehe S. 184).

Die Spielenden sollen möglichst viel mit dem Ball an den entsprechenden Elementen üben können. Dazu braucht es in der ersten Phase nur wenig: einen Ball für jeden Spieler, möglichst viele Körbe und geeignete, gut durchdachte Organisationsformen.

Nebeneinander
Sehr gute Erfahrungen hat man mit der Form des „Nebeneinanders" gemacht. Dabei spielen die Spieler für sich alleine, wählen aber selbst, wann sie auf welche Körbe spielen. Dadurch entstehen leichte Hindernisse, ohne dass schon gegeneinander gespielt wird. Somit entsteht ein kontrolliertes Lernfeld, weil die Spieler doch darauf achten müssen, nicht ineinander zu laufen. Überfordert die Form, kann man einen Schritt zurückgehen und einer Gruppe jeweils einen Korb zuordnen und dort auch noch in Kolonnen die Aktions-Reihenfolge festlegen. Allerdings sind dann die Schwächeren oft langsamer und somit über- und die Besseren oft unterfordert.

In der Nebeneinander-Form kann jeder Spieler selbst die Intensität bestimmen. Auch kann jeder sich selbst mehr oder weniger fordern. Es braucht allerdings ein wenig Geduld bei der Lehrperson, da diese Formen zu Beginn oft chaotisch in der Halle aussehen.

Miteinander
Sobald die Bewegungsausführung mit dem Nebeneinander eine gute Qualität erreicht hat, kommt die nächste Stufe: das Miteinander (siehe auch Kapitel 4.5, das Rollenspiel.). Diese Form ist eine entscheidende Zwischenstufe, bevor man zum Gegeneinander kommt, was zu diesem Zeitpunkt die Spieler noch überfordern würde. Zwar hat man hier schon einen direkten Gegner, aber dieser hält dosiert dagegen und nimmt sich soweit zurück, dass man bei korrekter Ausführung immer noch Erfolgserlebnisse sammeln kann. Die daraus entstehenden Verstärkungen haben erwiesenermaßen einen positiven Effekt auf den weiteren Lernprozess. Diese Stufe wird leider viel zu oft vernachlässigt, vielleicht weil sie nicht so einfach erlernt werden kann.

Gegeneinander
Erst jetzt folgt das Gegeneinander, in dem alle Beteiligten mit vollem Einsatz spielen. Die Herausforderung auf dieser Stufe besteht darin, das Element gezielt zu trainieren, welches gelernt werden soll und nicht einfach irgendetwas zu machen. Einmal mehr ist die Lehrperson gefordert, eine geeignete Übungs- oder Spielform zu finden und diese auch aktiv zu begleiten und nicht unbeteiligt daneben zu stehen.

Spielleitung
Alle drei Stufen sind ansteigend anspruchsvoll zu unterrichten, was einmal mehr die Bedeutung einer guten Spielleitung unterstreicht. Deshalb wird in den nächsten Kapiteln die Spiel- und Übungsleitung thematisiert und ihre verschiedenen Aufgaben herausgearbeitet. Ziel dabei ist es, hilfreiche konkrete Tipps für den Unterricht zu liefern, damit der Lernprozess noch aktiver begleitet werden kann.

In der Unterrichtspraxis geschieht es leider immer wieder, dass diesem Aspekt zu wenig Aufmerksamkeit geschenkt wird.
Auch die beste Übung funktioniert nicht, wenn sie nicht korrekt instruiert und begleitet wird. Dazu kommt noch die Tatsache, dass die Akzeptanz der Lehrperson sich deutlich erhöht, wenn diese sicher und klar instruiert und gut begleitet. Dies setzt eine gute Vorbereitung, aber nicht zwingend ein großes fachspezifisches Wissen voraus.
Nachdem eine Übung/Spielform entwickelt oder ausgewählt wurde, gilt es, das Ziel der Übung festzulegen.
Folgende Fragen müssen weiter geklärt werden:

- **Welche Organisations-Form wird gewählt?** (Zum Beispiel: Liga-Spiel im Knock-out)
- **Wie sieht die Rotation aus?** (Zum Beispiel: Aufsteigen im Uhrzeigersinn, Absteigen im Gegenuhrzeigersinn)
- **Was sind die Korrekturpunkte?** (Zum Beispiel: Nicht den anderen behindern und nicht die Bälle der anderen spielen)
- **Wie viele Bälle (und sonstiges Material) werden benötigt?** (Zum Beispiel: Jeder einen eigenen Ball)
- **Wie wird die Übung/Spielform vermittelt?** (Zum Beispiel: Flipchart und Erklären, Vorzeigen oder Vorzeigen lassen)

In der Halle beginnt die Leitung mit dem **Organisieren.** Eine klare und verständliche Organisation ist zentral, um die Übung oder das Spiel schnell zu starten, was in den immer kürzer werdenden Sportlektionen ein wichtiger Faktor ist.

Das **Regulieren** wird vor allem bei den Spielformen wichtig. Welche Spielregeln werden wie angewendet? (So etwa die Schrittregel ahnden, wenn ein Vorteil daraus entsteht). Braucht es Spezialregeln? (Wie maximal drei Dribblings, wenn man zum Korb durchbricht). Hier übernimmt die Lehrperson die Rolle des Schiedsrichters, wobei die Regeln sinnvoll angewendet werden sollen.

Der nächste Bereich der Leitung entsteht aus der Tatsache, dass Basketball gelingt, wenn gewisse Grundfertigkeiten vorhanden sind. Somit ist es hilfreich, wenn die Lehrperson auch **korrigiert**.

Und wenn die Leitung dann auch noch Fortschritte aufzeigen kann und dafür den Beteiligten Lob und Anerkennung zuteil werden lässt, dann spielt auch noch der vierte Hauptfaktor mit, welcher einen Beitrag zum Gelingen der Aufgabe leisten kann: das **Motivieren**.

Dies sind die vier Aufgaben, welche die Spielleitung im Sportunterricht oder im Klub-Training meistens beinhaltet.
Eine ganzheitliche Spielleitung geht deshalb eher in Richtung Coaching.
Auf den nachfolgenden Seiten werden Tipps für die entsprechenden (Spielleitungs-)Aufgaben zusammengetragen, damit das Spiel gelingen kann und Fortschritte erzielt werden können. Vielleicht fällt auf, dass die vier Spielleitungs-Aufgaben nicht nur im Sportunterricht vorkommen, sondern auch in anderen Lebensbereichen. Immer wieder muss organisiert, reguliert, korrigiert und motiviert werden; im Sport- und Schulunterricht, in der Arbeitswelt, in der Erziehung sowie auch in der Freizeit.

In den folgenden vier Kapiteln finden sich nun konkrete Tipps für die Spiel- und Übungsleitung im Basketball.

4.3.1 Organisieren

Beginn:	Zügig beginnen, aber erst, wenn alle wissen, was, wo und wie gespielt wird. Nötiges Material (Spielbänder, Signal für Spielleitung + Bälle) bereitstellen. Spielorganisation (Spieldauer, Wechsel-Konzept) und Regeln bekannt geben.
Position:	Übersichtliche Position wählen und trotzdem auf der Höhe des Geschehens sein. Wenn möglich Positionen wählen, in denen das Spiel auf die Lehrperson zukommt. Signal- oder stimmangepasste Distanz zu den Lernenden wählen. Sich mit dem Spiel oder der Übung mitbewegen, auch im Spielfeld.
Spielstand:	Bei Spielen mit jedem Korberfolg (oder Punkt) neuen Spielstand nennen oder in Auftrag geben (an Verletzte/Auswechselteam). Die Korberfolge nicht mit dem Signal begleiten. Das Spiel geht nach einem Korb weiter und das Signal bedeutet Stopp. Nach jedem Korb über den Spielstand informieren.
Abschluss:	Prägnanten, attraktiven Abschluss suchen (Countdown, nach einem Korb-Erfolg oder bei Gleichstand Spiel beenden). Spiel- und Übungsauswertung der Situation anpassen (nicht immer nötig). Ausblick geben (Was war gut? Wo setzen wir nächstes Mal an? Einverstanden?).
Kommunikation:	Klares Signal wählen (Pfeife/Horn). Mit Visualisierungen arbeiten: Taktik-Board, Bilder, Video, Flipchart, Strichzeichnungen auch beim Organisieren einsetzen. Gestik und Mimik nutzen. Jeder Übung/Spielform und jedem Spiel einen Namen geben. Dies hilft, Erklärungszeit zu verkürzen.

4.3.2 Regulieren

Signal:	Signal-Pfeife im Mund haben, um schnell reagieren zu können. Nach dem Pfiff (= Spielunterbruch), Signal-Pfeife fallen lassen und sprechen (Regelübertretung, Maßnahme, Kommentar). Körbe werden nicht abgepfiffen und Abwurf oder andere Einwürfe werden auch nicht angepfiffen. Kurz und entschlossen pfeifen und klare Entscheidungen fällen.
Zeichen:	Wenn möglich mit den korrekten Handzeichen bei Regelübertretungen arbeiten (nebst dem Kommentieren). Auch andere Handzeichen einsetzen (Wechsel, Auszeiten (= Time-Out), Freiwürfe). Die Zeichen sind zu finden auf http://www.bbsr.de/sr/technik/hand/handzeichen.htm
Verbal:	Auch mit der Stimme kann auf Regelverstöße hingewiesen werden (evtl. ohne sie zu ahnden). Wechsel-Teams oder Zuschauende realisieren beim Beobachten des Spiels die entsprechenden Regeln besser, wenn sie kommentiert werden.
Kenntnisse:	Wenn Basketball gelingen soll, sind die wichtigsten Regelkenntnisse und ihre Anwendung eine wichtige Voraussetzung. Deshalb ist es besser, die wichtigsten 3 Regeln kennen und anwenden können, als alle Regeln ein bisschen kennen und nicht anwenden können.
Sinnvoll:	Regeln so anwenden, dass der Spielfluss immer noch vorhanden ist. Kreative Zwischenlösungen finden (Kommentieren + nur bestimmte Regeln ahnden).

4.3.2.1 Die 3 wichtigsten Regeln im Basketball für Einsteiger

Foul-Regel: Mit dieser Regel entsteht der typische Basketball-Charakter. Basketball ist ein Angriffsspiel; der Angreifer wird von den Regeln eher geschützt als der Verteidiger.
Hier soll die Null-Toleranz-Regel angewendet werden, d. h. der Ballträger darf nicht berührt werden. Diese Spezial-Regel erleichtert es dem Spielleiter auch, die Fouls besser zu erkennen und die Härte aus dem Spiel zu nehmen.
Abseits vom Ball darf Körperkontakt (außer Halten, Stoßen, Schlagen ...) beim Kampf um die Positionen zugelassen werden, was denn Basketball auch nicht zum „Sissy-Sport" macht.
Das Offensiv-Foul liegt dann vor, wenn der Angreifer (mit oder ohne Ball) den stehenden Verteidiger „umrennt" (= in den Rumpf, nicht in die Arme hineingeht).
Mit den Armen den Angreifer aufhalten, ist immer Foul-Spiel vom Verteidiger.

Die Foul-Regel soll von Beginn an konsequent durchgesetzt werden, ansonsten geht das Ganze in Richtung Rugby, was ja in unserem Fall nicht die gewählte Sportart ist.

Doppeldribbling: Dribbeln (prellen), den Ball halten und dann wieder dribbeln, ist Doppelfang (oder Doppel) und führt zu Ballbesitz für das gegnerische Team.

Schritt-Regel: Aus der Bewegung sind beim Ballerhalt nur zwei Bodenberührungen (= Schritte) erlaubt, wobei die zweite beliebig korrigiert werden darf (= Sternschritt).
Wird der Ball im Stehen angenommen, darf nur ein weiterer Schritt gemacht werden.

Dies sind die wichtigsten drei Regeln, mit denen man ein Spiel schon gut leiten kann. Alle anderen Regeln sollen dann geahndet werden, wenn ohne Ahndung ein deutlicher Vorteil entsteht, was bei Basketball-Einsteigern selten der Fall ist.
Wenn man an einem Turnier teilnehmen will, sollte man den Spielern auch die weiteren Regeln nach und nach beibringen.

Diese genaueren Regeln für das Spiel auf einen und auf zwei Körbe sind nachfolgend aufgeführt.

4.3.2.2 Streetball-Regeln (= Spiel auf einen Korb)

Spielregeln

- Spielbeginn: Bei jeder (Wieder-)Aufnahme des Spiels wird der Ball „gecheckt“: der Ballträger der angreifenden Mannschaft spielt den Ball seinem Verteidiger zu, dieser spielt ihn zurück, sobald sein Team spielbereit ist, und damit beginnt das Spiel/der Spielzug. Beim „Checken“ des Balles befindet sich der Angreifer mit dem Ball außerhalb der 3-Punkte-Linie.
- Wechsel des Ballbesitzes: nach jedem Korb sowie jedes Mal, wenn der Ballbesitz von der einen zur anderen Mannschaft wechselt, muss der Ball zuerst die Zone innerhalb der 3-Punkte-Linie verlassen, bevor er wieder auf den Korb gespielt werden kann (nicht beim Offensiv-Rebound).

Wertung

- Jeder Feldkorb zählt 1 Punkt, jeder erfolgreiche „3-Punkte-Wurf“ 2 Strafpunkte (siehe unten).
- Nach einem Korberfolg wird der Ball von hinter der Grundlinie von der Mannschaft ins Spiel gebracht, die den Korb erhalten hat (Abwurf).

Regelübertretungen

Streetball wird (ursprünglich) oft ohne Schiedsrichter gespielt. Die Teams einigen sich bei Fouls und Regelübertretungen selbst. Es ist die Angelegenheit der beiden beteiligten Spieler, bei Regelübertretungen zu einer Lösung zu kommen. Ist das Spiel erst wieder aufgenommen, ist der Fall damit erledigt.

- Verteidiger-Foul: Behindert der Verteidiger den Ballträger mit einer aktiven Berührung oder hält er diesen mit seinen Händen oder Armen auf, ist dies ein Foul. Halten (auch an Kleidungsstücken), schlagen und stoßen sind ebenfalls Fouls (vom Verteidiger wie vom Angreifer).
- Angreifer-Foul: Geht ein Spieler im Angriff in den stehenden Verteidiger hinein, ist dies ein Foul des Angreifers. Allerdings gilt auch: Sich als Verteidiger so in den Weg des Angreifers stellen, dass ein Kontakt unvermeidlich wird (Angreifer schon zu nah oder in der Luft), ist nicht legal.
- Den Ball ins Aus spielen (Ballführender Spieler oder Ball im Out = Ausball; Linie = Out).
- Doppeldribbling.
- Schrittfehler (siehe S. 162).
- Sich länger als 3 Sekunden (mit oder ohne Ball) im gegnerischen Trapez aufhalten. Beim Korbwurfversuch ist diese Regel aufgehoben. Die neuen 3 Sekunden beginnen, wenn der Angreifer wieder in Ballbesitz kommt.
- Den Ball mit der Faust schlagen oder zum eigenen Vorteil mit dem Fuß treten.

Ahndung

- Nach jeder Regelübertretung und jedem Foul wird der Ball außerhalb der 3-Punkte-Linie wieder ins Spiel gebracht („gecheckt", vgl. „Spielregeln", S. 161).

Schrittfehler

Als 1 Schritt gilt im Basketball

- Beim Fangen im Laufen eine Bewegung von 2 Takten (Bodenkontakten), also Fangen in der Luft, dann rechts – links oder links – rechts.
- Beim Fangen, währenddessen ein Fuß Bodenkontakt hat (= 1. Takt), noch 1 Takt.
- Mit dem ersten Takt wird das Standbein bestimmt (sind beide Füße am Boden, kann das Standbein gewählt werden). Der andere Fuß darf beliebig versetzt werden (Sternschritt). Für Pass oder Korbwurf dürfen beide Füße nach dem Schritt den Boden verlassen, jedoch nicht für den Beginn des Dribblings.

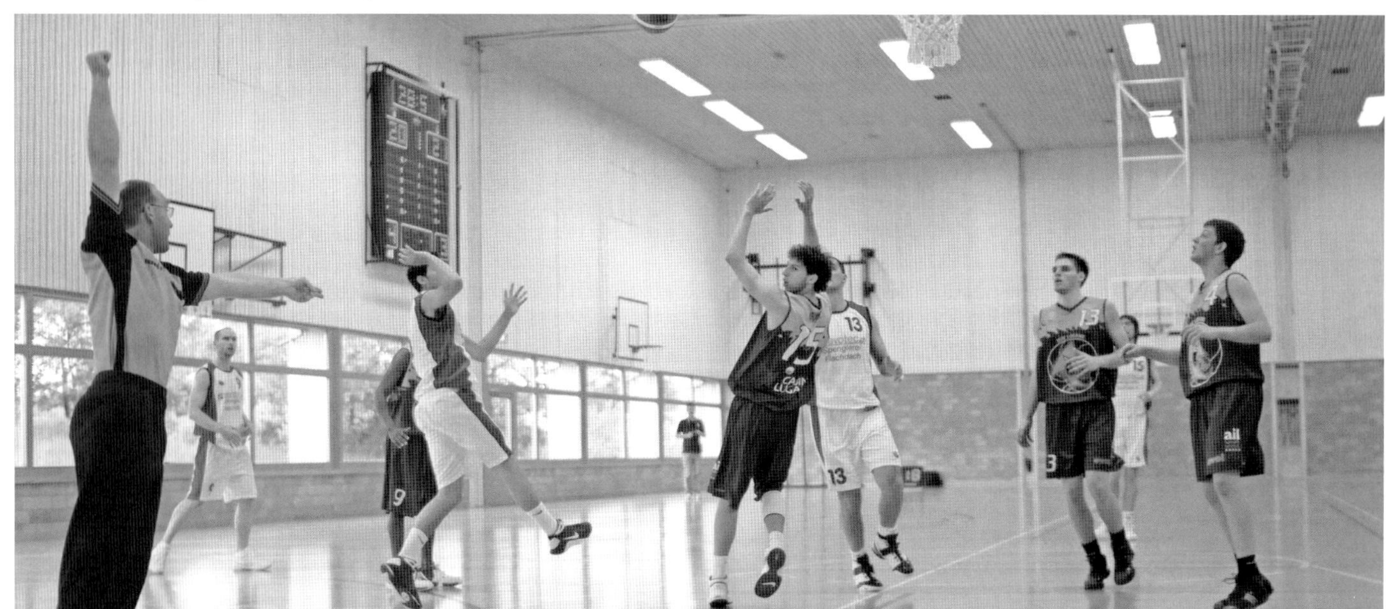

4.3.2.3 Schulregeln im Spiel auf zwei Körbe (meist 5 gegen 5)

Team

- 5 Spieler, 0–5 Auswechselspieler
- Wechselmöglichkeit bei jeder Spielunterbrechung (nicht „fliegend“!).

Spielregeln

- Spielbeginn: Sprungball in der Feldmitte zwischen 2 Spielern, die den Ball mit der offenen Hand tippen, nachdem er den höchsten Punkt seiner Flugbahn überschritten hat. Alle anderen Spieler stellen sich außerhalb des Mittelkreises auf.

Halteball-Situationen

- Wenn zwei gegnerische Spieler den Ball halten, dieser sich zwischen Korb und Brett festklemmt oder eine Situation (z. B. Outball) eintritt, bei der nicht eindeutig über den Ballbesitz entschieden werden kann, so gilt das Prinzip der „alternate possession“: bei der ersten derartigen Situation erhält das eine (zu Spielbeginn verteidigende) Team den Ball, bei der nächsten das andere, usw.

Wertung

- Jeder Feldkorb zählt 2 Punkte, jeder erfolgreiche 3-Punkte-Wurf 3. Jeder erfolgreiche Freiwurf zählt 2 resp. 3. Punkte (s. unten).
- Nach einem Korberfolg wird der Ball von hinter der Grundlinie von der Mannschaft ins Spiel gebracht, die den Korb erhalten hat (Abwurf).

Regelübertretungen

- Verteidiger-Foul: Behindert der Verteidiger den Ballträger mit einer aktiven Berührung oder hält er diesen mit seinen Händen oder Armen auf, ist dies ein Foul. Halten (auch an Kleidungsstücken), schlagen und stoßen sind ebenfalls Fouls (vom Verteidiger wie vom Angreifer).
- Angreifer-Foul: Geht ein Spieler im Angriff in den stehenden Verteidiger hinein, ist dies ein Foul des Angreifers. Allerdings gilt auch: Sich als Verteidiger so in den Weg des Angreifers stellen, dass ein Kontakt unvermeidlich wird, (Angreifer schon zu nah oder in der Luft) ist nicht legal.
- Schrittfehler (siehe S. 164).
- Doppeldribbling.
- Den Ball ins Aus spielen (Ballführender Spieler oder Ball im Out = Ausball; Linie = Out).
- Den Ball mit der Faust schlagen oder zum eigenen Vorteil mit dem Fuß treten.
- Sich als Angreifer länger als 3 Sekunden (mit oder ohne Ball) im gegnerischen Trapez aufhalten. Beim Korbwurfversuch ist diese Regel aufgehoben. Die neuen 3 Sekunden beginnen, wenn der Angreifer wieder in Ballbesitz kommt.
- Unsportliches Verhalten gegenüber Spielern oder Schiedsrichtern.

Ahndung

- Alle Übertretungen außer die letzte (unsportliches Verhalten) ergeben einen Einwurf von außerhalb des Feldes (vom dem Verstoß am nächsten gelegenen Punkt der Outlinie, mit Ausnahme des Raumes hinter den Brettern).
- Ein Foul ergibt ebenfalls einen Einwurf. Wird das Foul an einem Spieler begangen, der sich in einer Korbwurfaktion befindet (kontinuierliche Bewegung des Balles in Richtung Korb), so erhält der Gefoulte einen Freiwurf, der, wenn er erfolgreich ist, die gleiche Anzahl Punkte zählt wie der Wurf, an dem der Spieler gehindert wurde (2 oder 3) (= Spezial-Schulregel, um Zeit zu gewinnen).
- Ein unsportliches oder grobes Foul kann zum sofortigen Ausschluss auf Zeit (= Zeitstrafe) oder für das ganze Spiel führen (= Spezial-Schulregel). Ferner wird das Spiel mit einem Freiwurf fortgesetzt.

Schrittfehler

Als 1 Schritt gilt im Basketball:

- Beim Fangen im Laufen eine Bewegung von 2 Takten (Bodenkontakten), also Fangen in der Luft, dann re – li oder li – re.
- Beim Fangen, währenddessen ein Fuß Bodenkontakt hat (= 1. Takt), noch 1 Takt.
- Mit dem ersten Takt wird das Standbein bestimmt (sind beide Füße am Boden, kann das Standbein gewählt werden). Der andere Fuß darf beliebig versetzt werden (Sternschritt). Für Pass oder Korbwurf dürfen beide Füße nach dem Schritt den Boden verlassen, jedoch nicht für den Beginn des Dribblings.

4.3.3 Korrigieren

Technik:	Gute Technik-Ausführungen verstärken, um sie weiter zu fördern. Bei nicht gelungener Technik die wichtigsten Tipps zur Verbesserung geben. Kurze Formulierungen zur Verbesserung finden. Technische Korrekturen sollen die Effizienz im Spiel fördern und nicht behindern.
Taktik:	Gute Taktik-Aktionen verstärken, um sie weiter zu fördern. Wenig, dafür klare Tipps zur Taktik geben. Vor allem die Angriffs-Taktik fördern, damit dort viele Erfolgserlebnisse gesammelt werden können. Im Angriff gilt es vor allem, das Spiel zu beruhigen. Der Ballträger soll zuerst die Situation erkennen und dann die Entscheidung treffen: 1 : 1 oder Pass.
Art (+/–):	Korrekturen sollten von konstruktiver Art sein, da die Spielenden während des Spiels eher aufgeregt sind und Hilfen jeglicher Art gebrauchen können.
Prägnanz:	„Fliegend" kurze Tipps geben. Prägnante Korrekturen müssen genau überlegt und vorbereitet werden (aufschreiben). Beispiele: „ruhig am Ball", „auf den ersten Schritt dribbeln", „Ballträger hat Priorität", „Positionen einnehmen", „Hände zeigen".
Einzel:	Mit Einzelkorrekturen kann gut auf die meist sehr unterschiedlichen Leistungsniveaus eingegangen werden. Auch den besseren Spielern Aufgaben geben, die sie fordern. Beispiele: „nur mit der schwächeren Hand abschließen", „den Angreifer stoppen, ohne die Hände einzusetzen".
Gesamt:	Versuchen, fliegend oder mit Unterbruch das Spiel (eher) zu beruhigen. Mit kurzen und klaren Anweisungen arbeiten. Maximal drei Anweisungen bei einem Unterbruch bringen; eine pro Bereich (Angriff, Verteidigung, Allgemeines Verhalten). Beispiele: „Im Angriff den Ball annehmen, zum Korb ausrichten und warten. In der Verteidigung mit den Füßen arbeiten und ohne Hände. Auf das Spiel konzentrieren und nicht auf den Schiedsrichter."
Spielfluss:	Mit den Korrekturen den Spiel- oder Übungsfluss nicht zu stark behindern. Nach Korrekturen genügend Zeit geben, diese auch umzusetzen.

4.3.4 Motivieren

Präsent sein:	Durch Motivieren kann man trotz mangelnden Basketballkenntnissen Präsenz markieren. „Geistig mitspielen".
Verstärken:	Mit dem „Anfeuern" können gute Aktionen gefördert werden („genau so noch einmal"). Die meisten positiven Aktionen sind einfach zu erkennen; ein erzielter Korb, ein guter Pass, ein geretteter Ball.
Aufmuntern:	Mit dem Aufmuntern kann die Intensität stark beeinflusst werden („kommt noch einmal", „der Nächste geht rein").
Zeichen geben:	Auch Klatschen, Handzeichen oder Mimik können motivieren. Diese nonverbalen Signale sollten viel geübt werden, damit sie auch authentisch rüberkommen.
Beruhigen:	Wenn es zu hektisch wird, sollte das Spiel (oder die Übung) beruhigt werden. Aber selbst hier kann motiviert werden, indem man an vergangene Erfolgserlebnisse erinnert, um die Situation zu beruhigen.
Anfeuern:	Wenn es hingegen auf dem Feld etwas lahm zugeht, dann hilft oft das verbale Anfeuern, welches durch Gesten unterstützt werden kann. Aber auch hier gilt: Eher positiv und respektvoll und nicht abwertend.

Ein weiterer, wichtiger didaktischer Aspekt ist die Spielnähe. Um Spielnähe zu definieren, reicht eigentlich ein Satz: Jede Übung soll sich auf eine Spielsituation beziehen. Dies ist zwar nicht immer möglich (vor allem bei Einsteigerübungen), aber es ist trotzdem möglichst oft anzustreben.

Worauf ist zu achten, wenn man spielnah üben will?

Bei einer **Übung** sollten:

- die definierten Spielpositionen eingehalten werden,
- die Laufwege wie im Spiel sein,
- die Passwege und Passtechniken wie im Spiel sein,
- die Abschlüsse wie im Spiel sein,
- die Intensität und Geschwindigkeit wie im Spiel sein.

Bei einer **Spielform** sollte man darauf achten, dass Verhaltensweisen gefördert werden, welche im Sinne des Spiels sind und im Spiel den Lernenden helfen, ihr Ziel sowohl im Angriff (Beispiel: 1 gegen 1 Sieger sucht Sieger) als auch in der Verteidigung (Beispiel: Defense-Fänge) zu erreichen.

Die Frage nach der Spielnähe sollte damit bei der Auswahl der Lektionsinhalte das Hauptkriterium sein. Dies wird für den Nicht-Basketball-Experten manchmal eine Herausforderung sein. Die hier erwähnten Übungen werden jedoch diesem Anliegen gerecht.

Leider sind viele Übungen in der Fachliteratur eher spielferne Drill-Formen. Die meisten kommen aus den USA, weil es das Mutterland des Basketballs ist. Der Grund für die Existenz dieser Drills liegt darin, dass man dort schon mit Einsteigern oft mehrere Stunden pro Tag trainiert. So wird man natürlich auch mit diesen Formen die nötigen Fortschritte machen, obwohl es effizientere Wege gibt.

Bei uns in Europa herrschen aber andere Rahmenbedingungen und darauf sollte bei der Vermittlung auch Rücksicht genommen werden. Der Stellenwert des Sports in der Schule ist ein ganz anderer, auch wenn jetzt immer mehr Sportschulen entstehen.

Das Rollenspiel ist ein wichtiges didaktisches Element, weil durch ein korrektes Anwenden der Lernprozess beschleunigt werden kann. Rollenspiel bedeutet, dass sich Verteidiger (bei einer Angriffsübung) oder Angreifer (bei einer Verteidigungsübung) auf eine sinnvolle Art verhalten sollen. Sinnvoll heißt, nicht mit vollem Einsatz zu verteidigen beziehungsweise anzugreifen und dem Gegenüber die Chance zu geben, das neue Element erfolgreich anzuwenden. Man kann dies auch mit einem „unterstützenden Verhalten" umschreiben. Es entstehen wichtige Zwischenstufen zwischen 1 gegen 0 und dem 1 gegen 1. Wenn das neu erlernte Element korrekt angewendet wird, sollte eine Erfolgsquote von 80% erreicht werden können. Erst dann sollte der Widerstand erhöht (oder erschwert) werden.

Dies führt auch dazu, dass das Spielverständnis von allen Beteiligten nebst dem Erlernen des zentralen Elementes gefördert wird. Nachdem die Elemente zuerst 1 gegen 0 in einer Grobform erlernt worden sind, kommt man unweigerlich zum „Gegeneinander", zum 1 gegen 1. Im Basketball gibt es bei den meisten zu lernenden Elementen ein Gegenüber (Angreifer oder Verteidiger). Würde das Gegenüber gleich mit vollem Einsatz eingesetzt, wären die Chancen für ein erfolgreiches Anwenden des neuen Elementes gering.
Es ist also entscheidend, dass sich das Gegenüber so verhält, dass die zu trainierenden Elemente erfolgreich ausgeführt werden können. Nur so kann ein Vertrauen in das neu Erlernte entstehen.

Sobald dies auf einer Stufe erfolgreich ist, darf das Gegenüber die Gegenwehr erhöhen. Entscheidend ist hier zu betonen, wie wichtig diese Unterstützung ist und dass darauf geachtet wird, dass sich alle Beteiligten immer noch spielgemäß verhalten.

Gelingt es der Lehrperson nicht, der Klasse dieses „Rollenspiel" begreiflich zu machen, kann ein gutes Niveau (in der Schule mit wenig Zeit) nur sehr schwer erreicht werden. Dieses „Rollenspiel" stellt die wichtigen Übergänge dar zwischen den Bewegungen ohne Verteidiger und dem „normalen" Spiel, bei dem alle Erschwerungen (Zeitdruck, Raum, offene Situationen) vorkommen. Es ist deshalb wichtig, mit einfachen Formen zu beginnen und erst dann das nächste Element anzufügen, wenn die vorherige Stufe beherrscht wird.

Basketball wurde in der Zeit seiner Entstehung nicht zu Unrecht als körperloses Spiel bezeichnet, was der Sportart dann auch diverse Übernamen einbrachte, welche nicht so schmeichelhaft waren; wie etwa „Sissy Sport". Die Regeln sind tatsächlich so beschaffen, dass auch heute noch der aktive Körperkontakt, vor allem mit dem Ballträger, nach wie vor nicht erwünscht ist.

Auf dem Einsteigerniveau ist es nun ganz wichtig, diese Regel durchzusetzen, da es sonst zu einer zu körperbetonten (rugbyähnlichen) Form des Spieles kommt, welche den Beteiligten meist keinen Spaß macht und damit auch das Ziel des Spiels verfehlt. Basketball macht dann Spaß, wenn Körbe fallen. Der Einsteiger hat auch ohne Körperkontakt schon genug Herausforderungen, das Zielobjekt zu treffen.

Weiter gilt es, sich bei Einsteigern vor allem auf das Erlernen des Angriffs zu konzentrieren und nicht zu viel an der Verteidigung zu arbeiten. Erfahrungsgemäß macht man in der Verteidigung leichter Fortschritte und kann schon nach kurzer Zeit den Angreifern das Spiel sehr schwer machen.

Natürlich ist auch eine gute Verteidigung ein attraktives Element im Basketball, aber wenn es dadurch zu keinem vernünftigen Spielaufbau mehr kommt, dann macht es Einsteigern meistens auch keinen Spaß mehr. Wie beim Rollenspiel sollte die Verteidigung erst dann gesteigert werden, wenn es für die Angreifer zu leicht wird. Eine gute Faustregel zu Beginn ist: 4/5 der Zeit am Angriff, 1/5 an der Verteidigung zu arbeiten.

In der Verteidigung gilt es, nur das Grundverhalten für die individuelle Verteidigung zu erlernen.

Die zentralen Punkte sind:
- Zwischen Angreifer und eigenem Korb stehen,
- Immer versuchen, den eigenen Angreifer und den Ball zu sehen, ohne den Kopf zu drehen,
- Die Körperausrichtung (Brustbein) zeigt immer zum eigenen Angreifer (außer beim Aushelfen),
- Je näher mein Angreifer zum Korb kommt, desto näher verteidige ich ihn,
- Je weiter weg der Ball von meinem Angreifer ist, desto mehr kann ich „absinken" Richtung Ball + Korb, um auszuhelfen.

Bei den Übungen in diesem Buch kommen verschiedene Organisationsformen vor, welche nachfolgend bildlich dargestellt werden. Die Wahl der Form richtet sich nach der Gruppengröße, der Anzahl Körbe, der Anzahl Bälle und dem Niveau der Gruppe. Wichtig ist, mehrere Formen zu kennen, damit die richtige gefunden werden kann. Dabei ist die Zusammenstellung nicht komplett und eher als Anregung gedacht, nicht immer in den gleichen Formen zu verharren.

Es gilt der Grundsatz der Effizienz: Die Organisation sollte so gewählt werden, dass pro Zeiteinheit das gewählte Element von jedem Teilnehmer mit einer maximalen Anzahl trainiert werden kann.

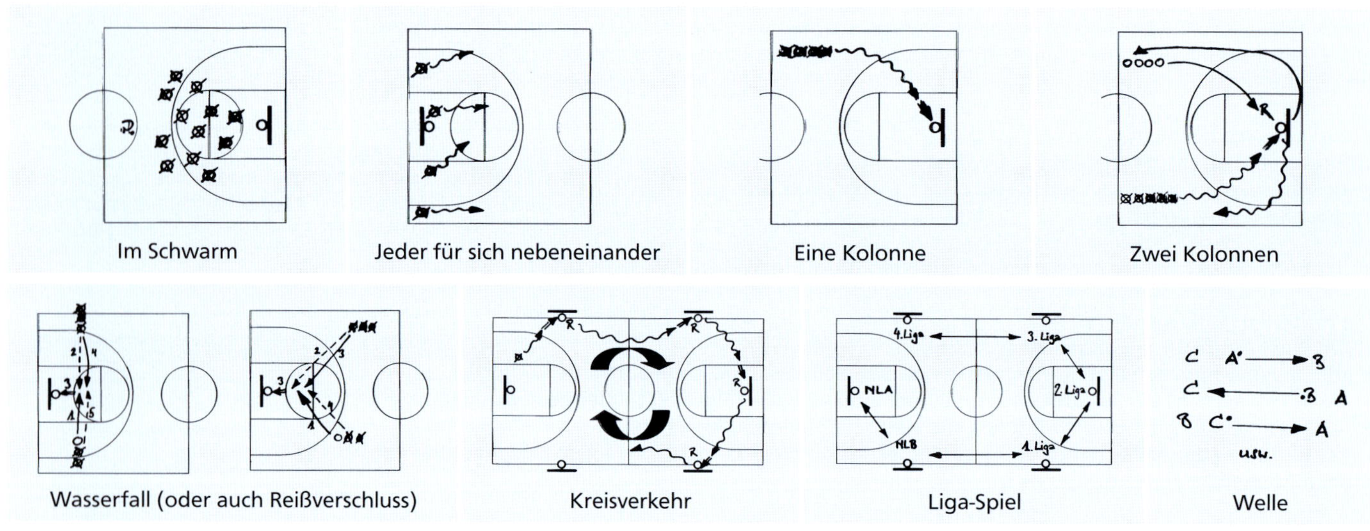

Im Schwarm — Jeder für sich nebeneinander — Eine Kolonne — Zwei Kolonnen

Wasserfall (oder auch Reißverschluss) — Kreisverkehr — Liga-Spiel — Welle

5 Ein 10-Lektionen-Programm

In diesem Kapitel wird ein 10-Lektionen-Programm für den Basketball-Einsteiger präsentiert. Ziel ist es, Lust auf mehr Basketball zu machen. Es soll klar werden, dass spielerisch vermittelt werden kann und dass dabei viel gespielt werden soll.

Die Hauptvermittlungs-Methode ist das Üben und Spielen nebeneinander, das heißt ohne aktiven Gegner, aber mit anderen Spielern auf dem Feld wodurch der Raum bereits eingeschränkt wird. Dadurch können die Einsteiger sich intensiv mit dem Ball und dem Zielobjekt auseinandersetzen, was als erste Herausforderung genügt. Im Spiel gegeneinander können sie schließlich versuchen, das Erlernte zu erproben und erkennen sehr klar, wo sie stehen.

Das Dribbling wird in diesem Programm immer wieder eingeschränkt, wodurch das Zusammenspiel gefördert werden soll. Damit wird dem Einsteiger klar, dass Passen wichtiger als Dribbeln ist. Dies hat auch der Erfinder des Basketballs, Dr. James Naismith so gesehen.

Das Programm soll ein Hilfsmittel sein, um einige Ideen zu bekommen, wie es nach dem Einstieg zu Beginn des Buches weitergehen könnte. Auch bei diesem Programm muss darauf geachtet werden, ob und wie die Gruppe Fortschritte macht. Mit dem Programm können auch 20 Lektionen durchgeführt werden. Die Lektionen sind auch so ausgelegt, dass man sie wiederholen oder zu einer Doppelstunde ausbauen kann. Im Gegensatz zum Einstieg in 7 Schritten wird hier öfter auf zwei Körbe gespielt, womit das Spiel einen neuen Charakter bekommt. Die guten Spieler werden eher dominieren, was beim Unterrichten zu berücksichtigen ist.

Die 10 Lektionen à 45 Minuten sind auf eine Gruppengröße von 24 Teilnehmenden und eine Halle mit 6 Körben, einem Längsfeld und zwei Querfeldern ausgerichtet.

Werfen + Passen

Ziele/Inhalte

Technik/Taktik: Einführung Wurftechnik (3 Phasen + 3 Kernpunkte: Beine, Ellenbogen und Handgelenk)
Einführung Passregeln (Blickkontakt, Ball mit Händen verlangen)

Spielregeln: Foulregel einführen und anwenden
Schrittregel einführen

5 min

Werfen nebeneinander (Up and Down solo)

Jeder hat einen Ball. Nach jedem Treffer dribbelnd über die Mittellinie den Korb wechseln. Wurftechnik frei wählen. (Beobachten, wie abgeschlossen wird: ein- oder zweibeinig + welche Wurftechnik.)

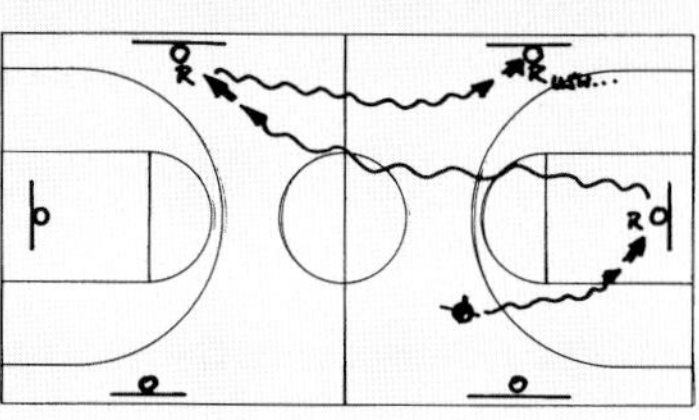

10 min

Werfen und Rebounden nebeneinander, zweibeinige Abschlüsse (Up and Down solo)

Gleiche Übung, aber nur zweibeinige Abschlüsse (Wurftechnik vorzeigen) und nachwerfen, bis man trifft. Danach wieder dribbelnd die Mittellinie überqueren und auf einen anderen Korb spielen. Schrittregel erklären und vorzeigen.
(Beobachten, wie die Inputs umgesetzt werden und unterstützen.)

10 min

Spiel: Basketball „Abstand" quer ohne Dribbling

Vier Teams bilden (Anzahl maximal sechs Spieler pro Team). Spiel auf den Querfeldern.
Foulregel (jede Berührung des Ballträgers ist ein Foul) erklären, vorzeigen und sinnvoll anwenden (oft mündlich kommentieren, aber wenig unterbrechen). Auch die Schrittregel eher kommentieren statt das Spiel zu unterbrechen. Um die Wurftechnik in Ruhe anwenden zu können, darf man 1 Meter Abstand verlangen, wenn man werfen will (= Spezialregel).

Spielregeln: Foulregel, Schrittregel

Spezialregel: Abstandregel (mindestens 1 m Abstand zum Ballträger, wenn dieser „Wurf" ruft).
Dribbelverbot.

Werfen + Passen

10 min

Werfen nebeneinander, Standwurftechnik

Die drei Phasen des Wurfes vorzeigen: Ball erhalten, hochnehmen in die Wurfauslage, Ellbogen strecken und Handgelenk abklappen. Zuerst ohne Ball im Schwarm kurz üben. Unterschiede zum Kugelstoßen (Stoßen des Balles) und Handball (Schultereinsatz) aufzeigen. Dann jeder einen Ball und an Körben und Wänden für sich üben lassen und korrigieren.

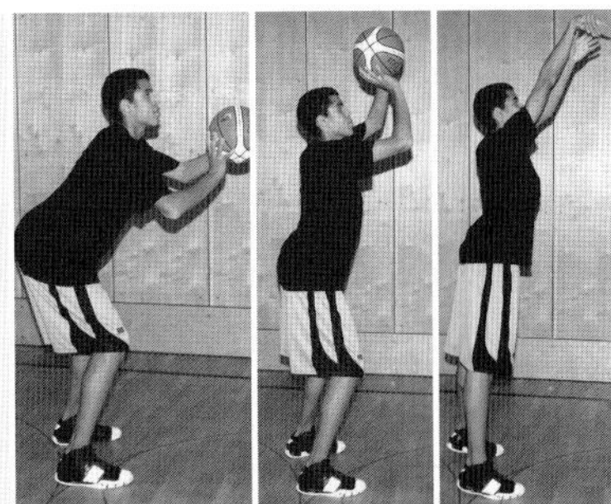

10 min

Spiel „Abstand" quer ohne Dribbling

Vier Teams bilden (Anzahl maximal 6 pro Team, sonst Wechselspieler). Spiel auf den Querfeldern.

Spielregeln: Foulregel, Schrittregel,
Spezialregel: Abstandregel (mindestens 1 m Abstand zum Ballträger, wenn dieser „Wurf" ruft). Dribbelverbot.

Nach fünf Minuten unterbrechen und die wichtigsten Punkte zum Passen im Dialog erarbeiten:

- Blickkontakt, freier Passweg, starke Pässe (keine Lob-Pässe), Hände zeigen (Ziel, Timing, Fanghilfe). Danach die Spielpaarungen wechseln und weiterspielen mit besonderem Augenmerk auf die Pässe.

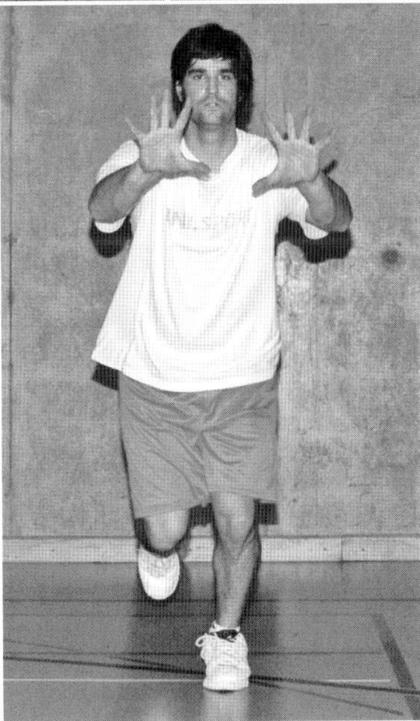

1 gegen 1

Ziele/Inhalte

Technik/Taktik: 1-gegen-1-Entscheidung; Weit = Wurf, Nah = Durchbruch, Wurftechnik verfeinern
Spielregel: Foulregel vertiefen
Individuelle Verteidigung erklären

10 min **Wurftechnik verfeinern (2 Reihen werfen)**	Als Einstieg Wurftechnik (ohne Ball) vorzeigen und kurz üben, auch mit beiden Armen gleichzeitig (Ellbogen nach vorne!). Dann mit Ball in zwei Reihen gegeneinander ausgerichtet (Abstand mindestens vier Meter) üben, immer einen Ball zu zweit. 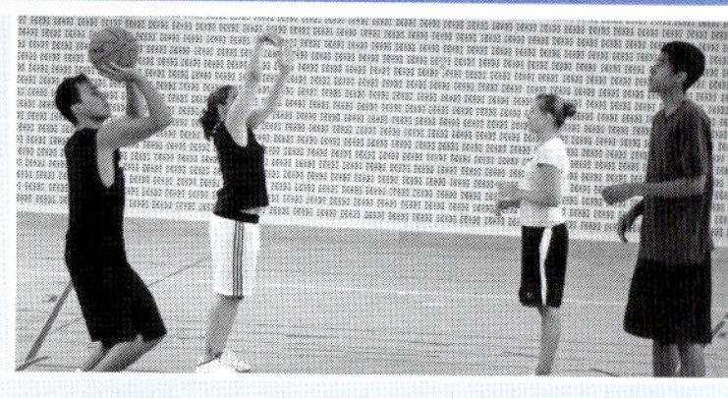
10 min **Spiel: Quer mit sinnvollem Dribbling, Verteidigung erklären**	Vier Teams bilden (Anzahl maximal sechs Spieler pro Team). Spiel auf den Querfeldern. Foulregel (jede Berührung des Ballträgers ist ein Foul) erklären, vorzeigen und anwenden. Individuelle Verteidigung erklären. Jeder Verteidiger übernimmt einen Angreifer. Aber erst ab der eigenen 3-Punkte-Linie verteidigen, keine Ganzfeldverteidigung. Spielregeln: Foulregel, Schrittregel Spezialregel: Es darf nur gedribbelt werden, wenn man den Verteidiger damit überlaufen kann.
15 min **1-gegen-1-Entscheidung, „Weit-Nah“**	Eine Einerkolonne bei einem Korb, jeder einen Ball, der Leiter ist Verteidiger. Sich den Ball vorlegen mit einem Eigenpass (Distanz etwa Freiwurflinie) und den Leiter beobachten. Ist er unter dem Korb (= Weit), sofort werfen. Kommt er ganz zum Ballträger (= Nah), dann geht dieser mit einem Dribbling vorbei und schließt ab. Die Wurftechnik ist egal, aber es soll nur einmal gedribbelt werden. Danach Ball mitnehmen und an anderen Körben üben, wo ein Malstab unter dem Korb oder nah an der Freiwurflinie steht. 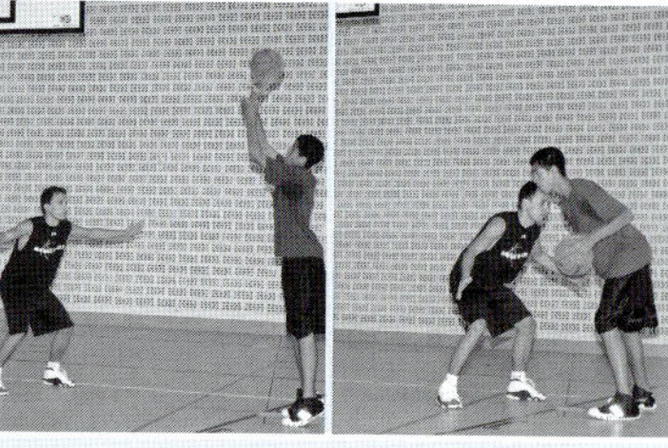
10 min **Spiel: Basketball 3 gegen 3 auf einen Korb**	Sechs Teams bilden und viermal 3 gegen 3 auf die Seitenkörbe spielen. Spiel auf einen Korb erklären. Foulregel (jede Berührung des Ball-Trägers ist ein Foul) erklären, vorzeigen und anwenden. Spielregeln: Foulregel, Schrittregel Spezialregel: Nur dribbeln, wenn man am Verteidiger vorbeigeht und abschließt.

1 gegen 1 und Dribbling

Ziele/Inhalte

Technik/Taktik: Einführung Dribblingstechnik
1 gegen 1 Rollenspiel (Wurf oder Durchbruch)

Spielregeln: Schrittfehler beim Start zum Durchbruch korrigieren (auf den ersten Schritt dribbeln)

10 min

Dribbling durcheinander

Jeder hat einen Ball. In der Halle liegen viele Reifen (mit je einem Malstab darin) herum. Bei einigen Körben liegen die Reifen nah unter dem Korb, bei anderen an den Trapezrändern. Jeder dribbelt kreuz und quer in der Halle umher und versucht, möglichst viele Reifen zu umdribbeln (immer mit der Außenhand an den Reifen vorbeidribbeln). Unterbrechen und Technik beim Dribbling vorzeigen (Ball lange mit der Hand begleiten, tief dribbeln (maximal Hüfthöhe), Blick vom Ball lösen).

10 min

Werfen und Durchbrechen nebeneinander

In der gleichen Übungsanordnung dribbeln die Spieler nur noch, um zu einem neuen Korb zu kommen. Dort stoppen sie und legen sich den Ball mit einem Eigenpass so vor, dass immer ein Reifen zwischen ihnen und dem Korb liegt. Liegt der Reifen nun am Trapezrand (also nahe beim Spieler), dann dribbelt er mit der Außenhand vorbei und sucht den Abschluss. Liegt der Reifen unter dem Korb (also weit vom Spieler weg), dann wirft der Spieler. In beiden Fällen den Ball holen und sich einen neuen Korb aussuchen.

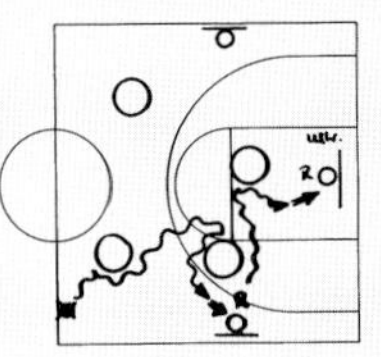

10 min

Zu zweit „Weit-Nah"

Zu zweit mit einem Ball zu einem Korb und die „Weit-Nah"-Entscheidung üben. Der Verteidiger gibt dem Angreifer viel Abstand zum Werfen oder wenig Abstand zum Durchbrechen. Nach fünf Wiederholungen Rollenwechsel. Nach weiteren fünf Wiederholungen von der anderen Korbseite angreifen. Das Rollenspiel nötigenfalls erklären.

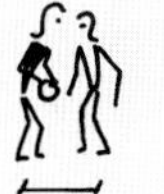

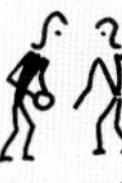

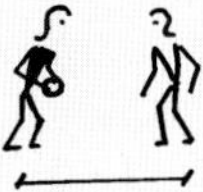

15 min

Spiel: Basketball quer 4 gegen 4 gegen 4 Welle

Vierer-Teams bilden. Je drei Teams spielen auf den Querfeldern die „Welle". Nur vier Spieler pro Team, damit es mehr Platz für die 1-gegen-1-Situationen gibt. Aufstellung weit auseinander stehen. Die Spieler auch dazu animieren, ihr 1-gegen-1 zu spielen. Darauf achten, dass jeder Verteidiger immer den ihm zugeteilten Angreifer verteidigt. Der Hauptfokus liegt auf der richtigen Entscheidung im 1 gegen 1 (Wurf oder Durchbruch).

Spezialregel: Nur dann dribbeln, wenn man am Verteidiger vorbeigeht und abschließen will.

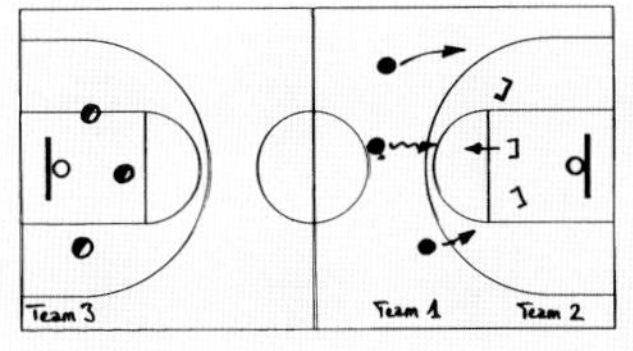

5

Starten und Stoppen

Ziele/Inhalte

Technik/Taktik: Starten und Stoppen korrekt und bewusst ausführen
Einführung Schrittstopp/Sprungstopp
Einführung Kreuzstart

Zeit	Übung	Beschreibung	Abbildung
10 min	**Stoppen und Starten**	Jeder hat einen Ball. In der Halle sind Reifen verteilt, wobei in jedem Reifen ein Ball liegt. Nun dribbelt jeder Spieler bis er zu einem Reifen kommt. Er stoppt, legt seinen Ball in den Reifen, nimmt den anderen Ball aus dem Reifen und dribbelt mit der Außenhand am Reifen vorbei auf den nächsten Korb und wirft. Er holt den Rebound und wirft nach, bis er trifft. Dann dribbelt er zu einem anderen Reifen.	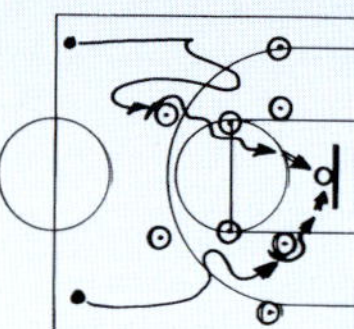
10 min	**Stoppen mit Schrittstopp und starten mit Kreuzschritt**	Gleiche Übung, aber nun konzentrieren wir uns auf den Stopp und den Start. Die Spieler stoppen mit dem Schrittstopp, wobei der vordere Fuß im Reifen zu stehen kommt. Die Bälle werden getauscht, der vordere Fuß auf die Höhe des anderen Fußes gesetzt, um sogleich mit dem gleichen Fuß per Kreuzschritt wieder zu starten. Am Reifen vorbei auf den nächsten Korb dribbeln und abschließen. Beide Seiten trainieren.	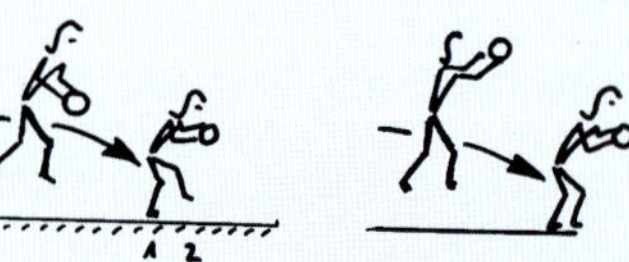
10 min	**Stoppen mit Sprungstopp und starten mit Kreuzschritt**	Gleiche Übung, aber die Spieler stoppen nun mit einem beidbeinigen Sprungstopp vor dem Reifen. Wieder werden die Bälle getauscht und wieder starten die Spieler mit dem Kreuzschritt. Am Reifen vorbei auf den nächsten Korb dribbeln und abschließen. Einmal mit dem rechten Fuß starten, einmal mit dem linken.	
15 min	**Spiel: Basketball quer**	Vier Teams bilden (Anzahl maximal 6 pro Team, sonst Wechselspieler). Spiel auf den Querfeldern. Korrekte Stopps und Starts loben und nicht korrekte (= Schrittfehler) kommentieren und evtl. auch ahnden.	

Der Sternschritt

Ziele/Inhalte

Technik/Taktik: Sternschritt einführen
Stoppen und Starten vertiefen

10 min **Stoppen, Sternschritt und Starten**	Jeder hat einen Ball. In der Halle sind Reifen mit Bällen darin verteilt. Nun läuft jeder Spieler, bis er zu einem Reifen kommt. Er stoppt, nimmt den Ball aus dem Reifen, führt mehrere Sternschritte hintereinander aus, wobei er den Ball schützt und bewegt und dribbelt, dann mit der Außenhand am Reifen vorbei auf den nächsten Korb und wirft. Er holt den Rebound und wirft nach, bis er trifft. Dann legt er den Ball wieder zurück in den Reifen und läuft zu einem anderen Reifen. Beim Sternschritt immer auf dem gleichen Fuß drehen. 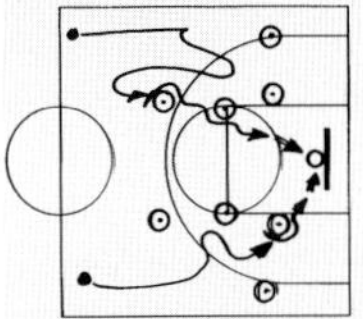 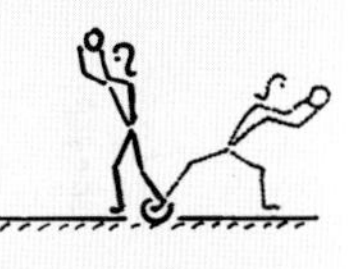
10 min **Stoppen mit Schrittstopp, Sternschritt und Starten mit Kreuzschritt**	Gleiche Übung, aber der Fokus liegt nun nebst dem Sternschritt auf dem Stopp und dem Start. Die Spieler stoppen mit dem Schrittstopp, wobei der vordere Fuß im Reifen zu stehen kommt (Achtung mit den Bällen darin). Nun führen die Spieler Sternschritte aus, wobei das hintere Bein das Standbein ist. Schließlich starten sie mit demselben Fuß und Kreuzschritt am Reifen vorbei auf den nächsten Korb und werfen, bis sie treffen. Beide Seiten trainieren. 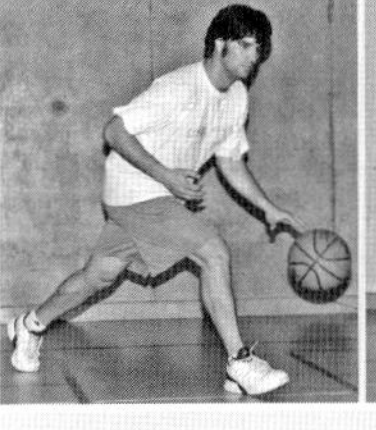 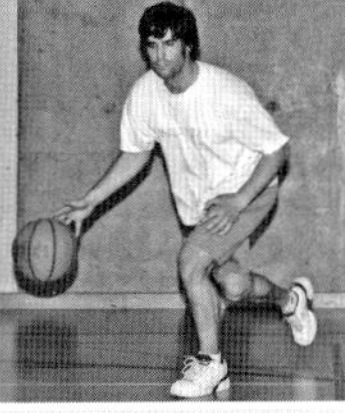
10 min **Stoppen mit Sprungstopp, Sternschritt und Starten mit Kreuzschritt**	Gleiche Übung wie oben, aber die Spieler stoppen diesmal mit einem Sprungstopp und können nun das Standbein frei wählen. Nun führen sie wieder mehrere Sternschritte aus und starten anschließend mit dem Kreuzschritt am Reifen vorbei auf den nächsten Korb, um zu werfen, bis sie treffen. Beide Seiten trainieren.
15 min **Spiel: Basketball quer 4 gegen 4 gegen 4 Welle**	Vierer-Teams bilden und drei Teams spielen auf den Querfeldern die „Welle". Nur vier Spieler pro Team, damit es mehr Platz für die 1-gegen-1-Situationen gibt. Aufstellung weit auseinander stehen. Die Spieler auch dazu animieren, ihr 1-gegen-1 zu spielen. Korrekte Stopps und Starts loben; nicht korrekte (= Schrittfehler) kommentieren und evtl. auch ahnden. Erklären wie man den Sternschritt im Spiel nutzen kann, wenn man am Ball unter Druck kommt. Hierzu evtl. auch eine kurze Sequenz ohne Dribbling spielen. Dann wird deutlich, wie der Sternschritt helfen kann.

Der Rebound

Ziele/Inhalte

Technik/Taktik: 1 gegen 1 Entscheidungstraining vertiefen
Reboundtechnik einführen
Ballhandling

10 min **Ballhandling am Ort**	Im Schwarm jeder mit einem Ball, der Leiter zeigt verschiedene Übungen im Bereich Dribbling vor: • Vorwärts-rückwärts dribbeln auf der Seite des Körpers, links und rechts (wichtig: „Ziehen" am Ball). • Links-rechts dribbeln vor dem Körper, linke Hand und rechte Hand. • Zahl 8 zwischen den Beinen durch dribbeln. Blick vom Ball lösen und Ball immer lange mit der Hand begleiten. Tief dribbeln und am Ball „ziehen" und nicht „stoßen". 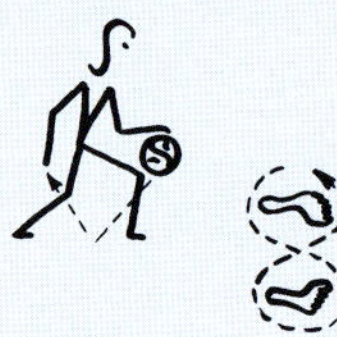
10 min **Werfen und Rebounden in zwei Reihen**	Zu zweit einen Ball und in zwei Reihen gegenüberstehen, Abstand etwa sechs Meter. Sich den Ball mit Eigenpass vorlegen, Sprungstopp und werfen. Der Partner versucht, ihn im höchsten Punkt zu fangen. Dann legt er sich den Ball vor und wirft ihn zurück. Rebound-Technik erklären und üben. 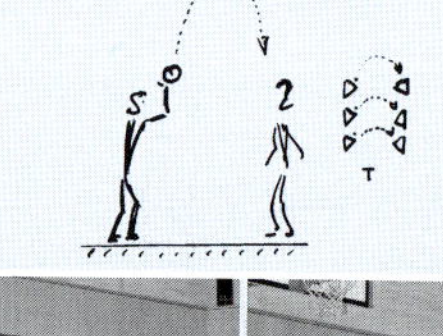
10 min **Werfen und Rebounden nebeneinander**	Nun hat jeder einen eigenen Ball und dribbelt frei in der Halle herum. Immer wieder zu einem Korb und am Trapez werfen, in den Rebound gehen und nachwerfen, bis man trifft. Danach wieder dribbelnd über die Mittellinie und auf einen anderen Korb. 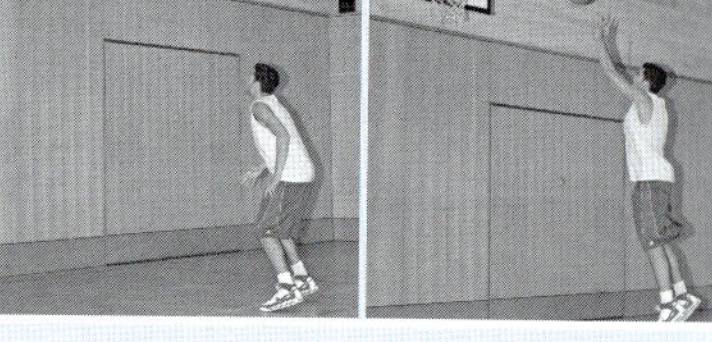
15 min **Spiel: Basketball quer 4 gegen 4 gegen 4 Welle**	Vierer-Teams bilden. Drei Teams spielen auf den Querfeldern die „Welle". Nur vier Spieler pro Team, damit es mehr Platz für die 1-gegen-1-Situationen gibt. Aufstellung weit auseinander stehen. Die Spieler auch dazu animieren, ihr 1-gegen-1 zu spielen. Alle gehen immer in den Rebound. Der Hauptfokus liegt auf dem Rebound und auf der richtigen Entscheidung im 1-gegen-1 (Wurf oder Durchbruch). Spezialregel: Jeder Rebound gibt einen Punkt zusätzlich. Nur dann dribbeln, wenn man am Verteidiger vorbeigeht und abschließen will.

Schritt-Täuschung im 1-gegen-1

Ziele/Inhalte

Technik/Taktik: (Stern-)Schritt Täuschung (= Dribbeltäuschung) im 1 gegen 1

10 min

Stoppen, Sternschritt und Starten

In der Halle sind Reifen verteilt und in jedem Reifen liegen zwei Bälle. Nun läuft jeder Spieler in der Halle kreuz und quer bis er zu einem Reifen kommt. Er stoppt mit einem beidbeinigen Sprungstopp, nimmt einen Ball aus dem Reifen, führt einen kleinen Ausfallschritt (Sternschritt) mit dem linken Fuß nach links aus, wobei er den Ball schützt und dribbelt dann mit der rechten Hand (Außenhand) rechts am Reifen vorbei auf den nächsten Korb und wirft. Er holt den Rebound und wirft, bis er trifft. Dann legt er den Ball wieder zurück in den gleichen Reifen und läuft zu einem anderen Reifen. Wenn die eine Seite gut funktioniert, dann die andere Seite üben. Wichtig ist ein kleiner Sternschritt, um nachher mit einem großen, schnellen Schritt am Reifen vorbei dribbeln zu können.

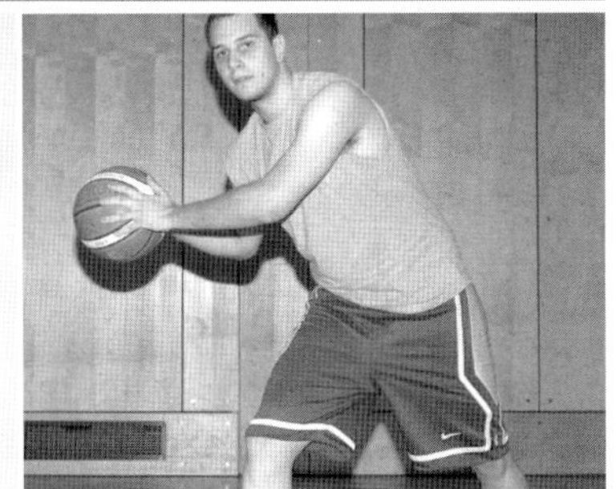

10 min

Stoppen, Sternschritt und Starten als Wettbewerb

Gleiche Übung wie oben, aber als Wettbewerb. Die Spieler dürfen allerdings nur einmal nachwerfen, dann muss der Ball zurückgelegt werden. Zuerst freie Seitenwahl (des ersten Schrittes), nachher alle nur links, dann alle nur rechts. Wer hat zuerst 10 Treffer?

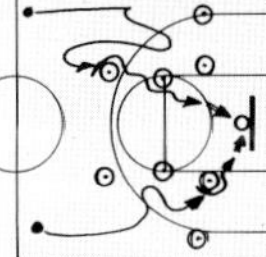

10 min

1-gegen-1-(Stern-) Schritt-Täuschungen

Eine Einerkolonne bei einem Korb, jeder einen Ball, der Leiter ist Verteidiger. Mit einem Eigenpass (Distanz etwa Freiwurflinie) und Sprungstopp anhalten. Der Leiter steht mit einem optimalen Abstand (eine Armlänge) in der Verteidigung. Ein kleiner Ausfallschritt mit dem linken Fuß nach links vorne machen und den Verteidiger aus dem Gleichgewicht bringen. Nun mit einem großen und schnellen Schritt eng am Verteidiger rechts vorbei (leichte Berührung) direkt zum Korb dribbeln und abschließen. Nach einem Wurf den Ball mitnehmen und an anderen Körben üben, wo verschiedene Reifen am Trapez liegen.

15 min

Spiel: 3 gegen 3 auf die vier Seitenkörbe

Sechs Teams à drei Spieler und Spiel auf je einen Seitenkorb. Regeln für Spiel auf einen Korb erklären:
Ball-Check zu Beginn, bei Ballbesitzwechsel vom Korb entfernen, bis die Verteidiger wieder bereit sind.
Bei Korberfolg Ballbesitzwechsel (siehe auch Regeln).
Nach fünf Minuten die Paarungen wechseln.
Maximal drei Dribblings eines Spielers und nur, wenn der Verteidiger damit ausgespielt wird.
Klare Zuordnung der Verteidiger zu einem Angreifer.

Wurftäuschung im 1-gegen-1

Ziele/Inhalte

Technik/Taktik: Wurftäuschung einführen

10 min

Stoppen, Sternschritt und Starten

In der Halle sind Reifen verteilt und in jedem Reifen liegen zwei Bälle. Nun läuft jeder Spieler in der Halle kreuz und quer, bis er zu einem Reifen kommt. Er stoppt mit einem beidbeinigen Sprungstopp, nimmt einen Ball aus dem Reifen, führt eine Wurftäuschung aus und dribbelt dann mit der Außenhand am Reifen vorbei auf den nächsten Korb und wirft. Er holt den Rebound und wirft, bis er trifft. Dann legt er den Ball wieder zurück in den gleichen Reifen und läuft zu einem anderen Reifen. Beide Seiten üben.

10 min

Stoppen, Wurftäuschung und Starten als Wettbewerb

Gleiche Übung wie oben, aber als Wettbewerb. Die Spieler dürfen allerdings nur einmal nachwerfen, dann muss der Ball zurückgelegt werden. Zuerst freie Seitenwahl (des ersten Schrittes), nachher alle nur links, dann alle nur rechts. Wer hat zuerst 10 Treffer?

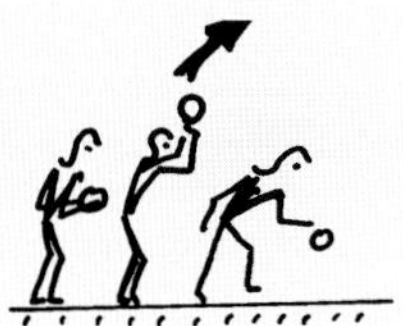

10 min

1-gegen-1-(Stern-) Schritt-Täuschungen

Eine Einerkolonne bei einem Korb, jeder einen Ball, der Leiter ist Verteidiger. Mit einem Eigenpass (Distanz etwa Freiwurflinie) und Sprungstopp anhalten. Der Leiter steht mit einem optimalen Abstand (eine Armlänge) in der Verteidigung. Mit einer Wurftäuschung den Verteidiger heranlocken, um dann mit einem großen und schnellen Schritt eng am Verteidiger vorbei (leichte Berührung) direkt zum Korb zu dribbeln und abzuschließen. Nach dem Wurf den Ball mitnehmen und an anderen Körben üben, wo verschiedene Reifen am Trapez liegen.

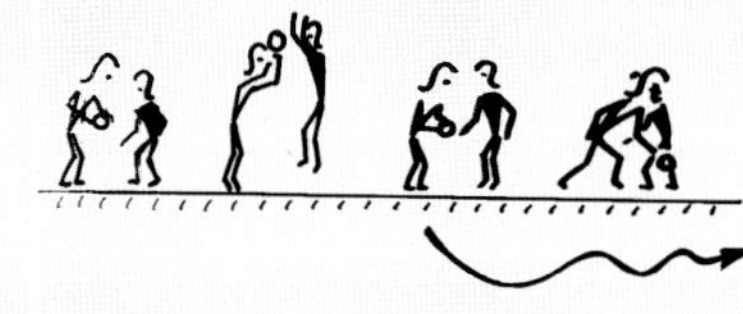

15 min

Spiel: 3 gegen 3 auf die vier Seitenkörbe

Sechs Teams à drei Spieler und Spiel auf je einen Seitenkorb. Regeln für Spiel auf einen Korb erklären:
Ball-Check zu Beginn, bei Ballbesitzwechsel vom Korb entfernen, bis die Verteidiger wieder bereit sind.
Bei Korberfolg Ballbesitzwechsel (siehe auch Regeln).
Nach fünf Minuten die Paarungen wechseln.
Maximal drei Dribblings (eines Spielers) und nur, wenn der Verteidiger damit ausgespielt wird.
Klare Zuordnung der Verteidiger zu einem Angreifer.

1-gegen-1 üben

Ziele/Inhalte

Taktik: 1 gegen 1 üben und anwenden

Zeit / Übung	Beschreibung	Skizze
10 min **Werfen, Durchbruch und Täuschen nebeneinander**	Zu viert an einem Korb, jeder mit einem Ball. Jeder übt mit Eigenpässen den direkten Wurf, den Durchbruch oder die beiden Täuschungen und den Durchbruch zum Korb. Bei Fehlwürfen immer in den Rebound gehen und einmal nachwerfen.	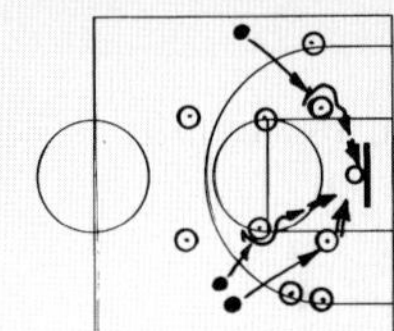
10 min **1-gegen-1: Rollenspiel**	Zu viert an einem Korb mit einem Ball. Einer verteidigt, die anderen greifen an. Der Verteidiger passt dem ersten Angreifer den Ball zu und hat drei Möglichkeiten: er steht weit, nah oder optimal. Der Angreifer sucht die richtige Lösung (Wurf, Durchbruch oder Täuschung und Durchbruch) und setzt diese um. Nach 9 Angriffen wechselt der Verteidiger.	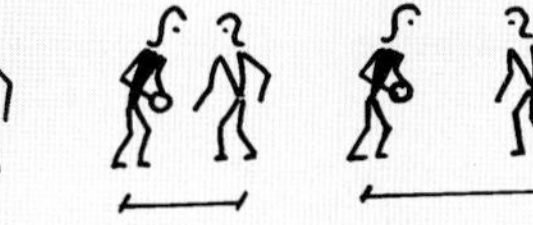
10 min **1-gegen-1: Liga-Spiel auf 2 Minuten**	Die gleiche Übungsanlage: zu viert an einem Korb. Zwei Spieler beginnen ein 1-gegen-1 wie vorher, aber nun darf der Verteidiger voll verteidigen. Wenn der Angreifer den Korb macht, bleibt er im Angriff und ein neuer Verteidiger kommt. Wenn der Verteidiger den Ball erobert, kommt er in den Angriff und ein neuer Verteidiger kommt. Nach zwei Minuten (Pfiff) steigt der Sieger (am meisten Körbe getroffen) im Uhrzeigersinn auf, der Verlierer (am wenigsten Körbe) ab (im Gegenuhrzeigersinn).	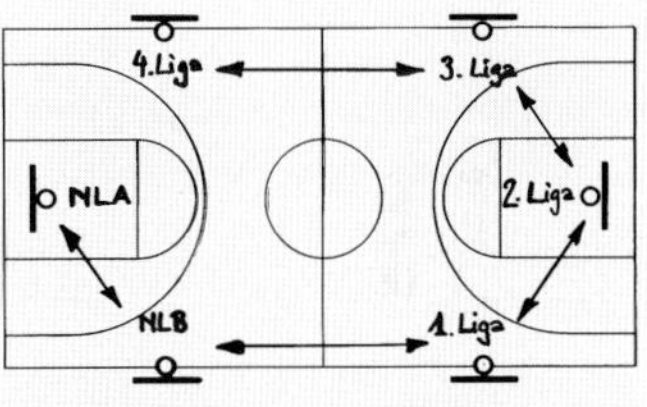
15 min **Spiel: 3 gegen 3 auf die vier Seitenkörbe**	Sechs Teams à drei Spieler und Spiel auf die vier Seitenkörbe. Regeln für Spiel auf einen Korb erklären: Ball-Check zu Beginn, bei Ballbesitzwechsel vom Korb entfernen, bis die Verteidiger wieder bereit sind. Bei Korberfolg Ballbesitzwechsel (siehe auch Regeln). Nach fünf Minuten die Paarungen wechseln. Maximal drei Dribblings (eines Spielers) und nur, wenn der Verteidiger damit ausgespielt wird. Klare Zuordnung der Verteidiger zu einem Angreifer.	

Spielen, spielen, spielen

Ziele/Inhalte

Technik/Taktik: Gelerntes anwenden

Zeit/Thema	Inhalt	Bild
10 min **Wettbewerbe**	In Teams mit drei Spielern pro Korb Wettbewerbe machen: • Dribblings-Stafetten: Vorwärts, Vorwärts – Rückwärts, mit zwei Bällen. • Würfe vom Trapezrand und Durchbrüche zum Korb: Jeder einen Ball, Treffer nach 2 Minuten zusammenzählen.	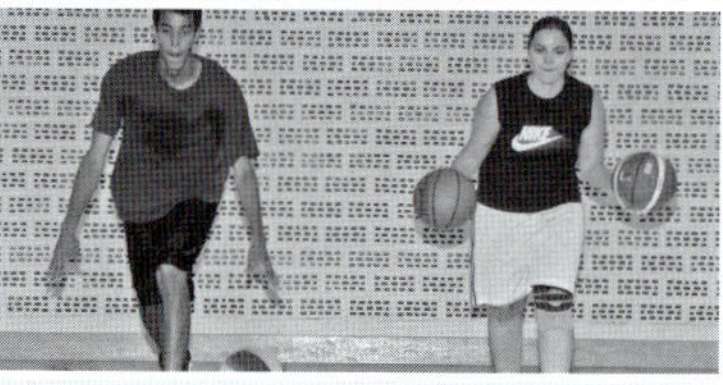
15 min **Spiel: 3 gegen 3 Ligaspiel**	Die Teams mit drei Spielern spielen auf die Seitenkörbe in 3-Minuten-Intervallen 3 gegen 3. Der Sieger steigt danach auf, der Verlierer ab. Regeln für das Spiel auf einen Korb (Streetball) sicherstellen.	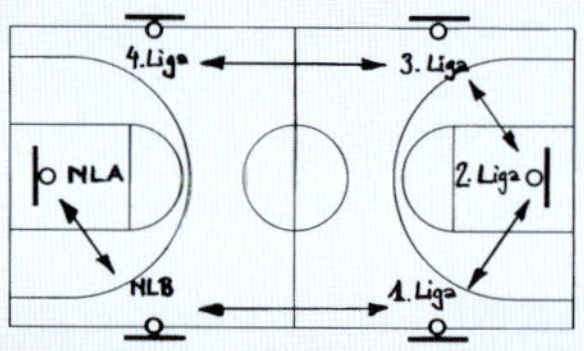
10 min **5 gegen 5 auf einen Korb**	Nun bilden immer zwei Teams zusammen ein neues Team und spielen 5 gegen 5 auf einen der großen Hauptkörbe. Die beiden Auswechselspieler kommen spätestens bei einem Korb wieder hinein.	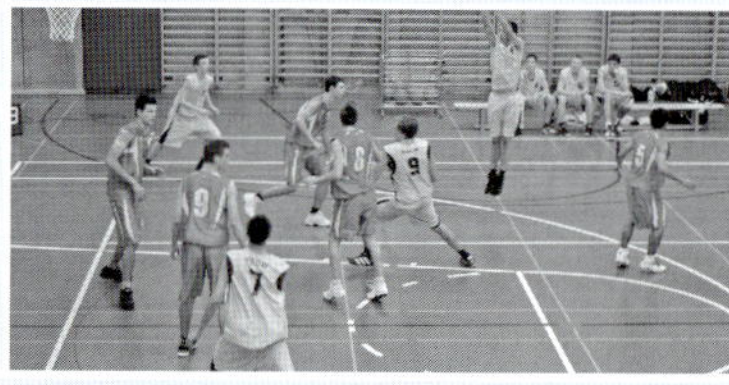
10 min **Spiel 5 gegen 5 Ganzfeld**	Als Abschluss wird noch auf dem großen Feld 5 gegen 5 gespielt. Bei jedem Korb geht das Team raus, welches den Korb erhalten hat. Nach drei Siegen geht auch ein siegreiches Team vom Feld.	

Zum Autor

Christian Rosenberger (1966) ist seit mehr als 25 Jahren vom Basketball begeistert und engagiert sich in unzähligen Bereichen für diesen Sport.

Zunächst sammelte er als Spieler bis in die National-Liga B Praxiserfahrung. Schon während dieser Zeit verknüpfte er mit seinem Sportstudium sowie dem Komplementärstudium „Training und Coaching" an der ETH Zürich die Praxis mit der Theorie. Als Trainer diverser Damenteams der National-Liga A und B, als Organisator von Basketball-Camps und Streetball-Turnieren, Assistent und Dozent für Basketball an den Hochschulen in Zürich und Basel und als Personal Trainer für Nachwuchstalente verfügt er über einen reichen Fundus an Erfahrung in der Vermittlung seines Wissens.

Er ist als Jugend- und Sport-Experte seit vielen Jahren in der Aus- und Weiterbildung von Lehrpersonen und Trainern tätig. Ebenso war er immer auch in Schulen und Vereinen als Trainer aktiv, wodurch auch der Kontakt zur Basis nie verloren ging.

Sein Motto:

- Die Zeit nutzen und möglichst viele Ball-Kontakte
- Effizient trainieren und nicht zu verspielt
- Spielnähe wahren und keine Drills

Verwendete und weiterführende Literatur

Bucher, W. (Hrsg.) & Vary, P. (Red.) (2002). *1006 Spiel- und Übungsformen im Basketball.* Schorndorf: Hofmann.

Bucher, W. (Hrsg.) & Vary, P. (Red.) (2008). *137 Basisspiel- und Basisübungsformen für Basketball, Fußball, Handball, Hockey und Volleyball.* Schorndorf: Hofmann.

Bundesamt für Sport Magglingen (Hrsg.), Chervet, M., Mercoli, U., Roduit, M. & Guldener, R. (Autoren) (2001). *Kapitel J+S-Grundausbildung im Basketball aus dem J+S-Handbuch Basketball.* Eidgenössische Sportschule Magglingen.

Moshfegh, Y. (2007). *Basketball effizient lehren und lernen – Unterrichtsprogramme und Übungssammlungen für Schule und Verein.* Diplomarbeit am Institut für Sport und Sportwissenschaften der Universität Basel.

Braun, R., Gorris, A. & König, S. (2004). *Doppelstunde Basketball.* Schorndorf: Hofmann.